商务谈判

（修订版）

主　编　赵国柱
副主编　诸向东
　　　　冯　炜

浙江大学出版社

图书在版编目（CIP）数据

商务谈判／赵国柱主编．—2版（修订本）．—杭州：浙江大学出版社，2007(2014.3重印)
ISBN 978-7-308-01567-7

Ⅰ．商… Ⅱ．赵… Ⅲ．商务－谈判－高等学校－教材
Ⅳ．F715.4

中国版本图书馆CIP数据核字（2007）第002985号

商务谈判
赵国柱 主编

责任编辑 周庆元
出版发行 浙江大学出版社
(杭州市天目山路148号 邮政编码310007)
(网址：http://www.zjupress.com)
排　　版 杭州中大图文设计有限公司
印　　刷 浙江云广印业有限公司
开　　本 850mm×1168mm 1/32
印　　张 9.75
字　　数 245千
版 印 次 1999年9月第2版 2014年3月第16次印刷
印　　数 50001—51500
书　　号 ISBN 978-7-308-01567-7
定　　价 14.00元

浙江大学出版社发行部联系方式：0571－88925591；http://zjdxcbs.tmall.com

前　言

商务谈判，是国内和国际商品、劳务的供应者与需求者之间，为了各自的经济利益而进行的洽谈，旨在最终达成参与各方都满意的协议的整个过程，是商品交换总体过程中一个不可缺少的重要环节。在建国以后相当长的一段时间里，由于实行了高度集中的计划经济体制，我国经济的运行与世界经济发展相脱离，社会生产和流通基本上依靠自上而下的计划和行政权力去推动，企业法人之间以及企业法人与自然人之间的商务谈判，不可能也无必要充分展开，结果在社会资源利用上排斥了市场机制择优配置的作用，在生产经营上遏制了企业的自主性和创造性，这是长期以来我国商务谈判理论与实践处于滞后状态的根本原因，也是值得深刻记取的历史教训。

党的十一届三中全会以后，随着市场取向改革的进展和对外开放的扩大，社会主义商品经济迅速发展。党的十四大确定我国经济体制改革的目标模式是建立社会主义市场经济体制，国民经济出现蓬勃发展的好形势。党的十五大提出：从现在起到下世纪的前十年，是我国实现第二步战略目标、向第三步战略目标迈进的关键时期，建立比较完善的社会主义市场经济体制，保持国民经济持续快速健康发展，是必须解决好的两大课题。经济发展的现实告诉我们，商务谈判是一切经济活动发生和发展的前提条件，是社会经济稳定增长的重要保证。企事业单位和经济领导部门掌握有效地进行商务谈判的理论、策略和方法，建立起一支具有良好的思想素质和职业道德、广博的专业知识和熟练的谈判技能的商务谈判人员队伍，不断提高谈判的效果，已经成为关系事业成败和国家兴衰的大事,“商务谈判”成了一门非常引人注目的重要学科。

根据多年教学和科研工作的体会,我们认为在撰写本书时必须遵循以下两条原则:一是“洋为中用”,认真研究和借鉴国外商务谈判的理论和成功经验。尽管发达国家某些商务谈判的论著明显反映其社会文化背景和价值观念,某些观点不符合我国国情,但是,世界各国包括资本主义发达国家的一切反映现代社会生产和流通以及国际商务活动一般规律的商务谈判理论、策略和方法,应该作为人类社会创造的共同财富加以吸收,为我所用;二是理论联系实际,精心总结我国企业在国内、国际商务谈判中卓有成效的经验。事实证明,我国许多企业从自身实际情况出发学习和借鉴国外商务谈判的理论和方法,应用于国内国际商务谈判的实际,已经取得了积极的成果。基于此,本书在撰写中参阅了大量国内外关于商务谈判的论著和资料,同时对我国企业进行商务谈判活动的正反两方面的经验进行了认真的调查研究和总结,力求做到理论联系实际,文字通俗易懂,使读者易于系统掌握本学科的理论体系,并学会将所学知识应用于商务谈判的实际。

本书可用作财经类和理工类高等院校、成人高校有关专业的“商务谈判”课程教材,也可供从事商务谈判实际工作人员自学参考。本书由杭州商学院赵国柱教授主编,诸向东、冯炜为副主编。全书共十章,赵国柱撰写前言和第一、二、四、九章;诸向东撰写第七、八章;冯炜撰写第三、五、六章;钱正磊撰写第十章。另设“考试大纲”和附录供学员学习参考。

本书在撰写过程中得到了许多部门和企业的大力支持,提供了大量宝贵的资料和案例;参阅了国内外有关商务谈判的部分著作,从中借鉴了一些有益的东西。在撰写和出版过程中,得到了曹梦澜副研究员、余文芳高级工程师以及郑定康、黄丹峰、徐红艳等同志的大力支持和帮助,在此一并致以衷心的感谢。

现在,摆在全国人民面前的头等大事,就是认真贯彻十五大的精神，高举邓小平理论的伟大旗帜，进一步深化改革，扩大开放，保持国民经济持续快速健康地向前发展。当前我国国内外市场环境正发生深刻变化，这为“商务谈判”学科的建设和发展创造了极好的条件，同时也提出了新的更高的要求。限于我们的各种条件，书中不当之处在所难免，诚挚地希望广大读者批评指证。

编著者

1999 年 7 月于杭州商学院

目　　录

第一章　商务谈判概论

综观历史上的一切商务活动，都离不开商务谈判。建立社会主义市场经济，商务谈判更是一切经济活动发生和发展的前提条件。因此，学习和研究商务谈判，既是一个新的命题，又是一个古老的话题。近20年来，随着改革开放的深入展开，我国国民经济持续、快速、健康发展，国际国内经济活动领域不断扩大，有效地进行商务谈判，已经成为促进经济与社会发展而摆在每一个经济工作者面前的一项重要任务。

本书将从商务谈判的一般理论到具体实践，系统地阐明有关方面的知识。这一章我们将从历史与逻辑统一的视角，分析商务谈判的产生和发展，社会主义市场经济与商务谈判的关系，商务谈判的理论原则及其特点等问题，为学习本门课程作好基础理论的准备。

第一节　商务谈判的产生和发展

一、谈判与商务谈判

(一)谈判

在长期的历史演进中，谈判常常是发生对立冲突的双方为使冲突的结果合法化，维持相对的和平，并为新的冲突作准备的一种手段。它是政治、军事战略的衍生物。所以，通常在人们的概念中，谈判是对峙双方正襟危坐，各施计谋，为实现自身最大的利益而进行的一种斗争形式。但是，在现代社会里，谈判的概念和应用范围发生了变化，它已成为人们生活中无时不在、不可或缺的一种活动。小到个人家庭，大至国家政治，都离不开谈判，从107个国家参加、历时数年的“乌拉圭回合”，旷日持久的日美贸易谈判，我国加入世界贸易组织的谈判，到劳资双方讨论提高工资，买卖双方讨价还价，甚至同孩子商定完成作业后何时去逛公园……凡此种种磋商、讨论和协议，都属于谈判之列。它是基于改变和重新确定相互关系的愿望而就双方或多方利害攸关的事项进行磋商，由谈判各方沟通信息，直接参与和自身利益密切相关的一种决策过程。所以美国谈判学会会长杰勒德·I·尼尔伦伯格曾给谈判下了这样一个定义：谈判是“人们为了改变相互关系而交换意见，为了取得一致而相互磋商的一种行为”，是“影响各种人际关系，对参与各方产生持久利益的一种过程。”由此可见，谈判具有交流信息、协调关系、维持利益等基本功能，具有目的性明确、争取和妥协相并存的基本特征。

（二）商务谈判

随着社会经济的发展，特别是现代商业的兴起，公司、企业以及非盈利单位相互之间的商务谈判，已成为出现次数最频繁、涉及面最广、参与人员最多的一种谈判形式。

商务谈判是指国内和国际的商品、资金和劳务的供应者与需求者之间，为了各自的经济利益而进行的洽谈，通过反复调整双方最初提出的条件，弥合相互间存在的分歧，最终达成一项参与各方都满意的协议的整个过程。在实物分配型的经济体制下，人们重视的是由行政权力推动的商流和物流，而在发达的市场经济条件下，没有商务谈判和信息的沟通，就不能确切地反映自然人之间或法人实体之间的交换关系，商品的价值实现和实体运动也就无法进行。

商品交换同时是生产关系的交换。从这个意义上来说，商务谈判又是生产关系（包括所有制、人与人的关系、分配）交换的一种最集中、最典型的反映。现代商务活动需要有法制的规范，各种商务谈判，尤其是就重大交易而进行的商务谈判，有关各方都愿使其活动具有确定的法律意义，即在法律上确定谈判各方的合法地位以及所拥有的权利和义务，确定谈判协议书或合同的有效性，规定谈判各方发生纠纷的处理程序和解决办法等。因此，从法律的角度看，商务谈判又是指交易双方或有关当事人以书面或口头的方式，通过多次反复的发盘、还盘，就交易的标的物及其它各项交易条件进行磋商，最后达成协议的整个行为过程。

于是，我们可以说，商务谈判与一般的谈判相比较，既具有谈判一般的共性，即谈判一般所具有的基本功能和特征，又有谈判一般所不具备的个性。在谈判目标的确定、谈判双方所处的地位以及谈判进行的过程和结果等方面，都与一般的谈判有显著的区别，表现出自身的特点：

1. 商务谈判的目标是人们为了在经济方面追求某种需要的实现，既有利益的统一，又有利益的矛盾；

2. 商务谈判的参加者具有相对独立的法人地位，相互之间的矛盾只能依靠协商去解决；

3. 商务谈判的进行要遵循价值规律，受市场供求关系的制约；

4. 商务谈判的顺利进行，需要有法律作为基本保证；

5. 商务谈判的结果是达成双方均可接受的具有法律效力的经济合同或协议（一般书面居多）。

二、商务谈判的产生和发展

商务谈判产生和发展的历史过程，与整个商务活动的产生和发展紧密相连。在人类社会早期，人们使用最简单、最原始的生产工具同自然界作斗争，只能获得维持生存所必需的物质资料，根本就没有剩余产品可供交换，因而也不会有任何商品交换的活动。到了原始社会的野蛮时代，人类征服自然的能力逐步提高，引起畜牧业与农业的分离，出现了第一次社会大分工。这种分工又提高了劳动生产率，游牧部落的产品不仅比其它野蛮人多，而且也不相同，他们就要求自己的乳、肉类和牧畜等剩余产品去交换自己需要而又不生产的其它产品，“这就第一次使经常的交换成为可能。”① 最初的交换是在氏族公社之间、由代表氏族的首领进行的，交换的物品是公社财产。随着交换的发展，氏族首领利用掌握的权力，逐渐把公共财产据为己有，变成自己的私有财产。与此同时，氏族公社的各个成员也开始把自己生产的产品当作私有财产来支配，并在氏族内部成员之间进行交换。私有制的出现和社会生产力的进一步发展，引起了农业与迅速发展的手工业的分离，出现了第二次社会大分工。“随着生产分为农业和手工业这两大主要部门，便出现了直接以交换为目的的生产，即商品生产。”② 这时，对一部分生产者来说，交换已不再是可有可无的活动，商品交换双方之间的沟通、协商也就成了人们社会活动之必需。

从商品交换发展的历史看，最早的形式是直接的物物交换；而后是以货币为媒介的商品交换，即简单商品流通；然后才有商业的出现。人类社会最古老的交换方式是各个生产者之间的物物交换，这种交换形式的特点是：买同时就是卖，卖同时就是买，买和卖结合在一起，交换双方在让渡自己产品的同时占有对方的产品。这种交换形式只能存在于生产力水平还很低、产品交换在经济生活中还只是偶然进行的时期，这时严格意义的商务谈判不可能发生。如现今我国西南某些少数民族地区还有物物交换形式存在，有的地方物主在产品未被交换之前躲在一旁，羞于被人看见，待交换完成后才出来收取换得的产品，即为一例。直接的物物交换要受交换双方在产品、时间、地点等方面条件的限制，必然会给双方带来许多

① 《马克思恩格斯选集》第4卷．人民出版社．1972．156
② 《马克思恩格斯选集》第4卷．人民出版社．1972．159

困难,这种困难实质上是商品价值和使用价值的矛盾在交换中的反映。商品交换的发展,要求从商品中分离出一种特殊的商品充当一般等价物,这种特殊商品就是货币。货币的产生使原来的物物交换(W—W)变为以货币为媒介的商品交换(W—G—W),这就是简单的商品流通。新的交换形式使原来结合在一起的买卖行为被分解为在时间和空间上分离的卖(W—G)和买(G—W)两个过程,交易次数的增加和交易过程的复杂,使商务活动中的谈判、磋商变得频繁而必需。

在简单商品流通条件下,最初出卖商品的活动主要是由生产者自己承担,“买卖所费的时间,就是他们的劳动时间的一种扣除。”① 随着商品生产的发展,交换范围日益扩大,特别是在远距离的市场出现以后,一些生产者开始把商品委托给别的生产者代销,以后就把商品出售给代销者,于是有些代销者便专门从事商品的买卖活动,这样就出现了专门进行商品交换的经济活动,即商业。这时的商品交换由简单商品流通形式(W—G—W),发展到由货币变商品、再由商品变货币的形式(G—W—G),商业这种“商品交换的发达形式”的出现,也就使商务谈判成为一种普遍的、有组织的经济活动。其原因就在于:

1. 通过商务谈判明确交易当事人之间的关系,才能保证社会再生产过程的连续进行。社会再生产过程的序列是由生产、分配、交换、消费这4个既密切联系、又有不同职能的环节组成的,没有产品的生产也就没有消费,也无从谈分配和交换;但生产的目的又是为了消费,脱离消费的生产成了无目的的生产;交换则是生产与分配和消费之间的媒介,只有通过不断进行的商务谈判,才能把这根链条的各个环节串连、组合起来,顺畅地运转,保证社会再生产过程周而复始地进行。

---

① 《马克思恩格斯全集》第24卷. 人民出版社. 1972. 147

2．通过商务谈判沟通信息，促进社会生产和消费质量不断提高。社会生产力各要素中，人是决定性要素，人的消费需求是最活跃的，它要通过商品交换过程，特别是通过商务谈判过程及时反馈给生产，促进生产按消费需求的变化调整结构，提高品质，实现更新换代，同样，社会生产的发展也要求人们的消费需求和方式不断变化、革新，通过商务谈判引导消费需求沿着适应社会经济持续健康发展的方向前进，推动整个社会的进步。

3．通过商务谈判促进生产和生活服务的社会化，实现社会劳动的节约。在封闭的自然经济或小商品经济条件下，只能发展“小而全”、“大而全”的低效率自我循环系统，其结果是“万事不求人”，社会劳动浪费极大。在开放的经济条件下，通过广泛的商务谈判有可能把社会生产和消费有效地组织起来，实现生产和生活服务的专业化和社会化，发挥各方面的优势，取得最大的比较经济效益，大大节约社会劳动的消耗。

4．通过商务谈判可以选择最合适的合作伙伴，推动正当的竞争。竞争对企业来说既是一种压力，又是推动各方面工作前进的动力。正常的商务谈判本身就是各种谈判条件的公开比较和选择过程，从中可以选择较理想的交易对象和合作伙伴，发展正当的竞争，促进社会生活各方面的进步。

第二节　社会主义市场经济与商务谈判

一、集中计划经济体制扼制了商务谈判的充分展开

建国以来很长的一段时间里，由于在理论和实践上否定我国经济的商品经济属性，实行了高度集中的计划经济体制。在这种经济体制下，担负生产和流通职能的企业之间横向联系极为薄弱，生产单位只是按上级指令组织生产，各种生产要素由国家计划调拨；

执行商品流通职能的商业批发企业，按计划规定任务对产品实行统购包销，层层调配；零售企业在产品严重短缺的情况下，很少有选购产品的权利，处于给啥卖啥、进多少卖多少的被动地位。这就造成：在社会资源的配置上排斥了市场机制的作用，国内市场与国外市场人为隔裂，企业经营者和职工的责、权、利三者脱节。在这种经济环境下，社会生产和流通基本上靠自上而下的计划和行政权力来推动，各独立企业法人之间的商务谈判，不可能也无必要充分展开，无法发挥其在经济活动中应有的作用。目前，我国商务谈判理论与实践落后于实际需要的状况，长期以来体制的局限和影响不能不说是一个重要原因。

二、发展社会主义市场经济需要商务谈判

根据邓小平建设有中国特色社会主义的理论，党的十四大明确提出我国经济体制改革的目标是建立社会主义市场经济体制，1993 年 11 月党的十四届三中全会通过的《关于建立社会主义市场经济体制若干问题的决定》更进一步提出建立现代企业制度、培育和发展市场体系、进一步扩大对外开放等任务。党的十五大的伟大贡献，是把邓小平理论确立为全党的指导思想，第一次系统地、完整地提出并论述了党在社会主义初级阶段的基本纲领，对经济体制的改革和跨世纪的经济发展战略作出了具体的部署。这一切对丰富、完善和发展商务谈判理论和实践，必将产生极其深远的影响。

(一)努力探索公有制新的实现形式，多种所有制经济共同发展，为我国商务谈判拓展了全新的领域

党的十五大报告指出："公有制实现形式可以而且应当多样化。一切反映社会化生产规律的经营方式和组织形式都可以大胆利用。要努力寻找能够极大促进生产力发展的公有制实现形式。"这一重要论述为进一步推进经济改革指明了方向，也为继续调整

和完善所有制结构,“抓大放小”,盘活国有企业存量资产,提高国有经济的控制力和竞争力,开辟了一条切实可行的途径。改革开放以来,我国出现了许多新的资产组织形式和经营方式,如有限责任公司、股份有限公司、股份合作制等企业组织形式,同时还包括承包、租赁、托管、委托经营、兼并、收购、出售等经营方式。这些企业资产组织形式和经营方式,都是市场经济的产物,而其正确的选择和实现都需要通过慎密细致的谈判,不可能一蹴而成。因此,公有制新的实现形式的探索,以公有制为主体,多种所有制经济共同发展,使我国商务谈判超越过去一般限于商品和劳务交换的范围,开辟了一个全新的领域。

(二)现代企业制度的建立和完善,为商务谈判的发展准备了物质载体

建立以公有制为主体的现代企业制度,是社会主义市场经济体制的基础,是发展社会化大生产和市场经济的必然要求。它的基本特征是:产权关系明晰;企业以其全部法人财产,依法独立经营,真正成为自主经营、自负盈亏、自我发展,自我约束的法人实体;建立起科学的企业领导体制和组织管理制度,调节所有者和职工之间的关系,形成激励和约束相结合的经营机体;企业在不受政府直接干预的情况下按照市场需求组织生产经营,以提高劳动生产率和经济效益为目的。因此,在建立现代企业制度这项艰巨复杂的任务中,无论是独资公司、有限责任公司、股份公司或股份合作制企业的组建;以资本为纽带,通过市场形成具有较强竞争力的跨地区、跨行业、跨所有制和跨国经营的大企业集团;企业自主进行的产、供、销日常营销活动的开展,以及产品品种、质量、价格、营销渠道和促销措施的调整和实施;还是正确处理和调节所有者、经营者和职工之间的相互关系,切实改进服务质量、维持消费者利益、树立起良好的企业信誉等等,都需要坚韧不拔地进行大量的商务谈判。现代企业制度本质地要求通过商务谈判来明晰产权,转换机

制，改进管理，开拓经营，而商务谈判则以现代企业制度为其有效的物质载体，两者相辅相成，密不可分。

（三）建立统一、开放的市场体系，为发展商务谈判开辟广阔的天地

要充分发挥市场机制在资源配置中的基础性作用，必须培育和发展市场体系。不仅要进一步发展商品市场，在重要商品的产地、销地或集散地，建立大宗农产品、日用消费品和生产资料的批发市场，而且当前要着重发展生产要素市场，包括金融市场、劳动力市场、房地产市场、技术市场和信息市场等，以逐步形成统一、开放、竞争、有序的大市场。市场，按其最原始的、直观的概念，它是商品交换的场所，而从宏观经济角度研究商品总体交换所用的概念，市场则是所有卖主和买主构成的商品交换关系的总和。例如杭州丝绸城这样一个大型专业市场的建立，它就要负起一系列重要经济职能，即把多种经济成分、不同技术层次的生产单位组织起来，引导其按国际、国内市场的需求调整产品结构，加快技术进步，改进营销策略，以适当的交易方式、最低的交易费用和优良的销售服务，把大宗丝绸产品运销到全国以至世界各地。这种市场功能的发挥过程自始至终贯串着一系列紧张、复杂的商务谈判。统一开放的市场体系的建立，不仅从理论和实践上肯定生产资料是商品，而且确认各类生产要素也是商品，这就为完善商品交换的总体结构，扩大和规范交换过程，不断发展和提高商务谈判创造了前所未有的良好环境。

（四）进一步扩大对外开放，要求更广泛地、在更高水平上开展商务谈判

坚定不移地实行对外开放政策，加快发展国际经贸关系，有利于充分利用国际国内两个市场、两种资源，优化资源配置；有利于发挥我国经济的比较优势，使国内经济与国际经济实现互补；有利于更好地引进外来资金、技术、人才和管理经验，促进国民经济的

持续快速健康发展。面对经济、科技全球化趋势，我们要以更加积极的姿态走向世界，完善全方位、多层次、宽领域的对外开放格局，发展开放型经济，增强国际竞争力，促进经济结构优化和国民经济素质提高。但从过去封闭的体制转到全方位对外开放的格局，需要经历多多少少深入细致、风云变幻的商务谈判。如我国为恢复关贸总协定缔约国地位及其后为加入世界贸易组织而进行的谈判已历时十余年，至今还必须以坚韧不拔的毅力面对错综复杂的国际经贸格局，同时在全球、区域和双边等不同的层次，交叉处理我国的对外经贸关系。一方面要同世界各大区域经济贸易集团发展正常的经贸关系，另一方面要反对其违背国际经贸原则的歧视性和排它性做法；不仅要继续做好以货物为主的贸易，还必须下大力气发展服务贸易，并妥善处理与贸易有关的知识产权和投资措施等问题，适应全球贸易体制把货物贸易、服务贸易、国际投资、知识产权相互联系、溶为一体，从而使国际竞争更为激烈的新形势。对于外资利用，要积极合理有效地进行，既要依法保护外商投资企业的权益，又要加强引导和监管，还要鼓励能够发挥我国比较优势的项目对外进行投资。要花大力量准备好高水平的人才，认真研究谈判战略和策略，能够正确处理对外开放同独立自主、自力更生的关系，懂得灵活应用各种谈判技巧，有准备、主动积极地开展各层次的商务谈判，维护国家的利益，已成为摆在我们面前的迫切任务。

第三节　商务谈判的理论与原则

一、商务谈判的理论

任何一种人类的有意识活动，都可以通过长时间的经验积累上升为理论，从而对实践产生重要的指导作用。商务谈判的活动，在直观上大量表现为技巧和方法，而实际最重要的还是首先要掌握其基本理论。西方国家流行一句名言:“世界上最有价值的学问就是关于方法的学问。”商务谈判的理论正是最富实践性的谈判活动的策略和方法的高度理论概括和抽象,它能引导我们理清谈判思路,分析谈判形势,驾驭谈判进程,从而提高谈判的成功率。

(一)谈判的“需要”理论

需要,是人的一切行为的原动力,也是推动谈判各方坐到一起进行认真洽商的原动力。杰勒德·I·尼尔伦伯格运用行为科学、心理学等原理,结合其丰富的谈判实践经验,提出了谈判的“需要”理论,现已成为被普遍接受的有巨大指导作用的理论。谈判的“需要”理论认为:任何谈判都是在人与人之间发生,而这种谈判之所以能发生就是为了满足人的某一种或几种“需要”,正是这种“需要”和对“需要”的满足形成谈判的共同基础,决定着谈判的发生、发展和终结。所以,有经验的谈判者认为,在任何谈判场合都可以发现谈判“需要”理论的脉络,它像一条主线贯穿于谈判的始终。掌握这一理论,就能帮助我们时刻注视驱动谈判各方行动的各种需要,掌握每一种需要的相应动机和作用,以便采取不同的方法去顺应、改变或抵制对方的需要和动机。

美国心理学家马斯洛提出了作为人类行为基本要素的7种需要,它们是:

1. 生理的需要;
2. 安全与寻找保障的需要;
3. 爱与归属的需要;
4. 得到尊重的需要;
5. 自我实现的需要;
6. 认识和理解的需要;
7. 美的需要。

这些需要是有层次的,一般说高一层次的需要都是在低一层次需要得到满足(不一定是百分之百)之后才出现,而如一种较高层次的需要得到满足，也会有助于弥补较低层次需要的某些不足。

尼尔伦伯格把马斯洛的需要层次理论应用于谈判实际，认为满足需要的各种谈判可分为3个层次：

1. 个人与个人之间的谈判；
2. 组织与组织之间的谈判；
3. 国家与国家之间的谈判。

在谈判中，任何一方在任何层次上有6种谈判方法可供选择：

1. 谈判者顺从对方的需要，其特征是迁就、妥协；
2. 谈判者使对方服从其自身的需要，其特征是挑战、施压；
3. 谈判者同时服从对方和自己的需要，其特征是合作、互助；
4. 谈判者违背自己的需要，其特征是否定、分离；
5. 谈判者损害对方的需要，其特征是背叛与强制；
6. 谈判者同时损害对方和自己的需要，其特征是绝望。

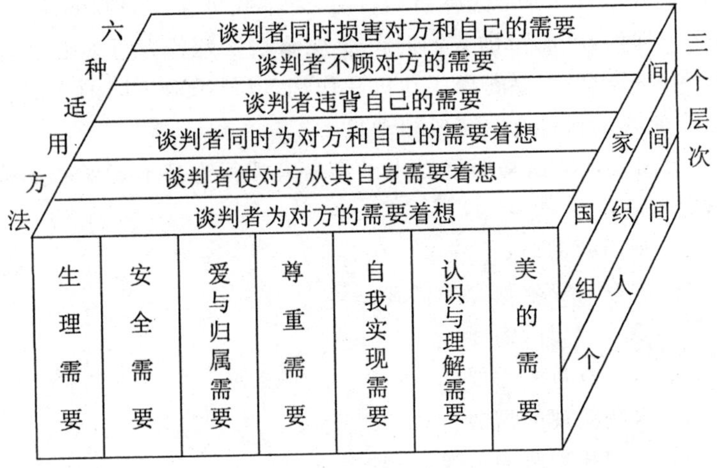

图1-1 根据“需要”可能产生的谈判策略图

这样，我们可以把谈判“需要”理论用一张完整的图（图1-1）

来列示。

图中概括了谈判者在谈判中的7种需要，6种谈判方法类型，而这些谈判可以在3个层次上进行，从而形成了126种不同的谈判策略和方法，谈判者掌握可以替代运用的谈判策略和方法愈多，在谈判中成功的可能性就越大。依据谈判需要理论制订的谈判策略和方法，必须十分重视了解对方的基本需要，并尽量使对方这些需要得到满足，从而实现已方需要的满足；应在谈判前制订出尽可能多的、彼此可替代的谈判策略，以便在各种情况下灵活运用。

（二）原则谈判理论

美国哈佛大学与麻省理工学院的商务谈判理论专家，经过长时间的研讨，形成了一种新的谈判理论，即“原则谈判理论”。以往的谈判在立场上或是采取强硬的态度，或是采取软弱的态度，从而陷入无休止的立场性争执。哈佛大学提出的谈判研究方案中认为，上述两种立场均不可取，他们创立了“原则谈判理论”或称价值谈判理论，它以有效地实现双方都有所获的明智的协议为谈判宗旨，取代进行立场性争执的方法。“原则谈判理论”强调要以价值作为取得协议的基础，不赞成谈判中故作姿态，施用诡计。当谈判双方出现意见分歧时，重点是在价值上、利益上寻找契合点，而不在立场上纠缠不清；无论矛盾如何尖锐，都要把问题与人分开；协议的最终达成坚持根据公平、客观的标准作出决定，而不是通过双方意志力的比赛决定胜负。“原则谈判理论”可浓缩为4个要点：

人：把人与问题分开；

利益：重点放在利益上，而不是立场上；

意见：在决定如何做之前先构思各种可能有的选择方案；

标准：坚持最后谈判结果要根据某些客观标准，如市场价格、专家意见、惯例和法律条例等。

“原则谈判理论”要求在谈判的基本态度和具体做法上，都与强硬或软弱的立场有根本的区别。

不同谈判方式的比较①

问题		解决方法
立场性争执:你取哪种方式?		根据价值来谈判。
软式	硬式	原则式
·参加者都是朋友	参加者都是敌人	参加者都是问题的解决者
·目标是取得协议	目标是求取胜利	目标是有效而圆满地达到明智的谈判结果
·以让步培养双方关系	以取得让步建立关系	把人与问题分开
·对人对事都温和	对人对事都强硬	对人温和,对事强硬
·相信别人	不相信别人	不把"相信与否"放入谈判过程
·很易改变自己的立场	坚持自己的立场	重点放在利益上而非立场上
·提出价钱	提出威胁	探求利益
·揭示自己的底价	故弄玄虚	避免有某一底价
·为取得协议而接受损失	要有所获才肯达成协议	提出具共同利益的多种可能方案
·寻求对方所能接受者	寻求自己愿意接受者	构想出多种选择,然后再作决定?
·坚持达成协议	坚持自己的立场	坚持客观标准
·避免进行意志力的较量	设法赢得意志力的较量	根据客观标准来达成协议
·屈服于压力	运用压力	开诚布公,服从原则而不屈从压力

"原则谈判理论"能帮助谈判者经过认真的讨论而达成共同的意向,避免双方在立场上相互纠缠而虚耗时间和精力。它的适用范围很广,无论是国际谈判还是个人之间的谈判;无论是一个问题的谈判还是多个问题的谈判;无论是双方的谈判还是多方参与的谈判;无论是比较平稳的谈判还是风波迭起的谈判,都适用它的原理、原则,这是当前具有普遍指导意义的一种谈判理论。

二、商务谈判的原则

明确商务谈判的核心问题是谈判有关各方的经济利益,那么,谈判者应把有关各方的利益和共同满意的选择作为考虑问题的出发点和归宿,这是商务谈判的基本原则。有人认为,谈判的成败完

① 费雪埃·尤里.哈佛谈判术.科普出版社.1989.13~14

全取决于谈判者个人的技巧,没有可遵循的原则;还有人认为,只要能达到目的,可以不择手段,不必顾忌原则。这些观点在现代商务谈判中是不适用的,而且是极有害的。根据商务谈判的理论和实践经验,这些原则可归纳成以下四点:

(一)尊重事实,实事求是

商务谈判既然是有关各方为各自的经济利益寻求一致的协议而相互磋商的一种活动过程,这就要求谈判者必须牢牢掌握尊重客观事实、实事求是的原则,切忌主观片面,固执己见,感情用事,贻误事业。

怎样才能做到尊重事实,一切从实际出发呢?

1. 必须全面了解谈判各方的利益所在。在谈判之前,谈判者不仅要明确自己的需要,利益之所在,拥有的资源,面临的环境等,而且要认真了解谈判对手的情况,尽可能掌握其完整的信息资料,其中包括历史沿革、现实需要、实力和信誉、面临的环境等,作为制订谈判方案的基本依据。在掌握已有信息资料基础上,还必须在谈判中细心倾听对方的言论,观察其行动,判明其参加谈判的实际需要。

2. 客观分析情况,预测谈判发展的规律。谈判者由于处于不同立场,存在各自的利益,难免对事物的判断失之偏颇,这就更要求以科学态度对谈判对手的情况进行客观的分析,摒弃主观偏见,从谈判各方所拥有的各种有利和不利条件的比较分析中,预测谈判过程中可能会出现的各种情况,作出相应的方案准备,积极引导谈判向有利的方向发展。

3. 掌握客观性标准,奠定谈判协议的基础。当谈判有可能陷入僵局时,一定要努力求索社会公认的、易为谈判各方接受的客观性标准,如有关法律规定、公认惯例、成功先例、科学数据等,这样才能引导谈判各方抛弃歧见,避免意气用事,使谈判成为依据客观标准、服从公理、实事求是地共同解决问题的过程。

4. 服从事实和真理，顶住威胁和压力。尤其在国际经贸谈判中，对于谈判对方施加的种种压力、威胁、固执、诡计，要以冷静的头脑，有理、有礼、有节的态度，坚决顶住对方的错误做法，坚持原则，摆事实讲道理，只服从事实真理，不屈从威胁压力。

（二）求同存异，达成协议

商务谈判作为买卖双方追求达到各自的利益而进行的磋商，那么，由于谈判有关各方处于不同的地位，拥有不同的实力和条件，他们参加谈判的出发点和利益追求也自然不同，而谈判的目的正是要通过协商弥合分歧，使谈判各方成为谋求共同利益、达成合作协议的伙伴，因此，求同存异，求索各方都可以接受的协议，应是谈判的基本出发点。

有人认为，商务活动的谈判只不过是谈判各方为实现自身利益而施展各种手段，从而"赢"得谈判的过程，其实这是一种落后的观念。现代谈判理论认为，在大多数情况下，问一位谈判者"谁谈赢了？"就像问一对夫妇"你们谁赢了这场婚姻？"一样滑稽可笑。①

在商务谈判中可以采取三种不同的态度：

1. 谋求一致的态度。即在和谐、友好的气氛中，经谈判各方的共同努力，求同存异，最终达成互利互惠的协议。

2. 皆大欢喜的态度。通过谈判在实现自己一方最大利益的同时，使对方也能得到完全满意的收获。

3. 以战取胜的态度。即在使对方屈从自己的压力，牺牲其应得利益的条件下，实现自身的最大利益。

现代商务谈判实践证明，"皆大欢喜"当然是一种好的谈判结果，但在一般情况下实现的机会较少。"以战取胜"则是一种原始的谈判态度，其结果将损害对方的感情，失去往后进行更多业务交往的机会，即使暂时达成协议，对方也不大可能积极认真地去履行，

---

① 弗雪埃·龙里．哈佛谈判术．科普出版社．1989．146

有的甚至可能遭致对方的报复。所以,最成熟、稳健的态度还是求同存异、谋求一致的态度。这是因为:

第一,平等互利的谈判,在一定意义上就是通过“取”与“予”实现相互协调的过程。正确对待商务谈判和谈判对手,前提就是要尊重对方的需要和不同的利益,由于利益追求的不同而使谈判出现分歧,就要通过情况的沟通,调整谈判各方原来的意向,该“取”则“取”,该“予”则“予”,只“取”不“予”,无视对方的利益,无助于谈判的进展;只“予”不“取”,显示虚弱的谈判地位,也不利于协议的达成;只有双方互有所取,各有所予,才能弥合分歧,求同存异。

第二,谈判各方利益的调整都有一个临界点,越过这个临界点,谈判就会失控,导致破裂。如果尊重谈判各方的要求和利益,那么任何一方切忌目空一切,咄咄逼人,否则,为追求己方过分的要求,使对方处于无法容忍的境地,结果只能是事与愿违,两败俱伤。成功的谈判必须掌握进退的尺度,绝不越过临界点,使参加各方都是胜利者。

第三,在谈判出现的利益分歧中,要特别注意寻求相互补充的契合利益,以达成满足各方需要的协议。任何个人和企业的需要是多方面、多层次、长时效的,这个层面的退让可以由另一层面的进展来弥补,眼下的损失往往可赢得更长时期的收益。因此,有经验的谈判人员在进入谈判时,特别注意了解对方的价值观念,细心分解对手的利益组合,包括商品质量、包装、价格、交货期限、付款方式等,以期使多元利益在双方反复协调过程中得到互补。需要的差异和利益的分歧不应成为阻碍谈判进程的障碍,反而能使谈判各方找到相互补充、相互满足的平衡点,实现互补效应和契合利益。

(三)着眼于各方利益,而不是立场

商务谈判中出现分歧,甚至发生严重冲突,看来似乎是尖锐的立场对立,而其实质还是利益矛盾所致,因此,要寻求协议的达成,必须把重点放在利益上,而不是放在立场上。我们从一般谈判的一个例子可以说明问题。两个人在图书馆阅览时发生争吵，一个人要开窗，另一人想关窗，他们为了窗户的开关问题争论不休，没有找到解决的办法。争论正处于难解难分之时，进来一位女图书馆员，她问其中一位为什么要开窗？说是为使“空气流通”；她又问另一位为什么要关窗？说是为了“减轻噪音”。女图书馆员经过一番思索，就打开旁边房间的窗户，既使空气流通，又使噪音大大减轻。案例中出现的情况是谈判中常遇到的一种典型形态，如果从立场上去考虑，双方表现为严重的对立，往往使谈判陷入僵局，而如能像女图书馆员那样，能从截然对立的两种立场中发现他们潜在的、真正的利益是“空气流通”和“减轻噪音”，就能够找到使争论顺利解决的两全之策。一般谈判尚且如此，商务谈判直接维系着谈判双方或多方的切身经济利益。所以，隐藏在商务谈判中的根本问题实质上不是双方立场、感情上的冲突，而是双方需要、欲望、关切和恐惧的冲突，这种需要、欲望、关切和恐惧的驱动都是利益。正是这种利益决定并推动着人们的行动，作出各种判断，进行着各种谈判和争论。

中美之间第三个纺织品贸易协议于 1993 年 12 月 31 日到期。此前，从 1993 年 9 月至 12 月中美就商签第四个协议进行了 3 轮谈判，都未能达成协议，争论的焦点在于“非法转口”问题，具体表现在 3 个方面：

1. 美方认为，约有 20 亿美元的中国纺织品非法转口到美国；中方认为，非法转口问题存在，但实际数量并不很多。

2. 美方要强行扣减配额作为惩罚，而且依据“重大信息”就作扣减；中方坚持可以扣罚，但必须以事实为依据，经双方协商行事；

3. 美方强调打击非法转口完全是中国方面的责任；中方认为从事非法转口的既有中国出口商，也有美国进口商，还有第三地的不法商人，双方应各负其责，共同打击。

前三轮谈判中，双方坚持己见，未能达成协议。1994 年 1 月 6

日美国贸易代表宣布，如第四轮谈判双方不能达成协议，美方将从1月17日开始实施在1994年削减中国纺织品进口配额25%至35%。国际舆论认为，如果美方的单方面行动付诸实施，必将引起两国之间的贸易战，进而导致两国关系的倒退和紧张，表现为严重的立场对立。但从1月15日在北京开始第四轮谈判后，经过大量细致的工作，双方都意识到，如果谈判破裂，各自的利益都将受到很大的损失。基于此，谈判双方都有达成协议的愿望，谈判气氛变得坦率、务实，终于经过紧张、艰苦的谈判过程，中美双方都作出了必要的让步，使双方都避免了重大的损失。中国将不会因美国削减配额而减少每年10亿美元的纺织品出口；美国的进口商、零售商和消费者则不会因中国纺织品进口的大量减少而损失几百亿美元；如果从国际政治的大局看，中美两国之间的贸易战和关系恶化，造成的损失更是无法估量的。所以，当谈判双方发生尖锐的立场冲突时，不应把注意力集中于调和双方立场，而要着力于调整双方的利益。这种方法之所以有效是因为：

1. 不要把双方立场的对立，就认定双方的利益也是对立的，任何一种利益一般都有多种可以满足的方式。当双方超越对立的立场而去探索所以坚持这种立场的利益时，往往就能找到既符合这一方利益、又符合另一方利益的替代性立场。

2. 在对立立场背后所存在的共同性利益，常常会大于冲突性利益。存在着利益的差异正是谈判发生的动因，而共同性利益的寻觅又是达成协议的契机。但共同性利益在所有谈判中都是隐藏着的，需要有耐心去发现，依靠谈判者的智慧去及时把握，一旦掌握住这个时机，就能使谈判进行顺利而融洽，增进双方长时期的有效合作。

由于隐藏在立场后面的利益往往是不明确的、不具体的、甚至可能是互相不一致的，那么如何才能确认谈判中对方的利益呢？

1. 把自己置身于对方的立场上考虑问题

在谈判中了解对方的利益与了解自己的利益同样重要，准确把握对方利益的最基本的方法是把自己置身于对方的立场上考虑问题，并且问一个“为什么”？通过不断的询问、探索就可以了解对方的需要、希望和担忧。例如，某种产品的供应者为什么不肯签订3年的稳定供货合同？经过探询就了解到他可能是担心他的原料收购价格会上涨，货源的供应会趋紧，因此，要求逐年确定供货的数量和单价。明确了他的利益和要求就增加了达成协议的可能性。

2. 全面掌握谈判对手的多方面利益

参与谈判的各方都存在复杂的多方面利益，而不是单纯的一种利益。例如，在确定经销商的谈判中，承销方希望得到优惠的价格折扣，较多的专用设备和广告资助，不要占用过多资金，同时又希望建立起长期稳定的合作关系等等。委托方在实现自身利益的同时，必须认真考虑谈判对方的多重利益，它不仅影响协议之达成，而且具体规范着协议的内容。为了清楚地分析双方的各种利益，在谈判前或谈判进行过程中，有必要把它们依次一一列出，以便突出重点，反复分析比较，求得满足共同利益的各种创造性设想和办法。

3. 要特别注意满足人的基本需要

在寻找隐藏于公开立场背后的各种利益时，要特别注意驱动人类各种行动的基本诱因，如果能体察到别人的这些基本需要，如安全感、经济福利、归属感、受人尊重、主宰自己命运等，双方达成协议的可能性就会增加，并在协议执行中也容易做到信守不渝。相反，谈判的任何一方感受到自己的基本需要受到另一方的威胁，谈判就不可能取得进展，即使一方出于无奈而签订协议，在执行中也会发生变故，或从另方面谋求报复。这对个人、团体和国家都是一样。例如，美国和墨西哥之间进行的购买天然气的谈判中，美国能源部长认为这只是一项“价钱谈判”，他估计当时墨西哥还没有其他可能的卖主，墨方肯定会同意降低售价，因此他拒绝批准美国石油工会与墨西哥人经过谈判达成的天然气涨价协议，坚持要求墨方低价出售天然气。但是，美方没有考虑墨西哥人不但在天然气价格上有其利益，而且在“受尊重”、“平等对待”上也有其需要，美国的行动完全是以大欺小、以强凌弱，使墨西哥人感到受屈辱，结果墨西哥政府决定不把天然气卖给美国，而宁愿把它烧掉，使美方原以为一定能达成的低价出售天然气协议化为泡影。

（四）把人与问题分开

在商务谈判中要重视一个基本事实：与你打交道的不是对方的“抽象代表”，也不是一台计算机，而是人。他有自己的喜怒哀乐，有根深蒂固的价值观和思想方法，而这些都会随环境的变化而改变，需要认真去把握和处理。在谈判过程中，如把这个问题处理好，建立起相互了解、信任、尊敬和友谊，可以使以后每一项新的谈判进展顺利，富有成效，因为人们都希望自己工作称心如意，别人对自己有好的看法，同时也会激起他对其他谈判者利益的关心。相反，如果谈判者感到自己没有被人理解或尊重，引起忿怒、沮丧、恐惧、敌视和反抗，这种受威胁的“自我”，常常会把误解强化为成见，使理智地探讨可能有的解决办法变得十分困难，从而使谈判夭折，关系恶化。所以，充分地注意人的问题，把人与问题分开，应贯穿于谈判的始终。

每一位谈判者都存在着双重的利益：即一方面愿意达成一个满足自己实际利益的协议，另一方面希望与对方建立某种有效的关系。如公司外销员在谈判中既想实现较多的销售额，获得相应的利益，又想与对方建立起长期的购销关系。事实上，对于多数谈判者来说后者往往比前者更为重要。但是，在谈判中出现的问题常常使双方的关系与讨论的实质问题难以分清。一方针对问题所发表的意见，很容易被误解为指向对方个人，特别是谈判者一旦从立场上进行争执，更会使纠缠难解难分，造成关系与实质问题都产生尖锐矛盾。掌握正确原则的谈判者应该把处理关系与实质问题严格分开。双方的关系应该建立在正确的看法、清晰的沟通和适当的情绪上。当对方的看法不正确时，要寻找机会帮他纠正；对方情绪太激动时，要让他有发泄的机会，决不要刺激其进一步激化；当出现误解时，要设法改善双方的意见交流。总之，要以向前看的态度把相互关系处理好，而不是用实质问题上的无原则的让步来解决人的关系问题。

在谈判中处理好人的问题，既包括谈判对方的“人的问题”，也要处理好己方的“人的问题”，主要应注意以下三个方面：

一是正确了解对方的想法。商务谈判中的分歧也正是双方在看法上的差异，事实上矛盾和分歧并不存在于客观事实本身，而是存在于人的大脑之中；分歧的解决也就是人们对客观事实的看法趋于一致。人们总是习惯于按照自己一贯的看法去搜集资料，分析问题，得出结论，容易忽视和歪曲不符合自己想法的资料和信息，这在谈判中就表现为只看到自己想法的优点和合理性，而对别人的意见缺乏理解而予以排斥。因此，不仅要清楚了解对方的看法与我方的不同之处，还需要努力发现对方观点的合理方面，用心体会对方在这些问题上倾注的精力和情绪，这样才有可能有效地去影响对方。谈判者也不要以自己的担心去推断对方的意图，因为一切都从坏的角度去猜测别人的言行，往往会使许多有利于促成谈判的创造性建议被轻易地抛弃，也会使对方态度的微妙变化被忽视和拒绝。谈判者不要因自己方面的问题去责怪对方，即使是自己有理，在谈判中直接责怪对方，也会引起对方的抵制，使“人”与“问题”纠缠不清。例如，向对方说：“你们这家公司太不可靠，我这部发电机每次经过你们保养服务之后，不久都会发生故障！”这样把“人”与“事”都搅在一起了，如果换一种说法：“你们提供保养服务的这种发电机又出故障了，这是本月内第三次故障。……本厂需要一部能发挥功能的发电机，我想请你们提供建议，如何才能减少故障的发生？”这就把“人”与“问题”适当分开了。消除分歧的最好办法，就是把不同的看法都摆出来进行讨论，只要谈判双方都能坦诚地讨论而不责怪对方，就能增进相互理解，达成共识。

在谈判中，注意照顾对方的面子也不可忽视。许多时候并不是因为可能达成的协议根本无法接受，而是因为谈判者在感情上过不去而使协议告吹。如果在措施和方法上谨慎处理，虽然实质上维持不变，而对方往往能顺利接受。提出一些反对的意见或争论应该针对所讨论的问题，而把谈判者个人尽量撇开。例如，“像这样一些情况，你可能还不知道！”“这类问题的发生，是由于某某方面所造成的。”不要把直接责任加在谈判者个人头上。

二是保持正常的情绪。要十分重视谈判中人的感情因素，当谈判进行中，特别是发生激烈争执时，不能控制自己的情绪，很容易把“协商”变成“较量”，从而使谈判陷入僵局以致破裂。一个有经验的谈判者要细心体察对方的情绪，即使是代表某个组织的谈判者，也都是有强烈情绪的人，他们的事业和个人利益往往都与谈判的结果紧密相连。同时也要清醒地掌握自己的情绪波动，经常问一问引起自己情绪变化的原因，做到心中有数。当确实因某种情绪影响谈判进展时，要公开与对方陈述自己的感受，把双方的问题挑明。成熟的谈判者要允许对方发泄内心的怨气，这是化解愤怒和消极情绪的有效方式，郁积的情绪发泄之后，往往会变得更加理智。因此，当对方尽情发怨气的时候，不要去打断他，更不能作针锋相对的反应，最好的办法是稳定自己，耐心倾听，让人把话说完。美国钢铁业的“人际关系委员会”在 50 年代创立了一种承受情绪影响的规则，即在同一个时间和同一个场合，只允许一个人发火，谁破坏这一规则，就表明谁缺乏自制能力。这是一项有意义的规定。谈判者还要学会在不付出什么代价的情况下，化解对方的对立情绪，如一句致歉的话，一次礼节性的拜访，热情的握手，一齐参加社交活动等。

三是建立顺畅的沟通。谈判本身就是为达成一致的协议而进行的意见交流和沟通的过程，没有意见的充分交流，也就没有谈判。但事实上谈判中建立顺畅的沟通很不容易，这是因为：

(1)有的谈判者彼此不愿多交谈，不打算进行认真的沟通，他们的注意力集中于向第三者陈述自己的观点，而对自己的谈判对手不愿与之“共舞”，而是只想把他“绊倒”；

(2)即使你跟对方直接又清楚地说话，他都忙于思考下一步自己要说什么，如何反驳对方，根本就没有倾听你在说什么；

(3)对于一方陈述的意见，另一方都存有误解，尤其是谈判双方使用不同的语言，误解就更多。

如何才能克服这些困难呢？

首先，要积极认真地倾听对方的谈话，这样才能够真正了解对方的看法，体察对方的情绪，分辨对方的言外之意。尤其是在专心倾听之余并偶而作些突出对方观点、想法的插话、提问，对方就会因自己的谈话被认真倾听并被很好的理解而感到满足，有助于建立进一步的沟通关系。

其次，不要非难对方的动机和企图，明确而婉转地谈论自己的感受。要防止在谈判中长篇大论地去责难对方，因为谈判不是辩论，也不是打官司，你不是去说服第三者，而是只需要说服坐在对面的谈判者。

最后，发言要有明确的目的性。当对方情绪激动，看法距离甚远时，有些话可暂时不说；在作有意义的发言之前，要明确你想沟通和想得到的是什么？

上述处理谈判双方的认识、情绪和沟通的策略和方法，都是谈判原则的基本要求。

重点复习思考题

1. 什么是商务谈判？它与一般谈判的区别是什么？

2. 商务谈判是怎样形成和发展起来的？

3. 商务谈判在商品交换中的作用是什么？

4. 为什么说集中计划经济体制扼制了商务谈判的充分展开？

5. 社会主义市场经济的建立对商务谈判理论和实践的丰富、完善和发展具有哪些重大意义？

6. 怎样理解谈判的“需要”理论？它在实践中有什么意义？

7. 什么是“原则谈判理论”？应该如何评价这种谈判理论？

8. 商务谈判的四大原则是什么？

9. 怎样在商务谈判中坚持“尊重事实、实事求是”的原则？

10. 为什么商务谈判中必须坚持“求同存异、达成协议”的原则？

11. 商务谈判中着眼于利益同着眼于立场有何联系和区别？

12. 为什么在商务谈判中要把人和问题分开？怎样才能做到把人和问题真正分开来对待？

第二章　商务谈判人员和谈判队伍的组织

商务谈判是一项复杂的经济活动，要使谈判能顺利进行并取得预期的结果，关键在于人，在于选拔的谈判人员具备良好的多方面的素质。重大的商务谈判又是一场群体间的交锋，除了谈判者的个人素质外，还必须使谈判队伍组织严密，协调裕如，实现整体结构的优化。

第一节　商务谈判人员素质的要求

商务谈判既是一种具有高度原则性、涉及重大经济利益的紧张思维活动，又是一种充满灵活机动性、需要有多方面知识才能完成的社交活动。它是谈判人员政治觉悟、道德品格、智慧能力、勇气耐心的全面较量。改革开放的新形势，对商务谈判人员的素质提出了更新更高的要求。

一、政治素质

良好的政治素质是一切经济工作人员的基本要求，对于商务谈判人员来说，更是考察选拔的首要条件。事实说明，建立起一支能够在多种经济成分并存的国内市场和云诡波谲的国际市场始终坚持国家和人民利益至上的商务谈判人员队伍，乃是经济振兴、国家繁荣的决定性条件。对商务谈判人员政治素质的要求主要表现在以下几个方面：

（一）忠于职守、遵纪守法

商务谈判人员不论是代表国有单位、集体企业与国内其它单位或个人进行谈判，还是参加国际经贸谈判，都必须忠于自己职守，遵守党纪国法和职业道德，贯彻执行党和国家的方针政策。在改革开放的新形势下，我们的谈判人员在国内谈判中就会遇到形形式式的对手，有的人会施展“千方百计”，用金钱、女色进行诱惑、拉拢。所以，谈判人员必须要有良好的思想品质，灵敏的政治嗅觉，自觉抵制各种腐朽思想作风的侵蚀，这是必须强调的首要条件。至于在国际商务谈判中，情况往往更为复杂。据报道，某些资本主义国家的企业每年要开支上千万美元，用于请客送礼、拉关系。有的企业对客户馈赠礼品种类繁多，大的如汽车、摩托车、珍贵首饰等，有的干脆以各种名目付给“津贴”，因此，以清醒的头脑分清贿赂与礼节性馈赠的界线，这对商务谈判人员至关重要。只有奉公守法、道德高尚的人才能自觉遵守组织纪律，严格保守商业机密，维护国家和民族的利益和尊严；才能无私无畏、专心致志地施展才能，在各种复杂的情况下，为国家争得更大的利益。否则，经不起外界的诱惑，为个人获得蝇头小利而牺牲国家和民族的利益，最后自己也落得身败名裂的下场。这方面的教训是不少的。

(二)百折不挠，意志坚定

要在一场重要谈判中取得预期的结果，无异于赢得一场战斗，需要耗费许多心血。商务谈判人员从接受任务开始，就要用心掌握自己和对方情况，做好一切谈判准备；而在谈判进行过程中又会风云变幻，出现种种困难和障碍。谈判人员一定要有坚强的事业心和高度的责任心，发挥自己的智慧和能力，百折不挠地去克服一个又一个困难，尽心尽力地完成自己承担的任务。尼克松曾经这样评论过已故周恩来总理：他“是矢志不移的理想家，也是精于筹划的现实主义者；是政治斗士，也是高明的调停者。”“周的身上既有儒家君子的特色，又有列宁主义革命者的政治本色，这两者结合的个性对于他担任的政治角色十分理想。犹如几种金属熔成的合金那样，他的个性的各种成分溶合起来比任何一种单独成分都更坚强有力。”周恩来同志的崇高思想品德和坚韧不拔的意志，应是每个谈判人员学习的楷模。

（三）谦虚谨慎，团结协作

商务谈判需要掌握大量的情况和资料，运用多方面的知识和技能。一个人的知识和能力总是有限的，必须依靠谈判班子的每一个成员以及幕后顾问班子的协作和支持，才能把事情办好。所以，无论个人的经验有多丰富，能力有多强，在过去谈判中起的作用如何卓著，都还要虚怀若谷，懂得尊重别人，既尊重领导，又尊重左右和下属；既尊重己方人员，也尊重对方成员。谦虚谨慎，宽厚仁爱，把自己真正置于组织之下，群众之中，认真听取有利于实现谈判目标的各种意见和建议，把谈判组织中各类人员的积极性和主动性充分调动起来，就能够克服谈判中面临的各种困难，不断创造出良好的业绩。

（四）诚实无欺，讲求信誉

诚实无欺，是社会主义企业的经营原则，也是我们每个谈判者应有的道德风范，是树立国家和企业良好信誉的基本前提。社会主义企业之间的关系，既是竞争的关系，又是相互协作、相互支援的关系，不择手段、尔虞我诈的种种做法在法制健全、企业行为规范化以后是绝对行不通的，是没有前途的。当然，商场如战场，诚实无欺不等于毫无心机，把自己的底数全盘托出，把谈判的主动权拱手让人。在商务谈判中，为使交易顺利达成，使用暗示、夸大、假动作、声东击西等策略和技巧还是必需的。但前提是无害人之心。不懂得运用谈判策略的所谓诚实，等于是发傻。“老实是无能的别名”，在国际商务活动中尤其如此，谈判中如拘谨于实打实，将不可避免地受人宰割。反过来说，如果只知道运用策略和技巧，抛弃了基本道德规范，无异于欺诈。这样的人不可能使事业成功，最多也只是“一锤子买卖”，而使国家、集体和个人的信誉扫地。所以，谈判策略与技巧的运用还是要在坚持信誉的范围之内，一旦协议达成，必须按质、按量、按时履行协议条款，以信誉赢得顾客，赢得未来。

二、业务能力

商务谈判人员的业务能力是多方面知识和能力的集合，是在谈判中充分发挥作用、驾驭各种复杂局面所应具备的重要条件。业务能力主要应包括以下几方面：

（一）复合型的知识结构

知识就是力量。从一定意义说，商务谈判过程实际上就是双方知识和能力的较量过程。在谈判中涉及的知识领域极其广泛，如经济、营销、法律、金融、储运、财会、心理、公关等学科的知识都十分需要。在某些产品和技术的贸易谈判中，还需要有专门的技术知识。在国际商务谈判中，良好的外语和国际政治、经济、法律的知识更是必不可少。所以，应付复杂的商务谈判，实际上要求谈判人员必须具备广博的社会科学和自然科学知识，还要深入掌握有关产品的技术特点、成本估算、行业特点以及市场行情变化趋势，摸清谈判对方的要求和意向等，当然，满足多方面知识的需求应该依靠商务谈判组织的集体，而每一个谈判人员在自己成长过程中应该尽快地掌握更多方面的有关知识，这是发挥自己才能的必需准备。

（二）分析判断能力

它是以谈判者丰富的业务知识和长期的经验积累为基础，在实践中逐步养成的一种能力，是商务活动中极可贵的资源。

一是对市场形势的分析判断。有经验的谈判者总是密切地注视着有关商品或服务的市场形势，能够从微弱的信息中见微知著，对可能发生的市场变化趋势作出正确的分析判断，从而应用于商务谈判的实际。事实证明，当某种商品或服务的市场尚处于若明若暗的形势下，首先能作出正确分析判断的人，就能掌握主动权，赢得更大的利益。

二是对谈判对手的分析判断。有经验的谈判者通过会上会下的接触，透过各种现象，包括对手运用的夸大、假象、声东击西等手法，能迅速准确地分析其经营规模、资金情况、购销形势、管理水平和信誉状况。特别是对其购销形势的分析，作出其对产品需求或供给状况的判断，将在很大程度上决定对手在谈判中的态度，这是制订相应的谈判策略的重要根据。有经验的谈判者要能在日常接触中掌握对方的个人状况并作出分析判断，特别是对主谈手的知识、阅历、性格、气质、爱好、特点等要做到心中有数，这对顺利应付各种突发事件，驾驭谈判进程大有益处。

(三)核算能力

商务谈判不同于其它的谈判，它的出发点和归宿都是经济利益，整个谈判的进程实际上是利益的不断核算、调整的过程。所以，谈判人员要有丰富的财会知识和核算能力，熟练掌握有关产品的各项经济指标，如成本、进销差价、费用水平、资金周转率等，能够在各种方案的商谈中，胸中始终有“一面算盘”，可以进退自如。高水平的谈判人员在核算其经济利益时，不仅着眼于目前利益，锱铢必计，而且还应着眼于长远的最大利益，显示其气度和风格；他们不是孤立地“闭门算账”，而是把经济的核算与企业面临的市场情况紧密结合起来；如果产品质量确属上乘，在消费者心目中已享有较高声誉，则在谈判中对价格不作轻易退让；而当市场竞争激烈，价格战频起，则为扩大市场份额，尽量争取较多客户，应舍得在价格上作出必要的让步，以退为进。

(四)商谈能力

商谈能力是谈判者各种知识和能力的集中体现，它应包括：

1. 倾听能力。能够悉心倾听谈判对方的各种意见，掌握其思想脉络，迅速理出其要点，同时对用暗示表达的似乎无关紧要而却反映其真实意向的苗头，能够迅速捕捉，这是“知己知彼”、确定正确的谈判策略的关键。只会讲，不会听，决非高明的谈判者。

2. 推理能力。即由一个或几个已知的前提推出新的方案、设想的能力。分析对方的陈述之后，往往会发现谈判中双方的心理处于对立、戒备的状态，而在利益上又相互依存，如何使对方接受己方的方案和建议，唯一的方法是以理服人。因此，在推理能力上如比对方略胜一筹或至少能分庭抗礼，这是在维持本方利益的前提下推进谈判的重要条件。

3. 运用语言能力。谈判是各方意愿、要求、方案等信息的表达、传递和磋商的过程，谈判人员的语言表达至关重要。谈判语言有口头谈判语言、电话谈判语言、书面谈判语言和电讯谈判语言等。按其运用目的和要求的不同，可以分为合作性、磋商性、竞争性、暗示性、保密性、交际性等。谈判语言要求准确、适当、有理有据，不能任意发挥，出现破绽；语言要注意口音的标准化，尽量采用对方能听懂、理解的语言，避免"粗话"、易生歧义的用语；表达要生动活泼，有感染力和说服力。国内谈判，至少要会讲普通话；与港商洽谈，广东话很有用。有时掌握一些地方乡音，在谈判时也有独到的妙用。与外商谈判，外语要功底扎实，重大问题绝不能出现差错，合同文本的用词必须十分精确，经得起推敲。

（五）协调能力

在商务谈判过程中常常会出现各种矛盾和预想不到的情况，对于谈判班子的领导成员来说，一定要有正确处理各种内部矛盾、通过说服教育调动各方面积极性、为实现既定目标而奋斗的协调能力，这是保证谈判成功的基本条件。

三、心理素质

商务谈判，在实践中不仅是一种经济行为，而且也是谈判者在智力、体力、意志等多方面的一种较量，要求谈判者必须具备很好的心理素质。

（一）自制能力

谈判人员经常会遇到环境的激烈变化和严重的挑战而感到窘

迫和难堪，在这种情况下一定要有克服自身心理障碍的自制能力，能在各种特殊环境下始终心平如镜，从容不迫，内紧外松，排除一切不符合既定目标的忧思和杂念。辩论激烈时，思想要集中，态度要保持平和、冷静，坚持用说理和恰当的态度去说服对方；当对方情绪激动、态度失常时，也不可怒形于色，“以牙还牙”。当谈判陷入久拖未果的境地时，压力不仅来自对方，而且会来自自方。不仅谈判组织成员之间可能发生分歧，而且往往由于某些领导者不了解实情而形成谈判中的巨大困难。有水平的谈判人一定要坚持实事求是的原则，能顶住各种压力，据实测算分析，如实反映报告，帮助领导和其它成员进一步了解情况，做到统一思想，协调一致。这种自制能力往往能从危机中挽救谈判，并最终取得成功。

(二)随机应变

谈判进程变幻莫测，各种意想不到的事情都可能突然发生。有时谈判对手运用各种谋略，也可能使自己陷入难以处置的困境，这就要求谈判者有很好的心理素质，能够随机应变，巧妙地应付和处理好突发事件，摆脱困境。如在谈判中对方提出棘手的难题时，可以委婉地转移话题，把讨论先引到容易谈的问题上，然后经过一段思考，有了清晰思路时再逐渐接近要解决的难题。有时当对方逼迫你就问题立即作出抉择时，你若回答：“让我考虑一下”，便会显得缺乏主见，无判断能力，从而在心理上处于劣势。此时，可以从容不迫地看看表，礼貌地告诉对方“对不起，10 点钟了，我得出去与一个约定的朋友通个电话，请稍等 5 分钟。”于是，在对方并未觉察你的真正意图的情况下赢得 5 分钟的思考时间，可能的话还能听到他人的咨询意见。有时还可通过外在力量或调节自身状况作应急之用，如点烟、倒水、开个小玩笑，与自己同伴谈一件无关紧要的事，从而缓和气氛，争得冷静思考的时间，使“山穷水尽”转变为“柳暗花明”。

(三)创造力与灵活性

一个好的谈判者不仅要能经得起各种挫折的考验，不受感情波动的支配，而且要始终表现出理智和优雅的风度，富有创造力和灵活性。这就要有很强的耐心、毅力和智慧，有很好的心理素质和思维方法。谈判者要善于随着谈判场上的风云变幻，及时调节自己的心理状态，不断建立起新的心理平衡，在坚持原则性的同时，发挥自己的创造力与灵活性，否则就不易使僵持局面得到及时化解。1972 年中美上海联合公报中关于台湾问题的立场表述，就是一个很好的例证。创造力与灵活性的发挥与思维活动的及时调整密切相关。要善于把谈判前经过准备而形成的前期思维方式，及时地根据谈判中出现的各种新情况调整为临时思维方式；正确运用反馈思维与超前思维相结合、以超前思维为主的思维方式；静态思维与动态思维相结合、以动态思维为主的思维方式。正确的思维方式和坚韧不拔的毅力，说到底是谈判者创造力和灵活性得以充分发挥的源泉。

此外，谈判者的年龄、体质、仪表、风度也是重要的条件，在谈判人员选拔时也要认真加以考虑。

第二节　商务谈判队伍的组织

商务谈判在多数情况下，需要组成一个谈判班子，配备各类人员，分工协作，有效地开展谈判活动。谈判队伍的组成不能千篇一律，但总的要求是“少而精”，组成的人员具有良好的专业知识和谈判能力，并且各具不同的特点，优势互补，团结合作，协调动作。

一、谈判组织的类型和规模

(一)单一谈判者

即由一个人与对方进行谈判。在特定情况下，授权某一个人参加谈判，此人必定是熟悉该项业务的行家，掌握有足够的信息资料，在谈判过程中便于迅速决策，抓住稍纵即逝的机遇，实现高效率。但是，在较为复杂的谈判中，谈判者既要陈述自己的各种交易条件，又要倾听对方的发言，做好笔录，衡量各种交易条件的利害得失，作出相应的决策等等，这些工作都由一个人去完成是十分艰苦的，如果谈判过程中出现一些复杂情况，缺乏必要的信息交流和讨论，难免发生失误；遇到个人健康状况或其他原因，更会使谈判陷于中断。因此，除了极个别情况外，一般公司、企业不派单人参加谈判。

（二）谈判小组

可由两人以上、四五人以下组成。一般商务谈判都会涉及四方面内容：

(1)商务方面，包括确定商品品种、质量、价格、交货期限、风险划分等；

(2)技术方面，包括产品技术标准、工艺要求等；

(3)法律方面，包括合同文本的确定和各项条款在法律上的准确性；

(4)金融方面，包括支付方式、资信保证、财产担保等。

谈判小组通常要由这四方面人员组成，有时遇到一些特殊的技术问题和法律问题，还需要聘请一些专家参加。对于一些规模较小的谈判，参加者也可兼顾两个或三个方面的业务，从而使小组人员得到精简。外贸企业出国推销小组多数属于这一类，要求外销人员具备多方面的知识，能够身兼数任。谈判小组有各方面人员参加，能够分工合作，集思广益，运用各种谈判技巧，有较大的回旋余地，它对谈判实力的增强不是简单的“叠加效应”，而是获得“乘数效应”。当然，谈判小组由不同专业的各方面人员组成，会增加费用的支出，同时对问题难免会出现意见分歧，要做到统一认识，团结一致，需要有力的领导和协调。

（三）谈判团

可由几人、数十人、甚至上百人组成。对于涉及重要问题，谈判难度较大的高层次国际商务谈判，需要组建谈判团，集中各类专家，保证能在各方面与对方势均力敌或略胜一筹，尽量减少失误，以实现预期的目标。大型谈判团内部各类人员要进行合理分工，成立若干个专业性的部门或谈判小组，各部门、小组保持恰当人数，在工作中互相协调、配合，做到既能胜任重大谈判任务，又能获得高效率。谈判团的工作任务应包括：

(1)主动提出交易条件并观察对方的每一个细节和反应；

(2)倾听对方的条件和意见，并做好记录；

(3)思考对方的意见并及时作出答复；

(4)研究各项意见、条件可能产生的后果，并拟订相应的对策；

(5)明确各项交易条件，拟定合同文本；

(6)从法律、技术、金融等方面审核、修订合同文本；

(7)最后达成成交条件，签订合同；

(8)记录并追踪谈判的结果。

重大项目的谈判团不仅有相当数量的正式谈判代表，还设有顾问、观察员等第二线工作班子。如朝鲜停战谈判朝中方面代表团，根据周恩来总理的亲自部署，除了配备好第一线的谈判代表外，还专门选定具有很高政策水平、富有谈判经验的领导同志居于二线，具体掌握谈判的进程。

二、谈判班子的组成

进行重大商务谈判的班子，一般要由主谈人、经济人员、技术人员、法律顾问等人员组成，在对外经贸谈判中，翻译人员也是很关键的人物。

(一)主谈人

或称首席代表，是谈判班子的核心，是代表本方利益的主要发言人，整个谈判主要是在双方主谈人之间进行。因此，主谈人水平的高低，直接关系到谈判的成效，他既要有企业家的敏锐眼光和决策能力，又要有宣传家的口才和思维逻辑，还要有外交家的风度和气质。一个理想的主谈人应该具备：

1. 熟悉我国国内、国外贸易的有关方针政策；

2. 掌握当前市场情况及其发展趋势，具有良好的分析判断能力；

3. 能够迅速洞察谈判对手的情况；

4. 有关的法律知识；

5. 在对外经贸谈判中，需要有一定的外语水平；

6. 胸襟开阔，善于听取各方面意见，作风民主；

7. 善于思辨，有较好的表达能力；

8. 职位与对方主谈人相当，有作出相应决定的权力。

所以，主谈人不但自身素质要高，而且要有指挥和协调谈判班子所有成员的活动、最大限度发挥群体效应的能力。在谈判开始前要组织有关成员做好一切准备工作，掌握与谈判有关的各种信息，使全体成员准确了解本次谈判的目标和策略，明确自己在实现谈判目标和策略中所担负的责任。在谈判过程中，主谈人要发挥核心作用，“言必信，行必果”，使对方认识到主谈人言行的权威性，并要能设身处地考虑对方行为环境，对方意见的真实含义，增强双方合作的信心。同时，也要能及时识破对方的假动作和“迷阵”，找准主攻点，推动谈判全局的进展。主谈人责任重大，面对的矛盾和困难也多。当发生非授权范围的重大情况时，应将事情的本来面貌如实地向上级汇报，包括事情的正面和反面、积极和消极的各个方面；当问题难作决策时，应向上级决策层提供多种可供选择的方案，并指明各种方案的利弊；当上级作出决策后，应全力贯彻决定，并使之具体化、完善化，可供实际操作。

(二)经济人员

经济人员是谈判班子中的重要成员，应由熟悉业务的经济师或会计师担任。在主谈人主持谈判时，经济人员应充分发挥助手的作用，提供经济方面的资料和意见，而在与对方经济人员直接就具体交易条件进行磋商时，经济人员要独当一面，充分发挥自己的主动性和创造性。经济人员的具体职责是：

1．谈判准备期间，参与信息调研与行情分析，作好谈判方案的准备工作；

2．掌握谈判项目整个财务状况；

3．分析、了解谈判对方的财务状况及其在项目利益方面的期望值指标；

4．及时分析、计算谈判方案变动所引起的收益和财务情况的变动；

5．在谈判中为主谈人出谋划策，排忧解难，促进谈判按预定目标前进；

6．当发生重大意见分歧时，提请或暗示主谈人休会，在场外作进一步分析、核算；

7．在正式签约前提出对合同或协议的财务分析表；

8．参与合同、协议的起草和签署，参与谈判总结事宜。

（三）专业技术人员

重大的商务谈判，要有熟悉本企业的生产、科研技术并能解决谈判中发生的各种技术问题的专业技术人员参加，作为主谈人的助手。在主谈人开始谈判前，专业技术人员要准备好谈判有关的详细技术资料，帮助主谈人掌握具体的技术参数，而当谈判中发生技术争议问题时，专业技术人员要能分析、判定问题的症结，解答本方有关的技术难题。其具体职责是：

1．谈判开始前，收集有关技术信息资料，作好谈判项目技术方案的准备工作；

2．及时掌握双方在项目技术要求上的分歧和差距，研究解决分歧的途径和办法；

3．根据主谈人的委托，同对方进行技术问题上的具体磋商；

4．向主谈人提出有关技术难题的建议和方案；

5．草拟和修改合同、协议中有关技术问题的条款；

6．为最后决策提供专业技术方面的论证，参与合同、协议的签署和谈判的总结。

（四）法律人员

在重大项目谈判中，法律人员是不可缺少的，他要熟悉各种经济法规，在国际商务谈判中还要懂得国际商法和有关国家、地区的法律规定，能够透彻掌握和解释合同、协议中各种条款的法律含义和要求，使得本企业在各种经贸交往中得到法律保障，在发生法律纠纷时，能有力地维护自身的利益。其具体职责是：

（1）认定谈判对方经济组织的法人地位；

（2）保证谈判程序和谈判内容在法律许可的范围内进行；

（3）参加拟订谈判文件，保证其在法律上的有效性和准确性；

（4）当发生法律纠纷时，依法为本方利益进行辩护。

（五）翻译人员

在对外大型商务谈判中，翻译人员是谈判班子的核心成员。重要谈判的翻译不能临时确定，而应尽早吸收参加谈判的准备，使其充分了解谈判的任务、目标和策略，掌握有关业务和技术术语。好的翻译人员能洞察对方的心理和发言意图，为主谈人提供重要信息和建议，同时也可为本方谈判中出现的失误，得到改正的机会和借口。对外经贸洽谈往往包藏着许多复杂、微妙的问题，主谈人或其他成员发言中难免有失言之处，高水平的翻译能在语言传递中巧妙地给予更正；有时当主谈人意识到自己出言有误，在配合默契的情况下，还可找借口把失言之责任往翻译身上推，体面地纠正自己的错误。此外，通过翻译进行谈判，可以避免过早暴露自己的外语水平，利用翻译复述的时间，细心观察对方的反应，争得较多的思考时间，决定下一段行动的步骤。翻译人员的工作职责是：

1. 谈判开始前尽量熟悉业务情况，了解谈判对手特点，作好充分准备；

2. 在谈判过程中全神贯注，力求使翻译内容准确，忠实原意；

3. 当发觉主谈人意见不妥或有差错时，以巧妙的方式提醒其注意，但最后必须以主谈人的意见为准，不能向外商表达翻译自己的意向；

4. 对方提出的意见和要求，应如实告知主谈人，不能自作主张作出回答，也不能故意省略，堵塞言路；

5. 外商如有不正确言论或不满意表示，应全部译告主谈人，由主谈人考虑后作出适当反应。

在谈判进行中翻译不要随便更换，以保证工作的连续性。翻译工作相当艰苦，应予尊重爱护。

(六)记录人员

一项重大的商务谈判往往旷日持久，多有起伏，把谈判全过程如实地记录下来，形成完整的资料，既是本次谈判的重要档案资料，也是进一步发展关系的参考依据。因此，配备具有良好素质的记录人员是十分必要的，他虽不是正式代表，但应是谈判班子的组成人员。重要谈判还设有二线工作班子，他们除听取口头汇报外，主要从记录中了解谈判的全部过程，发现问题症结，提出相应的建议和对策。记录人员要有良好的文字记录能力，最好学会速记，并有一定的业务知识，注意力集中，反应机敏。完整地记录谈判内容应包括：

1. 商谈的全部过程和主要问题；

2. 双方提出的各项条件和建议；

3. 双方争议的主要问题和最后达成的协议；

4. 主要谈判人员的用语、习惯、提法和表情等。

(七)国外商务中的代理人

在国外商务活动中，代理人作为企业委托在当地经营渠道的成员，他们不仅熟悉委托人经营的商品和服务，而且更重要的是充分掌握当地的社会、经济情况，了解谈判对方以及参加谈判人员的特点，熟悉同行圈子的内情，与当地各方面人士有密切联系。因此，在国外进行商务谈判时，经过事先的认真选择，可以让作用发挥得好的代理人参加正式谈判。在客户有翻译的情况下，代理人可以帮助双方意图的传递，验证对方翻译的正确性；而当对方没有翻译的情况下，代理人常常可以充当翻译，尤其谈判对方使用的是少数语种。正确地利用代理人，可充分发挥其对我有利的作用，关键是要建立起长期合作的友谊纽带，正确处理好利益关系，使其认识到谈判的成功会给他带来目前的利益和更好的发展前景。当然，代理人与谈判对手之间也常常会有一些不易察觉的联系，他既可以为我方服务，也可以为谈判对方效力。因此，在代理人参加谈判时，既要利用其促进谈判的积极作用，又要做好工作，掌握分寸，防止对我不利情况的发生。

除了上述主要成员外，根据谈判需要，还要配备一些信息收集、数据分析、文件打印等服务人员，使谈判工作能有序地进行。

第三节 商务谈判人员的选拔和管理

一、选拔商务谈判人员的原则

正确选拔商务谈判人员是决定谈判成败的关键。根据许多单位的实践经验，人员选拔应遵循以下原则：

（一）坚持政治和业务统一的标准

重大的商务谈判，特别是国际的经贸谈判，关系到国家和人民的根本利益，必须选择在政治上坚定可靠、能自觉维护人民利益的人去担当谈判代表。如果让一些品质恶劣、为达到个人目的甘愿牺牲国家利益的腐败分子钻进谈判队伍，其后果将不堪设想。当然政治标准并不能代替业务水平，没有足够的专业知识和谈判实践经验，在与对方接触中即会露出破绽，不仅会影响国家和单位的声誉，而且将在实际工作中造成损失。因此，选拔商务谈判人员一定要坚持政治和业务统一的原则，两者不能偏废。

（二）要不拘一格选拔人才

一些单位的领导，在选拔大型谈判和对外经贸谈判参加者时，往往视野不够开阔，只看到几位有资历、有影响的人物，这样的人本来就少，加上年龄偏高，如何能适应业务不断发展的需要？所以，还是要打破“论资排辈”的传统做法，起用那些虽然没有很高资历，但经实践证明有能力、肯钻研、能够担负起谈判重任的较年轻同志，在竞争中不拘一格选拔人才，造就大批适应业务发展需要的英才。

（三）发扬长处，不求全责备

商务谈判人员的条件是很高的，而且是多方面的。但是“金无足赤，人无完人”，要找到各方面都符合条件、完美无缺的人，实际上是非常困难的。因此，在人员选拔时，要做全面考查，既了解其短处，又要着重了解分析其长处，看其主流方面，在使用中扬长避短，不求全责备，充分发挥人才的作用。古云：“若录长补短，则天下无不用之才，责短舍长，则天下无不弃之士”。这在我们进行谈判人员选拔时应作为殷鉴。

（四）在实践中发现人才，起用人才

商务谈判要有理论指导，灵活运用多方面的知识，但重点还在实践。有的人有较多理论知识，但是缺乏实际谈判经验，需要给他们创造运用所学知识的机会，使之在实践中得到锻炼提高，逐步成熟起来，并委以重任。有的人学历和专业知识不足，但已有较长时期的实际工作经验，并且善于在工作中学习，各方面素质较好，也可以放在适当位置，使其潜在优势得以发挥，并且关心其获得进一步学习进修的机会。总之，要以实践第一的原则，以发展的观点考察人才,培养人才,使用人才。

二、谈判小组负责人的选择

保证谈判人员群体作用得到很好发挥,一定要选择好谈判小组的负责人。选定谈判小组负责人时,应考虑以下几个条件:

1. 具有谈判项目有关的专业知识和较多的谈判实际经验;
2. 具有领导谈判、协调组织成员的能力;
3. 对谈判的成败得失有着直接关系,有很强的责任心。

因此,谈判小组领导人的选定,在一般情况下总是与其在公司中原来的职务相联系,这样做比较容易满足以上的要求。当然,有时出于某种需要,选择其他专业人员担任谈判小组领导人的情况也是有的。在通常情况下,谈判项目的内容与谈判小组负责人所任职务的关系有如表2-1所示:

表2-1

谈判项目内容	谈判小组负责人来源
购买生产所需原材料	原材料主要采购员、生产经理、厂长
购买工厂设备的重要零部件	采购部经理、有关部门经理、技术负责人
重要的销售合同	销售部经理、资深的业务负责人、指定的项目经理、负责营销的副总经理
合同的争议	项目经理、销售部经理、合同执行经理、曾参加谈判的有关人员

以下人员不适宜担任谈判小组负责人的职务:

1. 此人并无有关专业知识,只是当时此人正好没事干;
2. 此人系该产品的技术专家,或技术贸易中某项专利的发明人,事实证明,缺乏实际谈判经验的技术专家或是与技术贸易有直接个人利益关系的专利发明人,不宜作为谈判代表,更不应担任谈判小组负责人；

3. 与谈判对方负责人或谈判人员有私人交往的人员。

三、重视谈判组织群体结构的优化

有效率的谈判组织，不仅要选好每一个成员，而且要使其群体结构优化，协同一致，优势互补。正如一个好的乐队，不但要求每一位乐师具有高超的技艺，能够运用自己掌握的乐器演奏出优美的乐章，而更重要的是要求每位乐师各就其位，严格按照统一的指挥奏出协调悦耳的声音，使整个乐队完成预期的演奏任务。如果其中有一个不协调，可能就会毁掉整个乐队的演奏。谈判组织群体结构的优化首先要注意使各成员在性格上实现互补，以充分发挥每个人的长处。人的性格大体可分为急性型、沉静型、活泼型和粘液型等四类，各类性格的人在思想方法和行为特征上都不相同，并在不同的情况下形成不同的谈判风格，显示出自身明显的优点和缺点。

急性型性格的人，一般是头脑灵活，处事果断，敢说敢讲，直爽坦率，但往往考虑问题不够周密，遇到外界刺激时，容易冲动，自制能力不强。

沉静型性格的特点是不爱交际，办事细致，沉默寡言，责任心强，能严守机密，但过于拘谨，一旦受到外界刺激，难以处置适应。

活泼型性格的人，多数是思维敏捷，富幽默感，亲切随和，富有朝气，善交际，但有时情绪易于波动，缺少深入钻研问题的精神。

粘液型性格的人，一般工作细致，责任心强；沉着冷静，对人亲切随和；对谈判对手心理和行动反应敏锐，遇到矛盾和困难能沉着处理；对重大问题有时优柔寡断，但能听取他人意见，作风较为民主。

不同性格的人，如在谈判组织中配置得当，扬长避短，将会发挥很好的互补作用。如粘液型性格的人经实践锻炼成熟之后，是理想的谈判组织负责人；活泼型性格的人适宜做谈判的联络工作，在困难时作调停人;急性型性格的人可以在商谈关键问题时充当“红脸”;而沉静型性格的人适宜做资料准备、情况分析、文件拟订等工作。在配置各类性格的谈判成员时,当然还要考虑对方人员的性格特点,这样才能有针对性,取得良好的效果。如若对方人员中急性型性格的人占多数,我方宜较多配备粘液型和活泼型性格的人员,以便“以柔克刚”,取得成效。至于谈判组织内部人员的专业能力的优化配置,更属应认真处理的问题,此处不再赘述。

四、智囊团成员的选择

参加重大项目谈判的谈判组织,都需要依靠智囊团这个“外脑”帮助解决谈判中出现的各种经济、技术问题,以弥补谈判组织成员自身的某些不足。智囊团应是由若干高层次的专业人才组成的智力优化的群体,它要在调查研究的基础上,发挥其智力优势。在谈判准备期间对谈判目标、谈判程序设计和谈判主要问题的对策提出建议和方案;对谈判进行中出现的重大问题,提供解决的咨询意见;对可能出现的新问题和已发生的失误,提供预防和补救的意见和建议。因此,选择和配备好智囊团人员,对谈判的成败关系重大。

智囊团的组成可能是经某种程序予以正式授权成立,也可由谈判小组或其成员个人邀请而建立的松散的非正式组织。大型国际性商务谈判一般需建立前一种形式的智囊团,后一种形式则适合规模较小的谈判,有时两种形式可以同时存在。

智囊团成员最好要有以下几类人员参加:

1. 知识型。具有广博的知识,又精通某一门专业,依靠这些专家能使我方提出的每一项意见和方案在政策上、法律上具有坚实的理论根据和现实的可行性。

2. 预见型。凭借其丰富的知识和实际经验,能及时发现谈判中一些问题的征兆,见微而知著,能把握事物发展的趋势,便于采取相应的预防或引导的措施。

3. 求实型。能够真正以实事求是、一切从实际出发的科学态度去考虑问题，揭示问题的实质，客观公正，不趋炎附势，不文过饰非，敢于在深入分析研究的基础上，直陈自己的见解。

4. 效率型。处事果断，注重效率，能够帮助督促谈判组织抓住谈判进行过程中的各种机会。有的谈判专家说：要达成理想的谈判协议，一定要能抓住两列快速列车相互交会的瞬息时刻。

因此，选择智囊团人员也要注意其结构的优化，不能只照顾一些人的地位、名望，更不应把一些患得患失、看风使舵的人请进智囊团。

五、商务谈判人员的管理

谈判班子组建之后，管理工作十分重要，尤其是一些内容复杂的综合性项目往往从多方面抽调人员组成班子，加强管理更为重要。

(一)授权与负责

确定谈判班子领导人之后，要明确其权限与责任，使其在授权范围内有充分的行动自主权。特别是在异地、异国进行谈判，不可能事事、时时都作请示汇报，在明确授权范围的条件下充分发挥谈判班子领导人的主观能动性和创造性，对完成谈判任务负全责。在对外经贸谈判中，谈判班子领导人的物色要作长期周密考虑，如对某一引进项目的谈判，在可能情况下应使谈判班子领导人或主持人从选择合作对象、出国考察、开始谈判、项目引进直至投产的全过程都能参加，这样才能大大提高其谈判能力，增强使命感，保证工作连贯性，避免“短期行为”造成的损失。

(二)协调

谈判班子的领导人是整个谈判的决策者。专业技术人员、经济人员、法律人员有时接受谈判领导人的委托，成为主要谈判人，他们相互之间经常交流情况和信息，提供支持和配合。班子领导人要搞好各类专业人员之间的协调工作，使他们既当好自己的参谋，又赋予他们在专业范围内的检查和监督权，能及时向领导人提出建议和劝告，在他们相互之间又能密切配合，相互支援。

领导班子构成人员之间的关系如图 2-1：

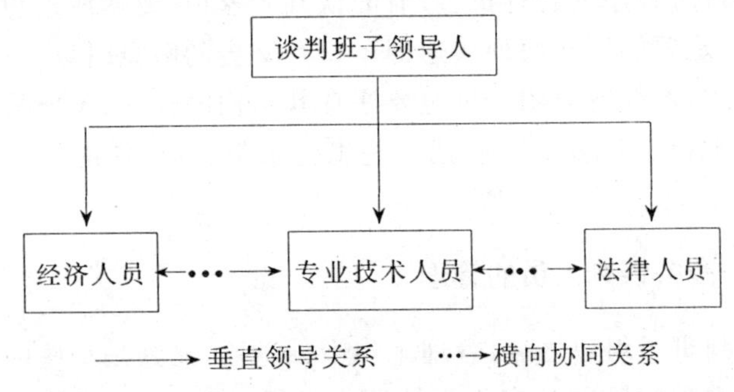

图2-1 谈判班子构成人员关系图

层次少、职责明确的谈判班子结构，能有效地进行协调和管理。

(三)调换与撤换

重大谈判要经历相当长的时间，除主要谈判人员必须自始至终参加外，其他专业人员可根据其职责和工作进程的需要进行调换，不必奉陪到底。在谈判进行中，视情况也可将谈判人员进行撤换。这种情况是：

1. 本人不适合继续参加谈判，如工作失误，犯错误，发现有不适宜继续参加谈判的其他情况等；

2. 根据策略和技巧的需要，变换人员便于打开谈判局面。

(四)高级领导参加谈判

有些在国外进行的重要谈判项目，尤其是由国外政府部门支持、我大型国有企业或类似机构参加的谈判，在适当时候有关方面的高级领导干部出出面，参加部分谈判是有益的，可以通过上层的接触，沟通情况，增进双方的关系，也表示对该项目的支持。但是，这类活动只应对谈判有所促进，避免可能产生的不利影响。在进行中必须注意以下几点：

1. 访问的必要性及访问的时间应听取谈判班子负责人的意见，不可由高级领导人贸然决定；

2. 高级领导的出场应增强而不是削弱谈判负责人的地位和权力，不能让谈判对方、代理人越过谈判负责人与高级领导另行建立联系渠道；

3. 高级领导出场时间不宜安排过紧，要留有余地，有一定的灵活性，以确保所有重要事情都能处理完毕；

4. 出访的高级领导事先应充分掌握被访问国家的政治、经济、文化、宗教等基本情况，熟悉当前谈判的进程和问题；

5. 要认真执行我国的外交路线和方针政策，不要摆出恩施的姿态，在关键性会谈中应坚持原则，做到有理、有利、有节；

6. 应按规定把出访计划和日程告知我驻外使领馆。

在市场经济中身份和地位往往和商品一样被列入评价，它是促成交易的重要因素。但高级领导在谈判中出现也会引起一些问题，如对谈判项目具体情况了解不够，在与对方直接对话中可能出现失误，也可能使谈判班子人员分散精力，束缚其才能的充分发挥；如果高级领导人参加谈判的情况下发生对抗，缺少回旋余地。因此，较好的办法是高级领导人必要时出场，以示尊重对方，支持谈判，具体的谈判还是由谈判负责人领导下进行更为妥当。

重点复习思考题

1. 商务谈判人员应具备哪些基本素质？对比一下，你自己已经初步具备了哪些素质，还需要作哪些努力？

2. 谈判组织的类型和规模有几种？自我分析你能在不同的谈

判组织中充当什么角色?

3. 选拔商务谈判人员的原则是什么?

4. 怎样选择商务谈判小组负责人?

5. 为什么要重视谈判组织群体结构的优化问题?评估一下你是属于那类性格的人,在谈判中要如何扬己之长,避己之短?

6. 谈判智囊团的作用是什么? 如何选择智囊团人员?

7. 怎样加强商务谈判人员的管理?

8. 高级领导人参加商务谈判有哪些必须注意的问题?

第三章　商务谈判信息

现代社会已进入以信息为中心，由人力、物力、财力、信息四大要素构成的“信息时代”。信息已经渗透到人类社会活动的各个层面。本章将从商务谈判这一特定的经济活动出发，在介绍谈判信息的特征、作用和类型的基础上，着重论述谈判信息搜集和处理的基本方法。

第一节　商务谈判信息的内涵和功效

一、商务谈判信息的概念

信息是开放社会环境中将人们的政治、经济、文化和社会生活紧密联系起来的重要媒介，它是一种无形的财富和资源，既可使不确定的知识确定化，又能为信息接受者带来某些变化，实现某种利益。

什么是谈判信息？从一般理解，谈判信息是指与谈判活动有密切联系的各种情况及其属性的一种客观描述。这里的各种情况，既包括谈判主体（当事人）的情况，如当事人的性格、职业、年龄、社会经历等等；也包括影响谈判进程或结果的各种客观环境，如国家政策、法律规定、贸易惯例、风俗习惯以及一些偶然因素；还包括与谈判主题直接相关的情况，如产品的销售状况、技术水平、质量等一系列因素。

据此，我们认为商务谈判信息就是指那些关于参与商务谈判各方当事人的信息和直接间接影响谈判内容、谈判进程、谈判结果的信息。实际上,它包含了两方面的信息,即人的信息和物的信息。

商务谈判信息具有以下明显特征:

(一)谈判信息的目的性

由于信息传递的是本来并不知道的事情,已知的东西不管听到多少次也不能称之为信息。信息到底有多大价值,要取决于它在多大程度上符合接受者的需要。所以,在信息传递过程中,至关重要的是接受者(或称需要者)的目的意识。信息是为人服务的,而一切人类活动都是有意识、有目的的活动。反映在商务谈判上,谈判信息的收集就是为了达到某种经济目的或满足一定的企业利益而进行的有目的的活动。也就是说,这类信息的获得,可以给谈判者带来直接的经济利益。漫无目的的信息既不能为谈判带来有益的行动,也不能导致相应的企业利益,甚至还会造成不必要的时间和资源浪费。可见,谈判的目的性直接决定了谈判信息的目的性。

(二)谈判信息的复杂性

谈判信息的复杂性,首先是指谈判信息往往是真伪混杂、良莠难辨。真实性是人们对信息的根本要求之一,即信息应该是对客观现象及其运动做出符合实际的描述。但在现实生活中,很难做到这一点。这不仅由于信息搜集者本来的知识水平、业务经验会影响到他对信息的判断,而且还因为收集到的谈判信息本来就可能是一种错误的引导。在商务谈判中,我们常可以看到这样一种情况:一方(或双方)为达到自己的目的,故意在谈判前散布假消息,而如果对方对此信以为真,就会在谈判中落入圈套,一败涂地。所以,在谈判信息的收集分析过程中,信息工作人员一定要有很强的辨别能力。其次,谈判信息的复杂性是指它对谈判活动的影响是不一样的。一方面,不同的谈判信息对同一谈判过程所起的作用是不同的,有的信息直接决定谈判的成败,而有的信息只是间接地起作用;另一方面,同一个谈判信息在不同的谈判者手中所起的作用也是不同的。有的人能领悟并恰当地作出反应,而有的人却难以把握信息的实质，甚至做出错误的判断。

（三）谈判信息的时效性

信息的价值大小很大程度上取决于能否及时送到接收者手中。市场情况瞬息万变，在激烈的市场竞争中开展经营的各个企业，耳目是否灵通，对市场的变化反应是否敏捷，能否适时地抓住各种有利的机会并采取相应的对策，直接关系到企业谈判的成效。为此，信息收集者要有很强的时间观念，一旦发现同本次谈判有关的信息线索，就应立即追踪，迅速获取。只有这样，才能使企业及时地做出各种相应的决策，在谈判中立于不败之地。否则，如果反应迟钝，行动缓慢，就会使企业的决策落后于变化的市场形势，使己方在谈判中处于被动挨打地位，经济利益蒙受重大损失。

（四）谈判信息的系统性

所谓谈判信息的系统性是指它是由若干个具有特定内容和有相关性质的谈判信息所构成的彼此联系、相互作用、相互制约的信息体系。因为任何谈判活动都是受到多种因素制约和影响，而且随着客观环境的变化，呈现出错综复杂的情况。所以，信息不应仅仅是对某一方面、某一片断或某一时段的客观描述，而应是多侧面、多层次、长时效的信息。例如我们要求获得有关对方谈判人员的信息，就应该仔细搜集有关他们的一切情况，如年龄、性格、工作经历、社会背景、家庭状况、个人爱好等一系列的信息。

二、商务谈判信息的功效

谈判信息的收集是了解双方意图、确定谈判目标、制定谈判策略的前提，它的功效具体体现在以下几方面：

（一）商务谈判信息是谈判能否取得成功的可靠保证

谈判能否取得成功，取决于很多因素，如双方的实力对比，客观环境的变化，个人能力的大小，策略运用的得当与否等。而其中谈判者对各种谈判信息的拥有量，特别是谈判者对各种谈判信息的搜集、分析、识别和利用的能力，对谈判成功与否有着极大的影响。占有谈判信息优势的一方几乎总是把握着谈判的主动权。日苏渔业谈判就是一个极好的证明。早先日本渔民用血汗开拓的北洋渔场，逐渐成为日苏对分渔业资源的局面，之后，日方所得的份额一直在下降。日本连遭败绩的原因很多，其中重要的一个原因是苏联在情报方面所处的绝对优势。日本不清楚苏联渔业方面的动态，而苏联却能把日本水产厅的资料、全国各地的报纸等每天不断地送往莫斯科，随即译成俄文，直接送到谈判桌上。

（二）商务谈判信息是确定谈判目标的基础

任何谈判的产生都是由双方的需要所引起的，因此，如何最大限度地满足各自的需要就是双方的目标。而要想确定一个明确、具体、可行的目标，则必须以掌握大量的谈判信息为基础。这些信息包括我方的实力，对方的实力，市场形势，竞争者状况，客观环境等许多方面。只有综合考虑上述因素，制定的目标才是符合实际、切实可行的，否则只能是沙中建塔，空中楼阁。如日本某公司在和东欧国家进行贸易谈判时，面临着西欧国家的激烈竞争。日本公司根据掌握的信息，了解到若要达成协议，必须在价格上做很大让步，甚至无利可图。但是，从全局看，通过此次贸易，该公司得以打进东欧市场，这是非常有利的。因此，该公司给已方谈判人员制定的目标就是尽量争取合理的价格，即使让利，甚至无利也要达成协议。事实证明，这一目标是正确的，公司借此在东欧站稳了脚跟。

（三）商务谈判信息是制定谈判策略的依据

谈判离不开策略，而策略又离不开信息。谈判高手们在谈判桌上有时因势利导，有时将计就计，有时以逸待劳，有时模棱两可，有时声东击西……，举手投足、言谈举止间无不包含着策略，而种种策略都是以信息为前提的。“用师之本，在知敌情”，只有充分占有信息，了解对手，才能制订相应的策略。1879 年，英国派遣了一个外交使团到摩洛哥去谈判，临行前英国人获得了苏丹宫廷和国王本人的详细情报，其中有个信息引起了官员们的兴趣：苏丹国王非常迷信。于是，英国政府加派了一个魔术家道格拉斯·汉弗特，他的任务就是在苏丹国王面前表演魔术，使他慑服于维多利亚女皇的超自然的威力，迫使他在谈判中让步，使英国的殖民政策得以推行。

第二节 商务谈判信息的类型和内容

一、商务谈判信息的类型

科学地区分谈判信息类型是研究、分析、运用谈判信息的基础。从不同的角度出发，谈判信息可分为以下几种类型：

(一)按谈判信息的载体划分

按信息载体划分，可分为语言信息、实物信息、文献信息。语言信息主要是指表达信息的口头语言，其次还包括人体语言，如手势、表情以及其他各种能够透露一定信息内容的动作与姿态。实物信息是指所有能透露一定的情报内容的物体。由于人类生产的各种产品，都不同程度地经过了人类加工改造，凝结了人的劳动和智慧。因此，这些产品常常能透露一些有用的新知识，使之在产品的设计原理、原材料配方、工艺特点、性能等方面获得有价值的信息。文献信息是指用一定的符号系统、图形记录和传播知识的一切物体，如图书、声像制品、计算机磁盘所传递的信息。

(二)按谈判信息的产生时间划分

按产生时间的先后，谈判信息可分为谈判前信息、谈判中信息和谈判后信息。谈判前信息是指发生于正式谈判之前的所有信息，它有助于企业了解外部环境，确定自身目标，制定谈判策略。它也是谈判信息收集的主体。谈判中信息是指在谈判过程中发生的有关客观环境、对方意图等变化的信息。由于事前我们不可能了解所有必要的信息，因此在谈判过程中还需要通过观察、提问等手段来收集信息，它有助于企业随时修改本方目标，调整策略，控制谈判的主动权。谈判后信息是指企业在谈判结束后，通过其它途径得到的有关本次谈判的情报，如对方的评价、外界的评论等。它有助于企业正确地审度、评价这次谈判，并为下一次谈判作必要的准备。

（三）按谈判信息的产生领域划分

按产生领域的不同，谈判信息可以分为政治性信息、经济性信息、科技性信息、社会性信息。政治性信息是指由于某一政治活动、政治事件的出现而引起市场和整个谈判环境变化的信息。经济性信息是指与企业生产经营活动密切相关的各种经济领域的信息，如国民经济发展状况，财政、金融、信贷情况等。科技性信息是指与企业产品研制、设计、生产、包装有关的信息。社会性信息是指与本次谈判相关的诸如社会风俗、时令习尚、社会心理、社会结构等方面的信息。

二、谈判信息的主要内容

（一）政治法律信息

1．有关政治、经济形势的基本情况

在商务谈判前，应对影响本次交易的政治、经济形势，尤其是双方国家的政治、经济形势的变动情况进行调查研究。如会不会发生政局动荡；两国关系是否会趋于紧张；国际经济形势的变动趋势；政府有没有采取一些新的贸易管理措施等。掌握这些方面的因素有利于促成双方的交易，或对一些可能出现的问题采取相应的防范措施。

2．双方国家或地区与本次谈判内容有关的法律规定

例如，对谈判标的、税收、进口配额、最低限价、许可证管理等方面的法律规定，都会对谈判形成的协议和合同产生法律约束力。在商务谈判前应尽量掌握与本次交易有关的法律规定的具体内容

和变动情况的信息,以供谈判时参考。

随着社会主义市场经济的逐步建立,我国在健全法制方面取得了很大的成绩,各项经济法规正在完善与配套。各个地区和部门也根据国家的有关法律规定,结合本地区、本部门的实际,制定了相应的法令或条例。上述政策法规都是当事人的依据,因此在谈判前必须有所了解和掌握。

3. 国际惯例

在国际商务活动中,还经常需要引用国际贸易惯例的有关规定。国际贸易惯例是在国际经济贸易业务的长期实践中,逐渐形成的一些通用的习惯做法或先例。在商务谈判中,采用国际惯例主要有两方面的作用:一是把国际商务活动中的一些做法加以统一,以便减少或避免纠纷,发生了纠纷也易于处理;二是可以补充法律规定之不足,有些事项在有关法律中均未作明确规定,就可以引用国际惯例的规定来处理。

(二)市场信息

1. 市场状况

国家对该行业的政策倾向;

市场目前所处的状态和发展趋势;

潜在市场开拓的可能性和存在的问题。

2. 消费需求状况

消费的总需求量、总供给量及其发展变化的总趋势;

消费者对本企业(或对方企业)现有的和潜在的需求,消费者的收入水平、购买能力和购买时尚,消费者的构成和层次的地区分布、消费频度等;

影响消费者购买行为实现的社会因素、心理因素、家庭因素及文化因素等。

3. 产品状况

产品的结构、功能、品种、规格、质量、数量、信誉、包装、运输、

服务,同类产品的发展与供求状况及其市场占有率;

生产同类产品或代用品的企业构成,经营管理水平与手段,企业实力,产品竞争状况和消费者信用度等情况。

4. 价格状况

企业定价方法与程序;

影响价格变化的因素:如竞争企业的价格策略,替代产品的生产价格与发展趋势,国际市场同类产品的价格及走势等;

国家和地区价格的差异:如产品地区差价、季节差价、质量差价、服务差价、时间差价、政策差价等。

(三)科技信息

这里的科技信息是指与本次谈判内容有关的新技术、新工艺和新设计的信息。卖方搜集科技信息的目的在于可以更科学、更合理地制订相应的价格和其它交易条件。而买方除了上述目的外,还应关心两个问题:(1)先进性,即所购进的标的物应具有的技术上的领先性,以便能更好地发展自己或超越竞争者;(2)适用性,即该标的物所含的技术是否能与自身的企业条件及社会经济发展水平相吻合,以便能最大限度地发挥经济效益。

(四)谈判对手的信息

1. 对手的实力

包括对方企业的注册资金、固定资金和流动资金规模,自有资金和借贷资金的比例;企业的年产值、利润及其在同行业中的地位;企业的人数、员工素质、有关部门(政府)对该企业的态度;企业在社会上的知名度、影响力等。

2. 对手的营运状况

即使对方是一个注册资本很大的公司,由于经营管理不善,也会导致负债累累甚至破产,使我方蒙受不必要的损失,所以谈判前必须就对方企业的营运状况进行调查。它包括:对方企业的产品畅销程度、市场占有率、消费者反映、企业开发新产品的能力、领导者的业务水平、经营管理的科学性、企业内部的凝聚力等。

3. 对手的谈判性格

谈判性格是指对方谈判人员在谈判中表现出来的比较稳定的个性特征。谈判性格可以分为以下几种：

贪权者。这类人敢于决策，敢于冒风险，攻关能力强，并且求胜心切。他们往往狂热地追求成绩，不管他人的反应或感觉，为了取得称心满意的结果不惜代价，甚至不择手段。这类人在谈判中十分难处，他们不会给人留下任何余地，在大部分问题上，在大部分时间中，他们始终以自我为中心，我行我素。

说服者。在某种程度上，说服者比贪权者更难对付。他们办事的方法相对隐蔽，手段精巧(内心的意志力特别强，而外表总是温文尔雅)，充满吸引人的魅力。在谈判中，他们十分随和，能迎合对手的话题与兴趣，在不知不觉中把别人说服。他们追求良好的人际关系，追求在公众中满意的形象，任何对他们形象不利的事都会引起他们的焦虑。说服者的另一大特点是超脱细节，他们总是规划总体蓝图和制定战略，力图摆脱工作细节，一旦陷入琐事则显得极不适应。

忠实的执行者。这些人喜欢照章办事，做任何事都要寻找先例，而对于变革则显得无动于衷。他们需要不断得到上级的肯定与承认，对新事物的适应能力相对较差。在谈判中执着于细节问题，总想找出最好的解决办法。

4. 对手的谈判作风

谈判作风是指谈判者在多次谈判中所表现出来的一贯风格。谈判作风因人而异，千差万别，一般而言，可以分为：

“强硬型”谈判作风。“强硬”是由于谈判对手在经济实力、谈判能力等方面占有明显的优势而导致的不让步的谈判作风。这种谈判对手在谈判过程中，情绪容易冲动，滥施压力，几乎没有让步的余地，更不愿意拖延谈判时间。不渴求在本局谈判中达成协议，更愿意在不同的对手之间择优而定。

“阴谋型”谈判作风。这种对手往往不采用正面对抗来实现自己的目的，而是使用阴谋诡计进行欺骗。在谈判过程中，往往通过心理战术、说谎等手段施加各种有形和无形的压力来使我方不知所措或误入圈套，从而获得一些靠正常渠道很难得到的实质性收获。

“合作型”的谈判作风。这种谈判作风的最大特点是合作意识强，能给双方带来皆大欢喜的结果。这种人比较现实、谨慎，当遇到重大利益的分歧或争议时，能理智地提出双方都能接受的新的倡议。

“不合作型”谈判作风。有这种谈判作风的人往往是以自我为中心，热衷于运用谈判技巧来达到己方的目的。

第三节 商务谈判信息的收集和处理

一、收集谈判信息的渠道

根据信息来源的不同，收集信息的渠道可分以下几种：

（一）活字媒介

活字媒介是指通过报刊、杂志、内部刊物和专业书籍所透露的消息、图片和数字等作为资料的来源。这是信息收集的主要渠道，也是最大的渠道。

（二）电波媒介

电波媒介就是通过广播电台、电视台播放的有关新闻、报道、广告等来源去收集信息，它往往比活字媒介更为迅速。

（三）统计资料

这主要包括各国、各地区、各部门、各行业以至各企业的各类统计月刊、年鉴和统计报表。上述资料的收集有一个好处，就是可以将各类资料、数据加以综合分析,以便了解有关事情的过去、现在和发展趋势。同时,通过数据的加工整理还可以辨别资料之真伪,所以它往往比公布的单项数据更可靠。

(四)各类专门机构

社会上很多的经济和非经济机构,它们手中掌握有大量企业所需的宏观、微观信息。这些机构包括银行、保险公司、经济研究所(中心)、商品检验局、专利局、海关、行业主管部门以及各类的信息中心。如果是国际商务谈判,还可以到驻外使馆商务处去查找资料或进行咨询。

(五)会议

会议往往是收集信息的一条很有用的渠道。企业可以从各类商品交易会、展览会、订货会等有关可以进行直接商务谈判的会议以及商务报告会、讨论会,甚至一些行政性会议中,有效地调查商品的生产、流通、消费以至市场趋势和竞争现状及发展前景等资料,还可以捕捉大量可能影响谈判结果的政治情报。如1985年加拿大议会通过决议将"枫叶旗"定为国旗。由于台湾、日本的一些企业对可能通过的决议进行过大量的信息收集工作,故在决议通过后第三天,台湾、日本赶制的枫叶小国旗和带有枫叶旗标志的各种玩具就运到了加拿大,赢得了一系列谈判的成功。

(六)公共场所

如车站、码头、餐馆、商店、街道、集会场地、娱乐场所等都是收集信息的良好场所。这些场所的特点是人多,人们来自四面八方,从事不同的职业,因此信息来源特别广泛,与他们交谈是很好的信息获取机会,往往可以达到事半功倍的结果。

(七)函电、名片、广告

函电不但是商务谈判的主要形式之一,还是信息收集的工具,通过它可以获取销售信息、生产信息、价格信息等。人们在商务活动中,往往通过电话、电传、书信、探价函、征订单等去了解产品的销售情况，再结合其他情况就可以得到或预测有关的商务情况。名片，也是收集信息的一条渠道。人们可以利用名片媒介扩大商务、结交朋友、获取资料。广告中一般载明商品的产地、厂家、电话、电报以及产品的性能乃至价格，有些广告册还登有商品的照片和简单说明书等情况，通过这一渠道往往能得到一些意想不到的信息。

二、收集谈判信息的方法

处于激烈竞争中的商务谈判各方，都想通过各种手段去收集尽可能多的、有用的信息，做到“知己知彼”，取得预期中的利益。谈判信息的收集工作带有高度的技巧和艺术性，不同的人对信息有不同的收集方法。这里只是介绍一些基本的、常用的方法。

(一)5 种常规的信息收集方法

1. 收集公开传播的有关信息

在当代，大量的市场信息是通过出版发行系统、广播影视系统和通讯系统公开传播的，因而从图书、报纸、广播、电影、电视及其他企业寄送的资料中获得信息，是收集信息的主要途径。主要包括：

(1)阅读法。即通过阅读有关报纸、杂志、简报和文献资料，从中获得需要的信息。多年来，美、英、日等国一直很重视这种方法，他们通过积累和分析这些公开刊登的资料得到了许多有价值的情况。如美国国会研究处负责亚洲问题专家罗伯特・萨特，研究中国问题 12 年，其主要方法就是毫无遗漏地阅读报纸和出版物，一感到有某种质的变化，就进行更为深入的调查与研究。一名日本人通过长期阅读前苏联的《科学与生活》杂志，从中分析出很多重要情报，他将这些情报整理出来，向日本、前苏联申报专利，又卖给前苏联，应用于民用生产，因而大发其财。

(2)视听法。通过收听广播、收看电视，从中分析出有用的信息。从广播、电视中收集资料，往往由于其声像转眼即逝，故难度相对较大。一般应从报纸登的节目栏入手，找出可以成为资料源的节目，在预定的时间内准备好录音或录像设备将其记录下来，然后将其中重要的资料整理归档。有时在无意的视听中也会突然发现有价值的信息，所以在采用这种方法时，应有意识地准备好笔与记录本。

2. 向有关单位索取信息

有些资料不是刊载于大众化的出版物上，而是需要通过派人磋商或发函联系等方式才能获取。如国内外企业的产品样本、产品说明书、产品介绍、企业内部刊物、宣传品及实物样品等。有些企业为了宣传本企业形象、扩大企业影响、推销产品，往往愿意免费赠送有关资料。这种方法可以是无偿的，也可以是有偿的。

3. 委托收集

即企业委托有办法得到某些信息的情报网络、咨询机构、企事业单位或个人帮助收集。美国在了解日本企业内部技术诀窍时，就曾采取多种形式的委托收集方法。如出钱资助某代表团到某企业去参观或讲学；为某企业的工人提供某种服务，以期取得情报等。

4. 通过信息交换来收集

信息交换是企业获取情报的重要办法，它不仅能使企业得到许多难得的情报资料，而且能比通过各种公开出版物节省许多时间。如在国际交换方面，可提前半年或一年得到有关的最新资料。另外，由于信息交换通常都是对口交换，因此，所得的信息大部分是及时的，适用的。

5. 实地收集

有许多信息是不可能通过间接的手段得到的，这就要求企业有关人员深入实地进行直接的调查收集。它主要包括：

(1)面谈法。即通过与有关当事人直接交谈来猎取信息。它分为两种：预定面谈(也称已组织好的面谈)和遇事面谈(也称未组织好的面谈)。预定面谈是指事先经过安排，确定日期、时间、内容、方式乃至参加人数的面谈。它的优点是事先作了准备，届时可以有条不紊地取得尽可能多的资料，因而是面谈收集法的主要途径。遇事面谈指调研人员无法按照一套列明提纲的方案来提问题，而是启发对方自由谈论，逐步把话题引向新的、富有成效的方面。这种面谈方法，提问越简单扼要越好，在谈话过程中要尽量使对方围绕主题。

(2)问卷法。即根据所需要的情况，设计出一套要求被调查者回答的问题的表格，通过被调查人员的答案来收集有关信息。这种方法使用起来费用较低，而且调查面广，可以在较短时间内获取大量的资料。

(3)观察法。是指企业有关人员根据一定的观察目的，运用自己的感官直接了解谈判对手，以取得第一手感性材料的方法。观察法通常可有两种形式：参与观察与非参与观察。前者是指我方人员参加与对手之间进行的谈判活动，在谈判过程中从事观察、记录和收集对手的情况，供己方人员参考使用。如在 1955 年秋天，西德总理阿登纳飞赴莫斯科与赫鲁晓夫会谈。在一次宴会上，赫鲁晓夫没完没了地向对方敬酒，目的就是观察阿登纳的性格，看看这个在谈判桌上极难对付的人能否用酒来征服。79 岁的阿登纳为了应战便端起了酒杯，在干完了 15 杯之后依然精神抖擞、头脑机警，赫鲁晓夫通过这次宴会也了解了阿登纳那种强硬的谈判风格来源于其性格本身，因而在以后的会谈中态度有所收敛。非参与观察是指观察者并不直接参与和对手的谈判，而是站在局外，以并不影响被观察者活动的旁观者的身份去了解和掌握对手的有关材料。

(4)访问法。是指企业有关人员直接参观、访问对方公司，通过提问、观察等方法来得到大量的有关信息。实地的参观、访问，往往能够掌握大量的有关对手企业生产经营的情况，甚至是一些机密情报。如前苏联在与波音飞机制造公司洽谈生意期间，曾派技术人员去公司实地考察，这些人员穿的是一双特制的鞋子，能粘住稀有金属。通过这次参观，前苏联就掌握了波音公司一直引以为豪并视为机密的某个零件的原料构成，省下一大笔购买费用。

(5)购买实物法。它是指购买对手的产品进行研究，即将对手的产品拆开后进行分析，研究其结构，可推断出其产品的原材料构成、成本价格、工艺先进程度等一系列极具价值的情报。如日本公司在50～60年代本国经济飞速增长的时期，就通过大量购买美国、西欧的先进机械电子产品，仔细分析其运行原理和生产流程，以极小的代价就生产出了类似的产品，并在质量、价格上与国外公司展开竞争，通过坚持不懈的努力，奠定了其出口大国的地位。

(二)从谈判对手的雇员中收集信息

1. 通过虚假招聘对方人员得到信息

在西方的公司中经常采用这一方法。公司根据自己所需的信息在一些公众媒体上刊登招聘广告，说明急需哪些方面的专业人员，并提供较高的报酬和较好的工作环境，一般说，应聘人员总是趋之若鹜，这其中也不乏企业现在或未来对手单位中的人员。公司派有关专家面试这些人员，利用应聘者急于想得到这一职位的迫切心情和急于显示自己能力、水平、经验的炫耀心理，诱使他们泄漏原来公司的生产经营等有价值的机密。而一旦信息收集完毕，这些应聘人员无一例外地都会收到一张通知："对不起，因招录人员已满，这次暂不录用您。请继续保持联系。"这一过程就称为假招聘，它的真实目的并不是要招收新员工，而只是想从这些人员中得到信息。

2. 从对手内部受排挤的人员中套取信息

这种受排挤的人可分为两种：一种是确实在单位长期受到同事排挤、领导压制，空有一身本事；另一种则是已经在单位中占有一定的职位和权力，但这种职位和权力与他本人心目中对自己的设计相距甚远，因此，他总认为自己的所得远远比不上自己的付出，从而产生一种受排挤的感觉。不管是哪一种人，其对单位的不满总是显而易见的。这种有心理郁闷的人总想找一个对象倾诉，而信息收集人员则可利用这一心理，通过与这些人的交谈，施之以关心、同情，经常能获得非常有用的情报。

3. 与对手的顾问和助手交往收集信息

顾问和助手在谈判时起着相当重要的作用，他们为主谈人员收集整理资料，制订方案并参与决策，但由于种种原因，这部分人往往在正式谈判过程中的位置不能过分突出甚至根本不露面。所以一方面顾问和助手掌握着大量的核心机密，起着至关重要的作用；另一方面他们的名字和作用又不为人所知。这种矛盾的长期积累，很可能在心理上造成不平衡，这种不平衡对我方而言，就是机会。通过与这些人员的交往，利用他们的"求赏"欲望、"显示"欲望、"觅知音"欲望等引发其谈话兴趣，一步步地套取信息。这种交往的最佳场所一般在会议或社交场合，经验表明，很多重大信息就是在上述场合由于不慎而泄露的。如 1973 年，美国国防情报局就是在东京的一次招待酒会上，通过与一位前苏联海军武官的闲谈掌握了其正在制造的航空母舰的名字、吨位、布置方位等绝密情报。

4. 通过帮助对手的雇员工作获得信息

对方公司的雇员是一个价值极大的信息源，能提供关于对方的活动、发展动态、市场计划等正式、非正式信息，而帮助对手的雇员工作是一种接近他们，获取信息的好办法。如帮助对方心情烦躁的雇员整理资料、收发文件、复印数据、打电报、接电话等。

（三）从对手的业务单位中收集信息

1. 访问与对手打过交道的人

一个善于谈判的人，总能够从别人的经验中吸取教训，从而了解自己的谈判对手。通过访问与其打过交道的人，询问他们的谈判过程，就可以掌握对手的谈判作风、个性、价值取向、待人接物的风格等一系列信息。同时，可以借鉴他们成功的经验，对他们失败的教训也要加以分析，避免本企业重蹈覆辙。

2. 通过对手的供货商了解信息

作为一家零售商，它的供货商就可能是生产厂家和批发企业；作为一家制造企业，它的供货商就是原材料、半成品的生产厂家和其它批发商。这些供货商手中的销货、订货凭证往往很准确地反映了对方企业的生产经营情况，只要我们加以巧妙地利用、科学地分析，其信息价值是相当大的。如我们得知对手在近期内大规模地增加其原材料的订货量，就可以推断出对方企业正处于产销两旺的好形势；反之，则可能是销售陷入低谷；对手如果对原材料提出一些新要求，如新规格、新型号等，就可能意味着他们正准备研制新产品，打入新市场；同时，根据对方的订货量和成品的产量，也可大致判断该企业的生产水平、设备利用率等情况。

3. 加入对方为客户举办的活动

在现代市场上，经常有很多公司向客户免费提供培训、设计等服务，其目的是想通过这些活动使客户在其产品设计或制造的时候采用该公司的产品。如对客户来说，接受了某种计算机的培训，势必加深了对这种计算机的认识，也就增加了采用它的可能性。而我公司若能加入这部分客户的活动，利用对手的某些服务，就可以探听到它的内部情况。如1979年美国英特尔公司获悉对手摩托罗拉公司正在生产6.8万件微处理机集成电路块，英特尔公司认为对方肯定会向一些客户小批量地试售其电路块，就派遣部分工程师与8家客户的设计机构接触。通过这种方法，他们摸清了对手产品的细节。随之针对摩托罗拉的该项产品展开了一场全面的销售战，赢得当时客户的大部分合同。

三、谈判信息的处理

企业通过各种手段收集到的大量信息，往往是菁芜并存、良莠互杂的。必须按照一定的原则与方法进行处理，才能使其在谈判中发挥最大的效用。这个处理的过程分为识别和分析两个阶段。

（一）谈判信息的识别

谈判信息的识别，是指企业信息收集者对得到的资料进行初步分析以判断其价值、辨别其真伪的过程。它是信息处理的基础。

谈判信息的识别过程细致而复杂，它要求有关人员具有广博的知识、社会经验和敏捷的思维、辨别能力。不仅如此，在进行信息辨识的时候，还必须注意以下几个问题：

第一，必须把谈判信息与谈判的环境因素作为一个整体来进行考虑。谈判并不是在真空中进行的，它必然要受到某种特定的政治、经济、文化等社会环境的影响。如果谈判是在国际之间进行的，那么它还将受到两个甚至更多不同社会背景的影响。因此，不管是信息的发出者，还是接受者，若想让对方真正了解自己的意图，就不能只考虑本方的状况，而全然不顾对方的实际情况和社会背景。否则，肯定会在信息的理解上出现偏差，影响谈判的正常进行。

第二，对获得的信息应尽可能地通过多种渠道加以验证。在收集信息时，应尽量地接近信息源，减少信息传递的中间环节，以避免信息的失真。如果远离信息源，就必须对得到的信息进行证实。因为在信息的收集、传递的过程中，一定程度的失真是在所难免的。产生这种情况的原因是多种多样的：如信息的发出者故意散布虚假情报，中间环节过多，收集者本人的主观倾向等。所以，只有尽可能地从彼此互不相关的渠道对同一信息加以验证后，该信息才具有很强的可信度。如果仅是偏听一家之言，偏信一面之词，很可能会使我方误入歧途。

第三，当对方直接、明确地将意图表达出来时，应注意从合适的角度去理解和分析。谈判者由于各自的立场和看问题的角度不同，对同一事物的认识也存在着一定的差异。同时，在谈判中由于交流方式的影响，各方对谈判信息的理解也会不同。这种差异和不同若不加以解决，就会导致谈判出现僵局甚至破裂。

第四，要对有关场合和特定背景环境中的暗示具有职业的敏感。暗示是指谈判者在有关的、恰当的场合，用含蓄、间接的方法向对方表示自己的意图、要求、条件、立场等。暗示可以通过语言的形式，也可以通过其他方式进行。有些事情是不宜在公开场合下讲出来的，否则，要么引起双方尴尬，彼此不快；要么坐失良机，相互遗憾，这就要求暗示的发出者小心谨慎，敏锐灵活，要求暗示的接收者仔细聆听，深入分析。如日语中的双关词是“世界闻名”的，对方往往会被这种多义的词搞得糊里糊涂。1970年，美日贸易谈判中，尼克松一再要求日本主动限制对美的纺织品出口，最后，佐藤首相说：“我一定要完善解决。”尼克松赶紧向外界宣布美国的胜利。可随着时间的推移，情况并没有改变。于是美国人又抱怨日本不讲信用。其实，佐藤是在用双关词向尼克松暗示日本根本就不打算退让，而尼克松却被这个暗示的表层含义所迷惑，没有更深的琢磨这个词的实际意图。

（二）谈判信息的分析

信息收集、整理的目的是为了让它在谈判中起到应有的作用。而要让信息发挥效用，就必须对信息进行分析。谈判信息的分析是对信息的内容进行深度加工过程，它是谈判信息处理的高级阶段。在这个过程里，企业根据谈判的实际需要，运用专门的方法，对经过初步处理的信息进行由此及彼、由表及里的比较、估量和计算，使之能够准确地揭示这些信息所反映的具体事物的实质，得出具有方向性和预见性的研究成果，最大限度地为本次谈判服务。

企业要运用信息确定谈判的主要问题并探讨解决的可能性，就必须采取科学的步骤，对信息进行有目的、有重点的分析研究，具体可分为3个阶段：

1. 感知问题

即问题所表现出来的种种现象，首先要掌握与这些现象相关的、尽可能多的信息，从中找到主要的影响因素，还要对照目标，印证信息的真实可靠性，以确定主要问题及解决问题的方向。

2. 分析主要问题

对主要问题进行剖析，要找到构成主要问题的制约条件，进而明确各种原始影响因素及其作用。为此，必须结合各种情况，有理有据地进行系统分析，由浅入深，由表及里，形成系统的分析思路和对主要问题的解决方案。

3. 做出总结，提出建议

企业通过对所掌握的信息进行定性与定理相结合的分析，将研究所获得的各种思路加以汇总，根据企业谈判的需要，形成关于某个问题的具有价值和意义的方案，提供给决策者参考使用。图3-1是信息分析程序的示意图。

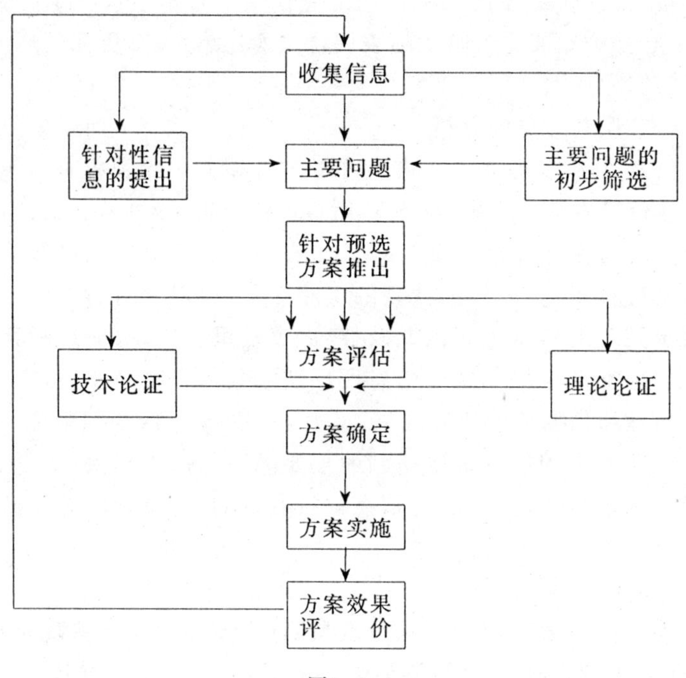

图3-1

重点复习思考题

1. 什么是谈判信息？它具有哪些特点？
2. 谈判信息的作用体现在哪几个方面？
3. 收集谈判信息主要有哪几种主要渠道？
4. 如何从谈判对手的雇员中收集信息？
5. 谈判信息识别时应注意什么问题？

第四章 商务谈判战略的制订

要在复杂多变的商务谈判进程中保证既定目标的实现，就要在正确的原则指导下，根据掌握的信息认真分析内部和外部环境的形势，针对谈判对方的特点，制订相应的谈判战略。所谓商务谈判的战略，就是对商务谈判这一经济行为所作的长期的、全局性的运筹和谋划，它是科学性和艺术性综合作用的结晶，是关系谈判成败的先决条件。中国自古以来就非常重视战略决策的地位和作用，《孙子兵法》的《始计篇》就提出："夫未战而庙算胜者，得算多也。未战而庙算不胜者，得算少也，多算胜，少算不胜，而况于无算乎？"它强调了决定战争胜负最重要的因素不在战场上，而在高层的审慎的战略决策。战争如此，今天的商战同样如此。制订谈判战略决策，不能单纯地着眼于某一次谈判本身，而必须站在企业经营的大视角下，根据实现企业长期经营目标的需要来制订，并把它作为企业整体战略目标的一个有机组成部分。

第一节 制订商务谈判战略的原则

每个企业的情况都不相同，谈判战略制订者面对的环境纷繁复杂，因此，为保证最终确定的谈判战略决策符合实际，便于顺利实施，在制订中必须遵循以下原则：

一、目标原则

制订谈判战略是为了达到一定的目标，没有明确目标的战略决策，是盲目的、无效的决策；而达不到预定目标的战略决策也决不是科学的决策，甚至是错误的决策。商务谈判的目标都是与追求的利益密切相关。从企业追求的利益来说，有眼前的现实利益和长远的潜在利益，现实利益往往是本次谈判所要实现的目标，而潜在利益则产生于本次谈判的后续效应，这是企业经营长远目标的组成部分。制订谈判战略不能只考虑现实利益而忽视其对长远目标的影响。如有的谈判从眼前看取得了较好的利益，堪称成功之作，而从长远的观点看，可能为双方今后的合作设下了障碍。因此，在战略决策制订中要克服只图眼前利益的“近视症”，以事物发展变化的观点，从长远的、全局的利益着眼，综合考虑本次谈判可能产生的后续效应，使实现当前利益的目标与长远利益的目标很好结合起来。商务谈判本身就是经济对抗或经济竞争的一种形式，在确定谈判的利益目标时，必须知己知彼，同时考虑两方面的因素：一是要拿出己方长远利益与现实利益相一致的目标；二是要符合对方的利益目标，使其需要也得到相应的满足。说到底，商务谈判是协商，而不是“竞技比赛”。谈判双方或各方的利益需要是可以通过协商加以调节的，而“竞技比赛”的利益需要则只能通过一方战胜另一方而实现。因此，只顾自己利益目标、不能兼顾对方利益目标的谈判，很少有成功的希望。

中美之间第 4 个纺织品贸易协议之所以能在 1994 年 1 月 17 日离美国谈判代表预定返回的航班起飞半小时前签署协议谅解备忘录文本，就是双方都从长远的利益目标出发作出了让步，避免了对两国关系发展极为不利的情况发生。这次谈判的焦点是非法转口问题。我国政府承诺对此问题采取坚决措施，从宣传上、组织上、法制上进行了大量工作，而且加强与美国海关的合作，共同采取措施。最后在协议中同意在有确凿证据说明中方企业参与了纺织品非法转口时，接受不超过 3 倍的纺织品配额扣减，同意美国驻华使团人员经我同意及企业允许由中方人员陪同参观工厂；同意就对丝绸制品设限进行协商。正是在此条件下，美方同意放弃扣减中方

25％～35％的纺织品配额，并在其他方面作了一些让步。在双方让步基础上达成的协议，不仅使双方避免了重大的经济损失，而且对两国关系和世界形势和发展都将产生积极的影响。所以，谈判战略决策中关于目标值的设计要适当，最好是订在谈判双方在利益对抗中易于求得统一的均衡点上，较为现实可行。

二、系统原则

所谓系统，它是由相互作用、相互依赖的若干个组成部分（子系统）结合而成的具有特定功能的有机整体，它反映了客观世界多要素、多层次相互作用的复杂关系，以及系统内部的矛盾运动、质量互变等关系。商务谈判本身就是一个结构复杂、功能综合、因素众多的多输入、多输出、多干扰的大系统，特别是谈判中由于各种不同性格参加者的思维活动的交互作用，使之更为复杂。根据系统原则，谈判战略决策的制订，必须考虑以下几点：

首先，要考虑谈判多重目标的结合。既要顾及局部，又要服从整体；既要考虑目前，又要兼顾将来；既要力求实现己方的利益目标，又必须分析对方是否有足够的接受能力；既要考虑系统内各种因素的制约，又要充分估计外部环境的影响。

其次，谈判战略决策的制订要考虑多种要素的正确结合和综合运用。如人的要素、双方经济实力要素、信息要素、环境要素等，都必须在制订决策时加以综合考虑，如能使这些要素处置得当，协调一致，在此基础上制订的战略决策就能取得明显成效。

再次，谈判战略决策的制订要考虑系统的层次性。谈判系统可划分为不同层次，各层次所需信息、配备人员、完成目标任务各不相同，打乱了层次会使谈判处于无序状态。如果谈判战略决策要解决的问题处于整个系统的顶层，需要的是着眼于未来的重要信息，谋划的是关系企业经营全局的目标，这在制订决策时必须十分明确。

最后，由于谈判进程变幻莫测，战略决策的制订要重视系统的环境适应性，要与外部环境不断进行能量、信息的交换，使之能随谈判对手、条件和环境的变化，及时进行调整。

三、弹性原则

商务谈判的战略决策一方面要求有一定的精确度，另一方面又要求有一定的宽容度，留有足够的回旋余地。谈判者面对的是一个复杂多变的系统，由于主客观条件的限制，人们对它的认识不可能完全符合客观规律，工作中也难免发生某些偏离；加之由于客观环境常常会发生意想不到的变化，各种偶然因素不时出现，因此，让每一个局部保留一定的宽容度，反而容易保证整体的精确度。根据这一原则，在制订商务谈判战略决策时，提倡谈判者要有很好的思维弹性，即鼓励谈判者，特别是谈判班子负责人不拘泥于传统的思维定式，不墨守原定的界限，不要成为上情下达、一切按程序办事的机器人，而应成为能够敏锐反映客观情况变化，并随环境、条件、人员、情绪等变化迅速作出策略的调整，有效地调动决策系统内各层次的主观能动性的高明领导人。因此，在考虑战略决策时应留有充足的余地，准备多个方案、定出交易的总体目标及各层次的最高目标和最低目标，对方案变动可能产生的后果和利弊，随时做到心中有数，便于迅速作出抉择。有了这样的准备才能真正做到有备无患，在各种情况发生时应付自如，始终掌握谈判的主动权。

四、平衡原则

在复杂的系统内，当各个要素之间达到并维持一定的比例关系时，系统就表现出协调和均衡的关系，系统就处于平衡稳定状态。反之，则是处于波动、震荡的不平衡状态。在商务谈判中，追求系统的平衡状态，就要求实现战略决策系统本身与战略决策对象之间在量的关系上保持正确的比例。这一方面要求系统内各种力量要素之间保持正确的比例关系，实现量的平衡；另一方面要与谈判对手在各要素量的比例上做到旗鼓相当，保持均衡。根据平衡原则，战略决策制订时，在各层次都不存在单纯的绝对量，因为不平衡是绝对的，平衡是相对的，平衡正是通过不断调整各要素量的比例关系来实现的。例如在产品订货的谈判中，己方产品定价总要与对方的可接受程度（能保证获得一定的利益），以及产品、原材料、劳动力的成本保持一定的比例，这样才能保持平衡，使谈判取得协议。否则，谈判战略只能使一方有利可图，而无法保证双方利益均衡，最终只能导致系统紊乱。在商务谈判中往往存在相互联系的各种比例关系，关键又是抓住主要的有决定意义的环节，在这些环节上实现利益的均衡，其它问题就能一通百通，迎刃而解。抓不住关键问题，而在次要环节上争执不休，不仅延误时机，而且会损害全局，无法实现谈判系统的平衡。

五、反馈原则

照《辞海》的解释，“反馈”是在自动调节系统中，为了使系统维持在规定工作状况下运行而采取的一种措施。当系统的实际运行状态与规定状况有偏差时，系统中的测量元件反映出该偏差，并以“负反馈”方式使系统恢复规定的工作状况。谈判战略决策的制订者要自觉地运用反馈手段，在谈判进行的每一阶段都需要对实际进展情况与原来的预期目标进行对比，分析是否出现了意想不到的因素，与预定目标已发生多大偏离，然后决定采取相应措施，使谈判能继续循着预定的方向前进。所以，虽有设想得很周密的预先计划，而无针对实际执行情况的反馈检查，并不能形成真正有效的谈判战略决策。

第二节　商务谈判战略的制订

一、环境分析

企业的商务谈判都是在一定的内部和外部环境中进行的，谈判战略决策的制订都必须针对当时所处的环境条件并直接受它们的制约，因此，认真研究、分析谈判面临的各种环境因素及其变化趋势，应是制订谈判战略决策的基本依据。制订商务谈判战略所面临的环境，可以分为3个层次：

一是宏观环境。这是谈判必须面对的各种外部因素，如政治、经济、法律、技术等环境，这些因素谈判者都不可能去直接控制和影响，但是必须去研究和适应。

二是对手状况。商务谈判对手的状况，它的需要、实力、谈判班子、谈判目标、采用的战略和策略等，这些都是谈判直接面对的具体环境条件。

三是自身条件。商务谈判中己方的需要和目标、实力和策略，也应该置于具体谈判环境中加以认真研究，这是谈判者可以控制并进行调整的。

这里着重探讨宏观环境和谈判对手状况的分析。

(一)宏观环境的分析

研究分析商务谈判面临的宏观环境条件，目的是谋求不断变化的外部环境与企业自身的条件及所采取的谈判战略决策之间的相互适应，从而实现动态的平衡，这是谋求谈判取得成功的前提条件。当一家公司确定就某项业务与另一家公司开展商务谈判时，该公司要科学地制订谈判的战略决策方案，总要首先周密考虑各项宏观环境因素的影响和制约。例如，当进行新技术引进项目谈判时，必然要考虑经济环境、技术环境和生态环境等影响；就某项产品订货进行谈判时,又会受人口环境、经济环境和政治法律环境的制约。因此,商务谈判的战略决策与宏观环境、谈判对象三者之间的关系如图 4-1 所示。

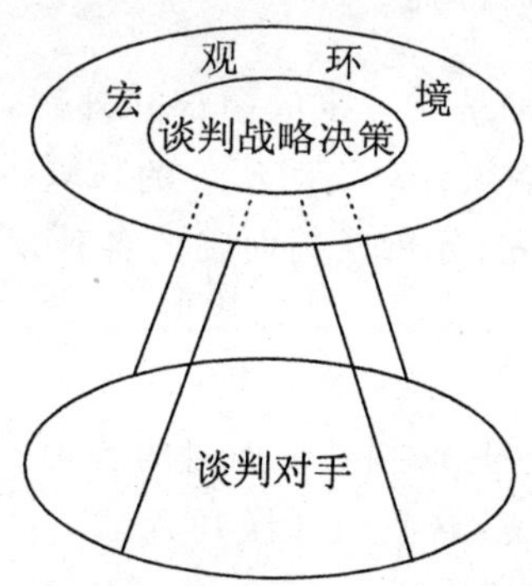

图 4-1 商务谈判战略决策、宏观环境和谈判对手关系图

根据图示,企业制订商务谈判的战略决策除了要研究谈判对手和自身的各种情况外,还必须认真研究双方共同面临的宏观环境,在谈判对手相对稳定的情况下,宏观环境中一个或几个因素发生了变化,谈判者就必须迅速调整其战略决策,以适应宏观环境的变化,期求与谈判对手取得协调。

1. 政治法律环境

党和国家确定的方针、政策及其调整,对企业经营和商务谈判战略的制订所产生的影响是极其明显的。如前几年在房地产经营过热时,谁掌握房地产真是炙手可热,价格看高,商务谈判中处于有利的地位,而随着国家宏观经济政策的调整,进入 1994 年以后,房地产市场尤其是高级住宅形势急剧变化,许多"花园别墅"、"高级住宅"无人问津,有些项目交付了定金,也甘愿毁约受罚,此时买卖双方谈判的战略决策都必然发生明显的变化。至于在国际商务谈判中,政治因素的影响更为直接、深刻。美国政府前段时间坚持要把对华贸易最惠国待遇问题与人权问题挂钩,但是由于我国对外开放和经济迅速发展的成果,使愈来愈多的美国人认识到把本来属于国际贸易中有利于双方的对等、互惠的安排硬要与非贸易的因素联系起来,最终只能使广阔的中国市场被别人捷足先登,对美国自身不利,给中美经贸往来和两国关系造成损害。在种种舆论压力下,美国总统克林顿在1994年5月初就放出了如下信息:

(1)美政府"非常重视发展同中国的关系",愿在维护世界和平与促进经济发展上成为"合作伙伴"并"恢复真正友谊";

(2)中国在人权的几个领域已"取得全面重大进展",但"并非在所有的领域都有重大进展";

(3)美本着"真诚与和解态度"与中方共同努力,克服现存分歧,"开辟美中关系的未来"。

这充分表明克林顿在对华最惠国待遇问题上既不愿看到因拒绝延长或附加条件延长而破坏美中关系,又希望在人权问题上能体面地下台阶。不久,克林顿宣布延长1994年度至1995年度中国的最惠国待遇。嗣后,欧共体明确表示支持在短期内完成我国恢复关贸总协定地位的谈判,并使我国成为国际贸易组织的创始成员国。国际政治环境的这些变化,将明显改善我国在国际贸易中的地位,将直接影响国际商务谈判战略决策的制订。

商务谈判战略的制订一定要十分重视法律环境,特别是随着经济体制改革的深化,在体制转换过程中许多法律、规定、条例、制度正在变革,适应社会主义市场经济新体制的法律制度正在加紧建设,它将成为国家对国民经济实行宏观管理的重要手段,对企业一切生产经营和商务谈判起着统御性的作用。例如,股份制企业和企业集团组建的谈判,如果不认真研究公司法和有关现代企业制度建设的有关法律、条例,谈判就无法正常进行,即使达成协议也会产生一系列的麻烦。至于商品购销协议的谈判,决不可忽视有关价格、税制等法律和规定。如1994年以来,我国开始推行增值税,对出口退税方面也提出了一系列新规定等等，都直接影响到谈判各方的利益。经济合同的签订，根据经济合同法的规定，“必须贯彻平等互利，协商一致，等价有偿的原则。任何一方不得把自己的意志强加给对方，任何单位和个人不得非法干预”。在国际商务谈判中，国际商法、海运法等有关条款以及国际通用的一些习惯做法，应是规范谈判顺利进行的准绳。对有些国家，不仅要研究其国家立法，还必须掌握其地方（州）的立法和规定。

2. 经济环境

无论工程项目建设的谈判战略，还是商品购销谈判战略的制订，都要以项目的预期效益、消费者有支付能力的需求、市场容量等经济条件为依据，而这些又直接由整个经济环境所决定。当经济体制改革深入，经济发展到较高阶段，在某些城市建设一定数量的高级宾馆会有较高的客房率，实现较好的经济效益，这种建设项目的谈判就有现实的基础。但是决不可不顾旅游市场的实际容量，盲目争上高级宾馆项目。现在有些城市和郊县建的宾馆耗资巨大，而实际客房率很低，无法实现预期的效益。这些情况应在新旅游项目建设谈判时清醒地加以分析、测算。至于在国际商务谈判中，国际经济环境的变化显然具有决定性的影响。如 80 年代后期，区域经济集团化趋势迅猛发展，现今世界上已有欧洲联盟、北美自由贸易区和亚太经济合作组织等 20 多个区域经济集团组织，这些区域集团内部合作，使成员都能享受到自由贸易的好处，经济趋于一体化，而其排他性也表现得越来越明显，对非集团成员不但设有关税壁垒，而且还实行有差别待遇，随时都可采取反倾销措施对非成员国出口产品进行反倾销调查。由于我国经济改革的成功，在由计划经济向市场经济转变过程中，不仅没有出现像前苏联和东欧国家那样的严重经济滑坡，反而保持了持续高速增长，所以许多外国专家认为，中国地域辽阔，市场潜力巨大，投资环境很有吸引力，中国的制造业不仅能为外商提供合资项目，而且能成为长期合作的战略伙伴。1996 年我国共接受投资 420 亿美元，在发展中国家居首位。美国波音飞机公司目前正在加紧同中国航空部门谈判，加强双方合作。美国《巴尔的摩太阳报》报导，目前波音公司制造的飞机，每 7 架中就有 1 架将运往中国，波音公司的负责人毫不掩饰他们对中国市场的兴趣和依赖。因为航空事业的发展与经济的发展密切相关，过去的 20 年中，中国的空中交通每年以 22%的速度增长，也就在客观上给国外飞机制造商提供了巨大现实的和潜在的市场。经济环境的改善，国际经贸关系的进一步拓展，自然为谈判战略的制订提供了有利的条件。

3. 技术环境

制订商务谈判战略一定要密切注视技术环境的变化。我们生活的时代，已是科学技术加速发展和急剧变革的时代。近 30 年来，人类所取得的科学新发现和技术新发明数量，比过去 2000 年的总和还要多。据统计，人类的科学知识，19 世纪是每 50 年增加 1 倍，20 世纪中叶是每 10 年增加 1 倍，现在则是每 3 年至 5 年增加 1 倍。从商务角度看，一种新技术会引起一系列新产业、新产品的出现，使一大批老产业、老产品被淘汰；它是巨大的创造力，也是一种毁灭性的破坏力。因此，例如在制订项目引进和产品购销的谈判战略时，切实掌握当前技术环境的状况直接关系事业的成败。在技术项目引进中，一定要防止低水平的重复引进，同时，也要切忌盲目引进虽属先进、但并不符合我国国情的技术，如我国正在兴起建造现代温室的“第三次浪潮”，盲目引进一些国家的大型温室设备，其结果是得不偿失。要研究制订出行之有效的引进、消化、吸收和发展技术的方案，在谈判战略拟订中认真核算项目引进与生产效率、就业效率、出口效率和资源利用效率这四者的关系，使一次引进能达到设备更新、人才培养、提高生效能、减少进口或扩大出口的多重目标。一个国家经济的发展实际上就是知识和技术的应用和发展。今后全球性竞争将愈演愈烈。近十几年来，几十项关键性高新技术的出现，如材料科学、生物工程、电子技术等，将在今后一二十年内使所有行业的结构发生根本性的变化，为此，如何使我国经济得到长期、稳定、持续地发展，并有效地占领国际市场，必须以超前的观点解决好技术引进、技术开发这样一些重大问题。这方面我们有成功的经验，也有许多沉痛的教训。

4. 生态环境

生态环境是一种为人类提供各种服务的“资产”，它提供生命支持系统以维持人类的生存与发展。生态环境这种特殊的资产，能为每个人所消费，并极易接近和获得，如清洁空气、干净水源等，同时也会产生“免费搭车者”、无知破坏者，只知享用不知治理，只事破坏，不知爱惜。随着我国工业化进程的加速，生态环境正遭受严重的破坏，生态赤字不断扩大，环境污染正由城市向广大农村蔓延。商务谈判在其谈判战略拟订时除了要考虑目前的、部门或单位的利益，同时一定要充分估计自然环境对该项交易能够承受的程度，以及该项交易完成后可能对环境带来的后果及其对人类和社会产生的深刻影响。例如，某些地方在进行大量工业引进项目谈判时，明明淡水资源严重匮乏，却故意“一女多嫁”，似乎现有的这点水源可供一切项目发展需用，如果这种谈判战略一时“成功”，其结果只会给国家和人民带来无法估量的损失。再如某市在前几年冰箱热时决定引进一条氟里昂制冷的压缩机生产线，而且很快预付定金 420 万美元。殊不知目前我国已成为发达国家氯氟烃污染的转移目的地，这种工业是破坏大气臭氧层的元凶。1989 年修正的蒙特利尔公约已明确规定：发达国家必须在 2000 年前停止氯氟烃的消费，发展中国家至 2010 年停止消费。由于在该项谈判的战略决策中缺乏对这些环境因素的考虑，结果协议签订后就使我们陷入进退两难的尴尬境地。不考虑生态环境的商务谈判战略决策制订者，可以一时成为发展地区经济的“功臣”，而一旦生态环境破坏造成严重危害时，就将变成人民的罪人。

5. 社会文化环境

社会文化是一个社会精神财富的结晶。被称为“人类学之父”的爱德华·B·泰勒曾给文化下过这样的定义:“文化是一个复合的整体,其中包括知识、信仰、艺术、道德、法律、风俗以及作为社会成员而获得的其他方面的能力和习惯。”社会文化在商务活动中是大量的、经常性起作用的因素。商务谈判战略的制订自然要十分重视社会文化环境的研究,因为谈判者本身就是在特定的社会文化环境中成长的,都会形成特定的生活方式、行为准则和价值观;谈判的标的物商品、劳务、技术等,其需求和评价又都与特定消费者所处的社会文化环境密切相关,不同社会阶层和相关群体由于他们的各种价值观念和社会规范都是在不同的社会实践中形成,同时又是一种历史现象的沉淀,他们在消费需求的特点和购买行为等方面都是迥异的。因此,在商务谈判战略制订中,无论对谈判对手还是谈判标的物的深层次研究,都要抓住社会文化环境这个因素。

6. 竞争环境

在市场经济条件下,企业之间的商务谈判总是在激烈的竞争环境中进行的,阿尔伯特·W·埃米里说过:“商务活动仅仅是一种文明的战争形式,这种战争的大多数战斗是通过语言、构思以及训练有素的思想去取胜的。”① 与其他环境因素相比,竞争环境常常是对商务谈判战略影响最直接的因素,任何企业在谈判中都会面临几方面的竞争:一是产品的竞争。包括企业之间发生的同类产品或劳务之间的竞争;企业之间发生的能相互替代的产品或劳务之间的竞争;二是品种、质量、价格的竞争;三是管理和经营方式的竞争;四是人才、公关的竞争。谈判战略决策的拟订不能不受这些因素的影响和制约。

---

① 菲力普·科特勒. 市场营销管理. 科学技术文献出版社. 1991. 360

(二)谈判对手的状况

分析研究谈判对手的状况，就是要深入了解其特点和动机，班子的实力和协调，运用的战略和策略。英国哲学家费朗西斯·培根在其《论谈判》一文中说过这样一段话："与人谋事，则须知其习性，以引导之；明其目的，以劝诱之；知其弱点，以威吓之；察其优势，以箝制之。与奸滑之人谋事，唯一刻不忘其所图，方能知其所言；说话宜少，且须出其最不当之意之际。于一切艰难之谈判中，不可存在一蹴而就之想，唯徐而图之，以待瓜熟蒂落。"这段名语，是对我国古训"知己知彼，百战不殆"的极好发挥。谈判对手的战略和行动，也都要受其所处的宏观环境诸因素的综合影响和制约，所以，分析谈判对手的状况实际是对宏观环境分析的进一步深化，使制订的谈判战略有更坚实的基础。对谈判对手的分析，主要应从以下几方面入手：

1. 人际关系

主要是分析谈判对手中主谈人与其它成员之间，以及主谈人与所属公司、企业、部门领导、行政管理人员之间的相互关系，这种关系可能是自然人之间，也可能是法人之间的关系；可以是近期的，也可以是久远的关系，了解这种关系对谈判战略的制订和实施有很大的助益。

2. 地位与经验

对方主谈人是一般职务人员，还是高级负责人员；有行政权力，还是无行政权力；这在制定谈判战略时应加以区别。对于一般职务和无行政权力的对手，我方只需配备对等的一般人员，谈判策略的运用无严格限制；而对高级负责人员和有行政权力的对手，战略和策略的运用必须慎重选择。如日本人对地位、等级观念十分重视，了解日方谈判人员的地位，并配备相当的谈判对手，就特别重要。对手是熟悉我方情况的谈判对手，还是初次参与这一领域谈判、并无实战经验的新手，在制订谈判战略决策时自然也要认真加以考虑。

3. 心理与作风

分析了解谈判对手的心理，并有针对性地采取相应的对策，这对谈判的成功关系极大。人们的行为都是在一定的心理支配下进行的，行为的一般规律是需要——动机——行为——目标。人们总是先有某种需要，然后由需要产生动机，正是由动机推动人们采取某种行为去实现其目标。因此，根据需要理论的分析，谈判对手在参加谈判时一般都会在心理上有以下的需要：

(1)希望谈判过程中身心都感到愉快；

(2)希望不要在谈判中处于窘迫、被动的境地，不会给将来带来麻烦和危险；

(3)希望上级或老板以及其他人对自己的工作慰勉有加，得到好的评价；

(4)希望在不违反原则和道德规范的前提下，个人需要得到满足，并与对方建立起良好的长期关系；

(5)希望自己受到尊重，讲话时对方注意倾听，提出问题有认真的圆满的解释；

(6)希望被对方认为是一个诚实可信、公正负责的人；

(7)希望能提供很好的服务，消除不安全感；

(8)希望能较快结束谈判，顺利达成交易。

充分理解对方这些心理的需要，并在谈判战略的制订中尽量予以满足，对推动谈判的进展将起巨大的作用。由于谈判对手的地位、教育程度、性格等特点的不同，往往在谈判中表现各不相同的作风，如有的人表现为“强硬型”谈判作风，对问题十分自信，对人态度傲慢；有的一开始就显示出“不合作型”的谈判作风，不尊重别人意见，盛气凌人，以自我为中心；有的表现为“阴谋型”谈判作风，动机不纯，惯用诡计诱惑对方入套；有的则表现为“合作型”谈判作风，表现出平等合作愿望，期求谈判带来皆大欢喜的结果。不同风格的谈判对象，一定要有不同的谈判战略与之对应，这样，不管遇到什么样的情况都仍然有希望推动谈判前进。

4．民族的特点

我国是个多民族的国家，各民族的风俗习惯、文化背景都有所不同。在国际商务活动中，谈判对手的民族特点更是相去甚远，必须认真了解、分析。日本谈判对手一般是工作认真细致，进取心强，不轻信人；态度彬彬有礼，注意做人的工作，有坚韧不拔的忍耐心。他们有很强的情报意识，运用先进的技术手段，详细地掌握对方的情况，对谈判有较充分的准备。日本贸易振兴会在海外设有 78 个驻外机构，遍及 58 个国家和地区；9 个大商社在世界 187 个城市设有 800 余个分支机构，这些都是高效能的情报网点。日本人讲究资历、地位，不愿意与自己身份、职务不相称的对手进行商谈。韩国人是谈判的强手，常常会在谈判中占据上风。他们注重在谈判前通过国内外有关咨询机构详细了解对方的资信和经营情况，做好充分的谈判准备工作，重视谈判礼仪，注意运用谈判技巧。美国人的性格特点是坦率、外露、热情，富有冒险和竞争精神，在谈判中表现自信、富幽默感，语言表达直率，毫不掩饰其对物质利益的追求；对谈判对手的自信和多谋，不仅不会嫉恶，反而能引起他们的尊重，更易于推进谈判；重视工作效率，希望缩短谈判时间。这些不同国别、民族谈判对手的特点，自然应该成为制订谈判战略的重要依据。

二、商务谈判战略目标的确定

（一）确定战略目标的原则

1．战略目标要依谈判目标的不同而区分

如果谈判标的是商品购销合同，那么谈判战略的总目标应是符合规定品种、质量、规格的商品，合理的价格，较短的交货期，并建立起较稳定的长期业务联系；而企业兼并的协议，则在谈判战略目标中首先要解决好产权关系和行政隶属关系等问题,还要妥善安排人员,进行生产结构调整等。不同的谈判标的应有完全不同的战略目标和重点。

2. 战略目标的基础要坚实可靠

这就要求对战略环境作出分析,包括宏观环境和谈判对手的各方面情况作周密、细致的调查,占有大量资料并作出客观的分析结论。如日本的一些情报机构对原苏联、中国、朝鲜等国的信息收集和分析判断,均有其独到之处,而且这些信息都十分迅速地传递到用户手中,他们在5秒至1分钟内,就能获得世界各地金融市场的行情,1至3分钟内可查询到日本与世界各地进出口贸易的商品种类和规格的资料。据此,企业结合己方的实际情况,就能定出适当的目标水平。没有扎扎实实的调查研究,确定的战略目标就不会有坚实的基础。

3. 战略目标的层次要分明

战略目标是全部谈判活动的总体谋划,而不是局部的、个别问题的解决对策,因此,其全部内容应包含宗旨、目标和目的3个层次,各层次所要解决问题的内涵和对策都不会相同。宗旨是战略目标的总概括,如完成这次企业兼并谈判,为的是盘活存量资产,转变经营机制,为企业发展准备更充分的物质条件;目标是整个谈判的阶段目标,如在合资谈判中争取先把协议投资项目、金额及到款期确定下来;目的则是每个战略阶段具体环节上所要达成的期望值,如对每种产品、劳务、技术,在谈判中可能实现的价格及其升降幅度,理想的交货期和工程项目完成期的具体协议等。

4. 战略目标要实现整体平衡

战略目标的确定要进行多次反复论证,既要考虑我方的意愿,又要研究对方的需要;整体目标的各个层次之间要保持协调,相互连贯,各个部分、环节之间要相辅相成,综合平衡。只有在目标上实现了整体平衡,才能始终掌握谈判的主动权,推动谈判的进程。

5. 战略目标要相对稳定，留有伸缩余地

战略目标确定之后要有相对稳定性，这样便于选择相应的谈判策略，运用各种谈判技巧，使谈判有序地进行。但是谈判总是在客观形势不断变化中进行的，有时甚至会风云突变，不在各阶段的具体要求上留有伸缩余地，就会被逼入死角，陷于被动，所以，保持一定的机动余地，使谈判人拥有较大的灵活性，也是争取谈判成功的重要条件。

(二)制订战略目标的程序

1. 确定谈判组织结构

谈判的战略目标要靠一定的组织去实现，因此，首先要把组成谈判班子的各个成员根据谈判的总目标进行精选、调整、平衡，实现组织结构与战略目标之间的相互协调和适应。

2. 树立正确的谈判指导原则

各个行业的企业根据其长期谈判实践经验的总结，都会形成具有普遍意义的谈判指导原则，而在谈判班子建立后面对具体的谈判任务和对象，还应使这些指导原则进一步具体化，更富针对性。

3. 进行战略环境的分析

从该项具体谈判任务入手，认真收集掌握有关宏观环境的信息，特别是尽量了解对手的情况，然后进行深入细致的研究分析，这是谈判战略目标形成的基础。

4. 确定战略目标

包括整个谈判的总体要求和各阶段的具体目标。

5. 选择谈判战略的类型

根据战略环境的周密分析，针对具体的谈判对手的态势，需要作谈判战略类型的选择。由于不同环境中谈判双方或多方的实力对抗格局不同，往往会出现人强我弱、我强人弱、旗鼓相当和多方联合牵制等多种局面，与之相应可以选择进攻型战略、防守型战略、稳定性战略或在多方谈判中采取的联合对抗战略，正是在确定不同的谈判战略类型的前提下，才会有实现谈判意图和目标的各种策略。

6. 进行谈判战略的论证和方案的评估

谈判战略形成之后，要做好各部分之间、各层次之间的综合平衡；在情况变异的条件下还要考虑需要与可能之间、眼前目标与长远目标之间的衔接与照应。谈判战略方案的形成不能一蹴即成，必须集思广益，征求有关专家的意见和建议。重大谈判的战略方案则需经严肃认真的评估，以保证其可行性、科学性。

7. 谈判战略方案的最终确定

如果方案在评估中并不符合要求，要重新考虑进行总体或局部的修正；如果已符合要求，则作最后定案，付诸实施。

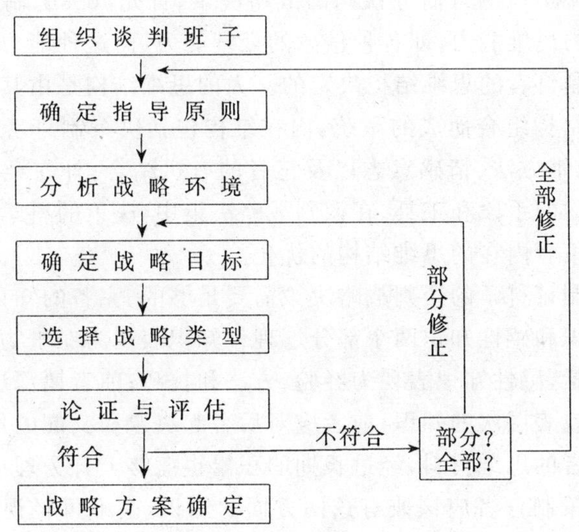

图4-2　制订谈判战略目标程序框图

第三节　商务谈判战略决策科学化的途径

我们学习了商务谈判战略制订中必须掌握的各种外部环境条件和确定战略目标需要遵循的原则和程序，还应从更深的层次上探索如何使商务谈判战略决策科学化的途径。这主要涉及以下几个方面：

一、谈判者思维的科学化与现代化

商务谈判的战略决策是否科学，关键在于谈判决策制订者的思维结构和思维方式是否科学化。

（一）思维结构的优化

科学地制订商务谈判的战略决策，首先取决于制订者是否有良好的思维能力，即各种信息的处理能力，而这种能力又是由谈判决策制订者的思维结构决定的。人的思维结构是由其内在结构和外在结构组合而成的系统，内在结构包括决策制订者所具备的知识、思维方法、情感意志以及三者的有机结合；外在结构则是指认识事物的手段和工具。在谈判战略决策中，决策的科学化主要取决于决策者内在的思维结构的优化。

制订科学的谈判战略决策需要足够的、完备的知识，它包括理性知识和感性知识两个部分。理性知识表现为对事物的理论抽象和概括，感性知识表现为经验、方法和技巧；前者属深层次的知识，后者属表层次的知识；前者应对后者起决定和支配的作用，后者又是前者的思维材料，经过长期的积累也能够上升为理论知识。优秀的决策制订者应该兼有这两方面的知识，决不可轻视或偏废某一个方面。事实证明，谈判战略制订者的理论知识越完善，经验越丰富，他的思维能力就越强，就越能够从已经提供的各种信息、方案、措施、办法中作出正确的选择，把握谈判发展的方向。谈判过程难免波浪起伏，特别当谈判出现预想不到的困难，谈判对手确属长袖善舞的高手时，这时情感、意志、决心、毅力对战略的制订和实施显示特别重要的作用。因此，优秀谈判者所应具备的思维结构是具有广博精深的理论知识与长期积累的经验知识相结合的、与外部情况变化能及时进行信息交换的开放系统，是以正确的人生观、价值观为支柱的，由乐观、坚定意志去调节的不断进取的系统，这是谈判战略决策科学化的极重要条件。

（二）思维方式的创新

谈判战略决策制订者的思维结构优化对决策的科学化当然起重要作用，但要使其知识系列发挥最佳效能，还需要有思维方式的不断创新，尤其是在改革深入发展、对外开放日益扩大的形势下，这种创新就显得格外重要。

思维方式的创新，首先要克服单纯凭经验判断作出决策的习惯做法，懂得以辩证思维方式高瞻远瞩，见微知著，驾驭谈判发展的大趋势。商务谈判中不论出现多少曲折和风波，总是可以按照辩证思维的方法发掘双方利益的一致点；尽管谈判过程中有时从现象看利益矛盾相当尖锐，但从本质看一定还会存在共同的利益。利益的共同性是相对的，而双方利益的矛盾斗争性则是绝对的，这种绝对性表现为谈判过程中双方为实现其自身利益的强烈角逐，而共同利益的存在则是这种斗争在一定条件下得以统一、协议得以达成的基础，也正是有此基础，才有谈判双方的矛盾和斗争，从而推动谈判的进程。养成这种思维方式就会在潮起潮落的谈判中始终保持沉着冷静的态势，不会因一时的困难而惊慌失措，也不会只顾兵来将去，水来土屯，而失去对谈判全局发展方向的把握。

其次，要摒弃中国传统观念中所谓“君子喻于义，小人喻于利”的信条。这种“重义、轻利”的传统价值观曾在相当长时期内以“算政治账，不算经济账”的名义，支配着我国许多国内和国际的经贸谈判，深入的价格谈判被看成同“红色商人”的风范不相符合的做法。而今各种价格策略的制订和认真的价格谈判，不仅登上国际、国内商务谈判的舞台，而且理所当然地成为谈判者必须熟谙的基本技能。

最后，要注意不断吸收新鲜知识，站在时代的前列来思索问题。时代在发展，许多新科技、新知识、新观念在不断涌现出来。过去人们怕富、仇富，认为个人富了不是好事，穷反倒是光荣的。现在可以理直气壮地说劳动致富、依法致富是光荣的事了。因此在商务谈判战略决策中，我们不必顾忌对方赚多少钱，而是奉行“让人赚钱，自己也赚钱”的宽容心态。过去片面强调“自力更生”这一面，否则就可能被斥之为“卖国主义”。现在我们看到不论是外国的、还是中国的先进东西，都是人类进步文明的共同财富。人家已经有的好东西，我们不必硬充好汉，再花许多气力去研制，那种重复劳动才是极大的浪费。这样，在规划商务谈判战略决策时，我们才能瞪大眼睛，对人家好的东西采取“拿来主义。”至于谈判中可持续发展观、环保意识、名牌观念的树立、交货期限、法律责任、商品包装、广告以及各种营销策略的运用，更应认真借鉴市场经济发达国家的成功经验，彻底改变我们在计划经济下长期形成的思维模式，使谈判战略的制订增加新意，增添活力。

二、认真搞好市场调查研究与预测

商务谈判战略决策科学化的基础是对客观事物的深入调查分析和预测。对于谈判涉及的外部环境和谈判对象的情况，应以一切可能的方式、方法、技术手段去大量收集信息，通过对信息资料的整理、分析、加工和描述，切实掌握存在问题的焦点，预测其发展变化的趋势，提出有针对性的建议和方案，这对谈判战略决策的科学化有极大的帮助。事实证明，是不是重视市场调查研究，是不是认真把调查研究搞好，乃是科学谈判决策形成的前提条件。例如70年代末，我国开始实行对内搞活、对外开放的政策，中国市场引起世界上工业发达国家高度重视。当时欧美某些家电制造商也曾对中国家电市场作了一些粗略的了解，他们的结论是中国人均收入水平太低，刚进入温饱型家庭消费时期，难以承受价格较高的家用电器的支出，因此，对中国家电市场的开拓与培养缺乏兴趣。而日本企业则对中国家庭收支和市场情况作了深入的调查研究，并正确预测了中国家电市场的发展趋势。他们认为：

(1)中国居民工资收入水平确实较低(1978 年职工年平均工资收入仅 644 元)，但中国人民有勤俭持家、节约安排支出、执着地积蓄财富的习惯和心理，这与重视现时消费的西方人习惯有极大区别。

(2)中国人口众多，家庭数量可观，依当时 10 亿人口计，平均家庭人口为 4 人，就有 2.5 亿个家庭，按中等收入以上家庭占 1/5 计算，就有 5000 万个家庭会拥有中低档家电产品的购买能力，这是世界上任何一个其它国家市场都无法比拟的巨大市场。

(3)随着中外经济文化的交流，家庭消费模式会迅速发生变化，家电的需求量会迅速增强。

(4)中国的客观政治经济环境发生明显变化，将会出现一个经济稳定增长的时期。

正是基于这样的调研分析资料，他们又研究了中国的电路、电压情况，设计了适应中国市场需求的各式家电产品，采取循序渐进的市场培养和开发战略，成功地与我方进行了一系列的商务谈判，从 80 年代初期达成的大批低档家电产品购销合同，到现在的大批中、高档家电产品的购销合同；从家电产品的购销合同到成套设备生产线出口等一系列交易合同，使日本家电产品深入中国千家万户，而令拥有先进家电生产技术的欧美各国叹惜不已。

三、重视依靠外脑，搞好专题咨询

随着社会主义市场体系的发育和成熟，与世界各国的经贸关系进一步扩展，商务谈判中涉及的问题愈来愈广泛、复杂，谈判战略决策制订中需要明确和解决的问题也愈来愈多。这种情况说明无论谈判决策制订者或谈判班子成员的知识如何广博，经验如何丰富，也不可能完备地回答谈判战略中可能涉及的一切问题。这就向我们提出了引进并依靠外脑，对一些重大的专业技术问题搞好咨询这样一个新课题。例如，在国际商务活动中对方的资信情况如何？这是决定谈判战略的先决条件。但是依靠公司和企业自身力量进行国外企业的资信调查显然是不可能的，而有实力的国际市场资信调研机构能够较准确地掌握世界各国客户的商业资信情况，依靠它们的服务，虽然花一些钱也是值得的。据调查，全世界有3000多万家各类企业，其中资信情况好的和比较好的约占40%～45%，有一半以上的企业资信情况不好；每年约有100万家企业破产倒闭。资信调查的目的，是要准确掌握对方企业的“档案”，即公司的经营者是谁，背景如何，过去的信誉记录，现有资本额、资产、负债情况，开户银行及付款记录优劣等。通过资信调查，摸清对方底细，谈判战略制订才能知己知彼，有的放矢，避免凭印象、看名片，看对方老板穿什么衣服，坐什么车，住什么房等表面现象下结论。然而在实际生活中由于缺乏资信调查，单凭介绍人的陈述和直观印象而贸然进行商务谈判，结果造成大量损失的案例还是不少的。此外，在商务谈判战略决策制订中关于该类商品国内、国际市场的供求状况、价格行情、工程技术、法律、金融、结算，以及营销策划等问题，除了依靠谈判组织和企业职工集体的智慧外，也要有很强的市场观念，认清依靠外脑的必要性和重要性，愿以高价买“好点子”，这对实现谈判战略决策的科学化将起很好的作用。

重点复习思考题

1. 商务谈判战略决策的含义是什么？它在整个商务谈判过程中的地位和作用如何？

2. 制订商务谈判战略的原则有哪些？如何在谈判实务中把握这些原则？

3. 制订商务谈判战略要作哪些环境分析？为什么？

4. 确定商务谈判战略目标的原则有哪些？为什么要遵循这些原则？

5. 战略目标的制订应依照哪些程序？请以框图说明？

6. 谈判者思维结构优化的意义何在？应当怎样使自己的思维和判断做到科学化？

7. 思维方式的创新对谈判战略决策的制订有何作用？怎样才能使自己的思维方式不断地创新？

第五章　商务谈判的类型和过程

第一节　商务谈判的类型

按照不同的划分标准，商务谈判可分为许多类型。每种谈判都有其不同的特点。因而，正确地了解谈判类型，是企业确定谈判原则、制定谈判策略和方法的基础。

一、按照谈判涉及的内容区分

按照谈判涉及的内容区分，可将商务谈判分为一般贸易谈判、来料加工装配业务谈判、技术贸易谈判和工程承包谈判等形式。

(一)一般贸易谈判

这是我们接触最多最频繁的谈判类型。一般贸易中最简单的形式是买卖双方一方交钱，一方交货，货钱两清，交易即告结束。这种交易的动机较确定，标的较清楚，手续也较简单，因而能迅速决定交易是否达成。但在市场经济发展的条件下，即使是一般贸易，在谈判中也必须明确商品数量、质量、规格、型号、价格、运输、付款方式、售后服务保证等一系列的问题。国际间货物贸易的谈判，可以是现汇贸易谈判，也可以是易货贸易谈判，涉及的问题更多。这就要求参与一般贸易谈判的有关人员不仅要具备较丰富的商品知识，还要有一定的地理知识、运装包装知识、商品检验知识、资金结算和保险知识等等，才能面对变化迅速作出反应。

(二)来料加工装配业务谈判

来料加工装配业务是指由甲方提供一定的原材料、零件、元器件，由乙方按照甲方要求的品质、规格和款式进行加工装配，成品交由甲方处置，乙方按照约定收取工缴费作为报酬。

这种谈判具有如下特征：

1. 交易双方不是买卖关系，而是委托加工关系。

2. 承接对方来料的一方，不拥有所有权，只有使用权。

3. 委托方承担接受全部加工装配合格的产品和支付约定工缴费的责任。

（三）技术贸易谈判

技术贸易是指技术拥有方把生产所需要的技术和有关权利，通过贸易方式提供给技术需求方加以使用。实际上，它就是把技术作为商品，按商品交易的条件和方式进行有偿的转让。

由于这种谈判涉及的对象是技术，因而它具有其他谈判所没有的一些特点：

1. 技术贸易谈判的双方既是合作伙伴，往往又是竞争对手。由于技术贸易双方往往是同行，一方获得技术的目的是运用该技术生产产品，占领市场，所以，技术转让方在谈判中的心态就是既想通过转让技术获取收益，同时也担心对方获得技术后，制造同一类产品，与己方竞争。

2. 技术贸易谈判是一个长时间的连续过程。在谈判结束后，实际上双方的关系远没有结束。技术转让方还有提供资料、人员培训、现场指导、技术考核验收等一系列工作需要完成，因而与对方的交易关系会持续很长一段时间。

3. 技术贸易的价格很难确定。在这种谈判中，双方最头疼的问题就是价格。决定技术价格的主要因素是接受方使用这项技术后所能获得的经济效益，而这种效益在事前又很难测定，这就形成了谈判中确定技术价格的复杂性。

（四）工程承包谈判

工程承包是指一个工程建筑企业通过投标或接受委托等方

式,与发包人签订合同或协议,以提供技术、劳动、设备、材料等,负责承担合同所规定的工程设计、建造和机械设备安装等任务,并按合同规定的价格和支付条款向发包人收取费用及应得的利润。

工程承包谈判的最大特点就是复杂性。一方面,它涉及的面广,程序复杂:在技术上,往往包括勘探、设计、建筑、施工、设备制造和安装、操作使用、直到生产;在经济上,它包括商品贸易、资金信贷、技术转让,以及招标与投标、项目管理等。所以,无论从技术、经济,还是从法律等角度来看,它都比一般商品贸易谈判难度要大。另一方面,由于工程营建时间长、金额大,双方由此承担的风险也大。因而谈判双方都会小心谨慎,仔细研究,谈判持续的时间也会相应延长。

二、按照谈判中有关各方的语言交往方式区分

可将商务谈判分为口头谈判和书面谈判:

(一)口头谈判

它是指谈判各方面对面地用语言进行谈判,或者用电话商谈。在实际生活中,通常表现为企业派出业务员主动登门谈判,邀请客户到本企业谈判或在第三地谈判。

这种谈判方式的优点是:当双方当面洽谈时,各方提出的条件和意见,都可当面详尽地作出说明,便于各方考虑是否成交;同时,各方都能察言观色,掌握对方心理,便于施展谈判技巧;而且,用口头语言表达自己的思想,可留有较大的回施余地,尽可能地争取对方与自己达成协议。

口头谈判的缺点也是很明显的。首先,它要求在一定的谈判期限内作出成交与否的决定,使得各方都不能有更多的时间考虑,谈判人员一旦决策失误,会使企业蒙受损失;其次,在主动上门谈判时,由于登门一方人员的身份已经明确,而接待一方的人员其真实身份、权限都不易确定,这很可能引起双方特殊的心理反应,对谈

判造成不利影响；再者，在双方面对面的交锋中，由于口头语言本身具有的冲动性，加之谈判气氛的紧张，很容易使有关人员的语言表达失误，导致本方企业的被动或损失；最后，主动上门一方还要支付差旅费，接待一方要支付招待费，费用开支较大。

基于上述原因，口头谈判一般都适用于首次交易谈判、大宗交易和贵重物品的谈判。目前，被企业广泛接受的口头谈判形式首推交易会谈判。交易会通常由若干个公司、企业联合邀请各地客商，一起谈判成交。在会上，卖方一般都备有现货和样品，买方可通过看样、评鉴，与卖方直接面谈。这种方式的最大特点是客户众多，可以当面就货物交易进行谈判，能最大限度地发挥口头谈判的优点。

（二）书面谈判

这是指谈判各方利用信函、电报、传真等通讯工具进行的洽谈。

书面谈判的优点在于：第一，在预定的答复期限内，谈判各方有较充足的时间考虑，不必像口头谈判那样当场作出决策；第二，双方在谈判过程中可以自由地同助手和领导进行讨论和分析，以便作出慎重的决策；第三，这种谈判不需要谈判者来回奔波，我方人员可坐镇企业，对不同客户的回电（回函）进行分析比较，有利于把握合适的谈判对象和机会；第四，由于人员之间互不见面，可以避免因谈判者的级别、身份不对等而引起的心理障碍，有利于交易的达成；最后，谈判各方只需支付通讯费用，开支一般较为节省。

但是，书面谈判也有不足之处。如：双方的文字交往大多较简洁、精炼，但一味贪图文字简炼，很容易引起各方对某一问题的不同解释，造成争议和纠纷；由于各方互不见面，无法观察对手的神态、表情、情绪的变化，因而也无法了解谈判对方的心理活动，更无从施展谈判技巧；若在各方意图的传递过程中，通讯工具发生故障，就会影响联系，丧失交易机会。

在实际生活中，口头谈判和书面谈判是很难截然分开的。往往是企业之间在刚开始接触时采用书面谈判方式，等双方有明确交易意向时，再派人员当面谈判，签订协议。而且，经常有交易往来的各方，当原来约定的条件不变时，通常采用书面谈判形式，若情况发生变化时，则用口头谈判。

三、按照参加谈判的人数区分

可将商务谈判分为单独谈判和团体谈判。

(一)单独谈判

即各方参加谈判的人数均为1人。这种谈判方式的优点在于：

1. 可以避免因团体内部意见不统一而给对方造成可乘之机。由于各种因素的影响，不同的人往往对同一个事物有不同的看法和评价，若是在谈判中团体内部的分歧为对方所察觉，就会给对方带来各个击破的机会。反之，从理论上讲，一个人的所思所想和所作所为至少从本人角度而言是统一的，这也就杜绝了对手在这方面的机会。

2. 可以避免对方将火力集中在我方力量最薄弱的人身上。如果是一个谈判班子，则人员的素质和能力难免参差不齐。而按照“木桶理论”，其中能力最差的人员决定了该班子的整体实力，这将会使整个班子的实力大打折扣。但在单独谈判中，可有效地避免这个问题。因为企业总是会考虑选派一位各方面都最强、最合适的人去参加某一项谈判。

3. 谈判效率相对较高。在必要时，负责谈判的人可以全权作出决定，避免了不必要的讨论和协商。

4. 保密性较强。

但是单独谈判实际上也是一种最困难的谈判类型。因为谈判者只能人自为战，没有任何助手可以协助。这就对有关人员的知识、素质和能力提出了很高的要求。所以，参加这类谈判的人员一定要有全面合理的知识结构，同时要有主见和决断力，判断能力较强，善于独立作战，性格脆弱、优柔寡断的谈判者是不能胜任的。

（二）团体谈判

各方参加谈判的人数均为数人，则称为团体谈判，英国谈判学专家比尔·斯科特进一步提出小、中、大型团体谈判的划分标准：各方人数均在4人以下，就是小型谈判；4～12人之间，是中型谈判；若各方都超过12人，则是大型谈判。

团体谈判，由于各方都有几个人同时参加，企业可以在充分考虑个人性格和能力特长的情况下进行分工，发挥整体优势；由于人员相对宽裕，可适当选派有关方面的专家参与谈判，使"增加谈判班子的权威性比增加人数更有效"这一点得到充分体现；也能使团体中的某人当情况不利于本方时，借口与其他人员商量一下来缓解矛盾；还可以当场上出现激烈对峙时，由其他人员来打圆场，调节气氛。

团体谈判的最大难点在于如何科学合理组织班子，使整体力量充分发挥。

四、按照谈判地点的不同区分

（一）主场谈判

即在本方单位所在地与对方谈判。主场谈判的优越性在于：

1. 以逸待劳，在心理上占据优势；
2. 可多方面使用有利条件；
3. 临时找专业技术人员或查找技术资料比较方便；
4. 若谈判发生意外，可直接向上级汇报并取得指示。

它的缺点主要有：

1. 繁琐的接待工作会浪费我方人员不少宝贵的时间和精力；
2. 谈判人员会受到本企业日常事务的干扰。

（二）客场谈判

即我方人员主动或受到邀请到对方单位谈判。它的优点在于：

1. 我方可以不受干扰，全心全意地投入谈判；

2. 可以有许多借口(如资料没带、有关人员没来、无法与上级联系等)，暂不作结论；

3. 必要时，可与对方的上司直接谈判；

4. 我方可减去繁重的接待工作。

客场谈判的缺点是：

1. 如果发生意外情况，不能及时请示上级；

2. 临时需要查找资料不方便。

(三)中立地谈判

由于谈判各方冲突性大、利益关系微妙等原因，在主客场谈判都不适宜的情况下，可选择一中立地谈判。在这种谈判中，由于气氛冷静，不受干扰，各方都比较注意自己的声望、礼节，所以各方都能比较客观地处理种种问题和某些冲突事件。

五、按照谈判过程中各方表现态度区分

可将商务谈判分为合作型谈判和竞争型谈判。

(一)合作型谈判

合作型谈判是以各方的相互满足作为谈判的共同基础，即在不损害我方利益的前提下，寻找为双方提供最大满足的最佳方式，以保证在对方得到满足的同时，我方亦获得预期的利益。当然，合作并不意味着谈判的各方无视彼此的差异、竞争和冲突，只做“和事佬”，相反，谈判的各方都意识到了彼此的分歧，但他们愿意在建立活跃、认真、诚挚的气氛条件下，共同合作，解决问题。

(二)竞争型谈判

在这种谈判方式支配下，各方都竭力为自己谋求最大利益，为达到这一目的不惜采用各种手段来牺牲对方的利益，往往最后是以一方作出被迫让步而告终。采用这种谈判方式的人员，往往试图建立一种富有对抗性的谈判气氛，在这种气氛中增强自己的实力，

削弱对方的力量，过早地把谈判引入争执的领域，并总是希望先讨论有可能让对方让步的议题，而把自己的让步放在后面。

决定一场谈判是合作型还是竞争型的因素主要有：

1. 成果。一场谈判所产生的利益成果越明确越固定，则双方为分配这一成果所产生的争夺越激烈，导致谈判也越具有竞争性；反之，利益越模糊，谈判越易出现合作性。

2. 议题。谈判中如果只涉及一个问题，则双方都清楚若在该问题上让步，就意味着全部利益的损失，所以双方的竞争就会增强；反之，若谈判同时围绕几个议题展开，则双方就会意识到在某一个(或几个)方面所作的让步，完全可以在接下来的条款中得到补偿，谈判就会出现合作性。

3. 关系。若参与谈判的各方互相之间依存性越高(即一方经济利益的实现要以另一方的配合为基础，或者双方原就存在彼此的良好合作关系)，谈判中合作的可能性就越大；反之，竞争性就越强。

4. 时间。谈判中可供双方支配的时间越少，竞争性越强。因为这时双方都没有充裕的时间来分析对方的建议方案，在一种自我保护本能的驱使下，就会很自然地认为对方的建议对我方不利，所以就会一口拒绝而要求按本方的建议实施，这就引发了谈判的竞争性；如果时间越充分，就越能仔细地探索达成协议的方法，寻找双方利益的共同点，因而就越具有合作性。

5. 实力。谈判各方的实力越接近，双方就越意识到激烈竞争的后果只能是两败俱伤，因此就会在谈判中小心翼翼地寻求妥协，避免竞争，使谈判趋向合作。

六、按照谈判的发生状况区分

可将商务谈判分为有准备的谈判和即兴式的谈判。

(一)有准备的谈判

这是指参加谈判的各方事先对有关谈判的一切细节都做了精心的准备：如对参加谈判的人数、规格、时间、地点等都进行了周密的安排；对于已方的要求设计了最佳表达方式，对谈判中可能出现的冲突也尽可能考虑了解决的方法。这种谈判类型既容易谈又不容易谈。一方面，因为大家都准备得很充分，谁也不会在细节问题上多做纠缠而忽视问题的实质，谁都能明确表达已方的要求；另一方面，由于双方都做了充足的准备，谁的立场都不会轻易地动摇，因此，让步总是在一点一滴中进行，谈判往往会进行得非常艰苦。

(二)即兴式谈判

也称为“偶发性谈判”。这种谈判常常是突然发生的，它使谈判者没有时间进行充分的考虑，完全要靠谈判者在谈判过程中的即兴发挥。这种类型的谈判，其成功与否很大程度上取决于谈判者个人的谈判和平时所掌握的专业知识。

七、按照参与谈判各方的身份和对谈判的准备与关切程度区分

可将商务谈判分为正式谈判和非正式谈判。

(一)正式谈判

在这种谈判中，各方的人员往往直接代表着某个利益集团，拥有最终决定权，他们对谈判的议题和内容有充分的准备，对所涉及的内容持积极态度。而且，在正式谈判开始之前，往往有较低级别的人员就谈判的主题、人员的规格、谈判的程序等问题事先进行蹉商，为随之而来的实质性谈判做好充分准备。

(二)非正式谈判

这种谈判往往是接触性、试探性的，它不一定要求对谈判议题和内容有充分的准备，一般是起着通报情况、解释立场、沟通关系的作用。参加这种谈判的人员可以是某单位的正式代表，也可以是聘请的企业外部人员。

区分谈判类型的标准还有许多种，如按照谈判内容与目标的关系，可将谈判分为实质性谈判和非实质性谈判；按照谈判的透明度，可将谈判分为公开谈判和秘密谈判，等等，这里就不细述了。

第二节　商务谈判的过程

我们考察某一特定的谈判，不管是什么性质，也不管延续多长时间，它总有一条清晰的线索贯彻始终，呈现出明显的阶段性，我们就把这种阶段性称为谈判的过程。一般而言，谈判要经历以下程序：开局、报价、交锋、妥协、签约等5个阶段。当然，完全意义上的谈判程序，还应包括谈判的准备阶段和执行阶段。但本节着重论述谈判的正式过程，故而这两个阶段就不在讨论范围之内了。

一、开局阶段

开局是指参加谈判的各方人员从开始谈判时的第一次见面到正式讨论有关议题之间的一段时间。对于一场谈判而言，开局是至关重要的。它基本上决定了以后的谈判方向和形式，诸如谈判各方的地位、等级、情绪等。所以，谈判者必须重视开局。

在开局阶段，谈判者的工作重点主要有两个：

首先，是建立良好的谈判气氛。不同的谈判气氛，对于同一场谈判具有不可忽视的影响，会在不知不觉中把谈判朝某种方向推进。如：热烈的、积极的、合作的气氛，会促使双方尽快地达成一致协议；而冷淡的、对立的、紧张的气氛则会把谈判推向破裂的边缘。因此，谈判各方都力求在开局时创造一种合作、诚挚、轻松、认真的谈判气氛。那么，如何来建立良好的谈判气氛呢？谈判人员应做到以下几点：

1. 谈判者应径直步入会场，以开诚布公、友好的态度出现在对方面前。神态要自然，目光的接触要表现出可亲和自信。

2. 在服饰仪表上，谈判人员要塑造符合自己身份的形象。服饰应该美观、整洁、大方，在得体的同时最好尽可能地兼顾对方的审美习俗和审美心理。

3. 在首次交谈时，可与对方说一些中性的话题，以便活跃气氛，引起共鸣。这种话题包括：参加者的旅途见闻，个人经历，体育文艺消息，个人爱好，天气情况，某地的风土人情等等。

当然，谈判者也可根据需要，人为地制造一种敌对、对峙的气氛。

其次，谈判者应在开局阶段注意察言观色。按行为学家的论述，双方初次见面的头十分钟内，85%的信息是靠彼此的神态和动作来传递的，所以，这项工作若做好了，对对方的性格、态度、意向、策略、风格等就有了切身的体验，便于在以后的过程中加以利用。如对方在开局之初便瞻前顾后、优柔寡断，或是锋芒毕露、赤膊上阵，他就很可能是一个初出茅庐的新手；相反，若对方从容不迫，侃侃而谈，设法调动我方的兴趣或想方设法刺探我方的实力，他肯定就是一个谈判的行家里手。更为重要的是，通过察言观色，可以分析出某种假象和伪装，捕捉和观察对方真实的内心世界。

二、报价阶段

"报价"不仅是指一方在产品价格方面的要求，它实际上是泛指谈判一方向对方提出的所有要求，若是商品买卖谈判，它就包括商品的质量、数量、包装、价格、装运、保险、支付、索赔等多项交易内容。

报价是谈判双方正式进入谈判主题的第一个阶段。在这个阶段中，一方面是让对方知道我方对此次谈判的基本目标和想法（当然，这只是一个含有大量水分的粗略报价，没有必要让对方一开始就知晓我们的全部意图）；另一方面则是通过对方的报价来衡量、评估他们对此次谈判所抱的利益目标，报价阶段的工作将为谈判以后的进程奠定基础。

在报价阶段,应注意以下几个问题:

(一)报价的时机

报价最理想的时间应当是完成两件工作之后:(1)详细说明产品的优点;(2)让对方明白他可以得到的利益。因为对方购买的最根本动机在于需要,而我方之所以作上述两项工作,目的就在于强化对方的需要,使其由于需要的强烈而产生对价位的不敏感。

(二)报价的方法

1. 报价的态度要坚定果断,不应迟疑,充分显示出报价者的信心,也使该价格得到一个强有力的支持。

2. 报价的表述要明确,使对方不致于对我方的报价内容产生理解上的歧义。

3. 报价时不必做解释和说明。对方肯定会对有关内容提出疑问,届时我方再回答,就能牢牢控制住谈判的主动权。倘若一开始就作说明,反倒会泄露给对手一些重要信息。

(三)报价的原则

通过经验的总结,报价的一般原则是"卖方报高价,买方报低价"。以卖方为例,我们来看一下这个原则所带来的好处:

1. 卖方的报价一般而言都是越报越低的,所以,其第一次报出的高价也就是卖方想得到的最大利益的一次尝试。在不了解对方真实目标的情况下,这种尝试是有益的。

2. 报价越高,报价者所留的让步余地也就越大。实际上,这时的高报价为以后的妥协准备了很有用的筹码。

3. 报价的高低直接影响着对方对卖方的评价。倘若卖方的报价超出对方的预计,就会使买方在心中暗自盘算自己的估算是否出了问题,使得其对自己的报价产生怀疑;如果能再辅以其它手段,就很可能使对方相信卖方的产品性能确实优同于同类产品,或者服务确实比其他企业周到等等。

4. 报价的高低对最终成交水平有很大影响。大量的谈判实例表明，在买卖谈判中，最终的协议价格往往倾向于报价高的这一方。当然，报价高（或低）并不是可以脱离市场形势和产品特点，搞什么漫天要价。报价的高低实际上是多因素综合的产物。

（四）报价的顺序

谈判双方谁先报价，这是个很微妙的问题。先报价的优越性在于：

1. 先报价的一方实际上为谈判规定了一个框架，最终协议可能在此范围内达成；

2. 先报价不仅能够为谈判结果制定一个不可逾越的上限或下限，而且在整个谈判过程中将或多或少地支配对方的期望水平。

然而，先报价也有不利之处：

1. 对方听了报价后，可以相应地对已订的己方报价作针对性的调整，通过修改他们原来拟定的价格来得到额外的利益；

2. 对方在得知报价后，并不还价，却集中力量对该报价发起进攻，迫使其进一步降价，却始终不让对方知道己方的报价。

我们认为，报价的顺序应视具体情况而定：如果预计会出现激烈竞争或冲突，则应“先下手为强”，抢先报价以争取更大的影响，占据主动；如果是合作型谈判或老客户之间的谈判，则报价先后没什么实质性差异；在通常情况下，发起谈判的一方或卖方，应该先报价。

（五）价格分割

这是一种卖方的报价策略。即指在合理的情况下，卖方以较小的计量单位来报价，从而减少买方对价格的敏感度。如 1000 元/吨的商品可报为 1 元/公斤。

三、交锋阶段

在谈判双方各自明确对方的基本企图后，就进入交锋阶段。在这个阶段中，双方都想竭力列举材料，运用策略来最大限度地遏制对方企图，达到自己的目标。所以，交锋阶段是谈判过程中最充满对抗性的阶段。同时，也是谈判最关键的阶段，在这段时间内双方的表现与能力发挥，直接关系到谈判各方的利益分配。

交锋阶段具有三个明显的特征：

1. 双方交锋的焦点是利益而不是立场。谈判的各方都认识到推动经济谈判得以进行的根本动力是对利益的追求，谈判后得到的协议实际上就是利益分配的认可。因而，有经验的谈判老手在交锋时往往是针对某项条款背后所涉及的双方利益，而不是双方的立场。他们交锋的目的是克服造成障碍的问题，而不是击败对手。

2. 交锋是谈判双方不断地“行动导致反行动”的过程。在交锋阶段，谈判双方都会针对对方的行动、企图来设计、调整自己的目标和方法，通过“行动导致反行动”，使交锋不断进入新的层次和阶段。同时，在交锋阶段，有的谈判人员为了控制对手的反行动，往往主动采取“示弱”的方式，稳定对手的竞争心理，把交锋的激烈程度控制在一个适当的限度之内。

3. 交锋阶段是双方策略运用最集中的场合。由于交锋阶段双方的表现对最终协议的达成、最终利益的分配具有根本性的影响，所以，谈判双方都集中精力，试图在这个回合的交锋中占据上风。在这个斗智斗勇的阶段，各方人员都虚虚实实，真真假假，不断地制定、改进、运用策略，尽可能使天平倒向自己这一方。

针对上述特点，谈判人员在交锋阶段应做到：

1. 交锋时不让步。虽然让步在谈判过程中是不可避免的，但它不应该是这一阶段的重点。在交锋时，只有坚持自己的主张，才能占据有利地位。在这一阶段，应该表现出极大的耐心，据理力争。常常有这种情况发生：当你觉得再坚持已无希望、准备妥协的一瞬间，对方实际上也已经准备放弃原有立场了。所以，坚持到最后一分钟是交锋时必须牢记的要点。

2. 反复重述己方的立场和要求，使对方适应我方的高期待，并降低自己的期待值。同时，也可以转移对方的期待，将对方的期待拉向自己的目标，以降低对方的期望值。

3. 在交锋时，应隐藏自己的弱点，保持攻势。所有企业、人员都有自己的弱点，关键在于如何掩饰薄弱环节，如果一旦被对手抓住，后果就不堪设想了。例如，我方由于种种原因，强烈希望达成协议，这就是弱点，对手可以充分利用它来拖延时间，以便在交锋时要挟我方。因而，即使我们把这场谈判看成是生死攸关的大事，至少表面上也要坦然处之。

4. 在交锋时，立场要强硬、坚定，但态度要温和、谦虚。在这一阶段，为了表明我方的态度，需要有关人员采取强硬、坚定的立场，并在适当的时候可以采用强硬的策略：如故意制造僵局，采取最后通牒等方式。但语言、行为举止一定要充分尊敬对方，做到温文尔雅。因为交锋的目的是为了争取利益，而不是把对方吓跑或气跑，所以，态度一定要和气，千万不能伤害对方的自尊心。

四、妥协阶段

交锋不可能无限制地持续下去，否则，只会导致谈判破裂或者陷入僵局。故此，妥协是谈判必经的一个阶段。可以这么说，交锋结束之际，便是妥协开始之时，妥协阶段是以谈判各方（或一方）从原有条件下让步为最大标志，因而，也有人把这一阶段称之为让步阶段。在进行妥协让步时，必须注意下列问题：

1. 不要做无谓的妥协。妥协的目的归根到底还是为了我方利益的实现，所以，每次让步都要换取对方相应的妥协或优惠。

2. 让步要恰到好处，即以最小的让步使对方感到最大限度的满足。

3. 在重要问题上应尽量使对方先让步，而在较次要、枝节的问题我方可主动寻求妥协。

4. 妥协时步子不能太大，频率也不宜过快，否则容易使对方认为我方软弱可欺，并产生“预期心理”，使我方在谈判中陷入被动。

5. 若一次妥协后发觉考虑欠周，要果断地收回。总之，在妥协阶段，谈判人员必须缜密考虑，精心策划，避免给本方造成不必要的利益损失。

五、签约阶段

当谈判双方经过交锋和妥协，克服一个又一个问题之后，对本次谈判所涉及的主要内容都已达成了基本一致（或完全一致）的意见，便由双方在协议书上签字，这就是签约阶段。这意味着一场谈判已有结果。

签约虽然意味着谈判的结束，但这一阶段本身还有许多技术性的工作需要加以重视，如：协议的文字要简洁，内容要具体、明确，避免日后因一些模棱两可的语句引起争议；要仔细核对所签文本和谈判协议的一致性；不要轻易在对方拟定的协议上签字等。

重点复习思考题

1. 按照谈判所涉及的内容区分，商务谈判可分为哪几类？
2. 为什么说工程承包谈判的最大特点是复杂性？
3. 什么是口头谈判？什么是书面谈判？两者各有什么优缺点？
4. 决定一场谈判是竞争型还是合作型的因素有哪些？
5. 正式谈判程序分为哪几个阶段？
6. 如何建立良好的谈判气氛？
7. 你如何看待报价顺序的先后所带来的利弊？
8. 交锋阶段有什么特点？谈判人员在这一阶段应做些什么？

第六章　商务谈判前的整体筹划与准备

商务谈判是一项非常复杂的工作。若想在谈判中适应并驾驭这种复杂的局面，使己方处于有利地位，谈判人员就要精心筹划谈判策略，在精神、物质和组织上作好充分准备，预测可能出现的各种问题，提出对策，做到成竹在胸。这种准备工作实际上包括3个内容：即制订谈判方案、制订执行计划和进行模拟谈判。

第一节　商务谈判方案的制订

商务谈判方案是指由企业领导者和有关谈判人员共同拟订的、规定本次谈判目标、战略、步骤等一系列内容的具有指导意义的计划。它是谈判者行动的指南和方向。

谈判方案在谈判活动中起着重要作用。首先，它是谈判人员展开工作的具体纲领。有了谈判方案就会使参加谈判的人员做到心中有数，明确努力的方向，打有准备之仗。其次，由于谈判方案对各个阶段的谈判人员、议程和进度做出了较周密的设想，因而能对谈判工作进行有效的组织和控制，使其既有方向，又能灵活地左右错综复杂的谈判局势，使谈判沿着预定的方向前进。最后，谈判方案也是检查和衡量谈判工作效果好坏的根据。将谈判进度情况与原方案相比较，可以帮助我们总结工作，找出成绩和存在问题，分析原因，克服缺点，及时对方案加以修订和补充，以便保证谈判的顺利进行和我方目标尽可能地得到实现。

一、制订谈判方案的原则

（一）谈判方案必须简明扼要

简明扼要是制订谈判方案的首要原则。商务谈判是一项十分复杂的经济工作。在谈判桌旁参加谈判的人员必须清晰地记住谈判的主题方向和基本内容，才能在与对手交锋时按照既定目标，从容自如地应付错综复杂而多变的局面。因此，在谈判方案中就要用简单明了、高度概括的文字对方案的内容加以表述，只有这样，才能使谈判者记住要点，从而使其能够得心应手地与对手周旋，而且能随时与计划进行对比。所以，好的谈判方案往往是简洁明白的一页或两页纸，相反，冗长繁杂的方案常常会束缚住谈判者的手脚，使人如坠云雾之中，很难把握己方的基本思路和目标。

（二）谈判方案必须具体

具体与简明扼要并不是互相矛盾的，而是两者辩证的统一。这里的具体一方面是指谈判方案中要罗列出本次谈判的主要内容和基本问题；另一方面是指这些内容和问题要以最容易引起谈判者联想的字句记载下来。同时，谈判方案的内容虽然要求具体，但也不应该把所有有关的谈判细节都包括在内，如果事无巨细，样样俱全，不但执行起来困难很多，而且也失去了其作为谈判的纲领性文件所应有的指导意义，反倒变成了一本流水账。

（三）谈判方案必须具有灵活性

由于谈判过程千变万化，谈判方案只能是谈判前某一方的主观想象或各方简单磋商的产物，不可能把影响谈判过程的各种因素都估计在内，也不可能对谈判桌上发生的所有意外情况都有所涉猎。这就要求谈判方案从灵活性出发，对可控因素和常规事宜可作适当安排，对无规律可循事项的发生留有充分机动余地，以便充分发挥谈判人员的主观能动性和创造性。

（四）谈判方案必须具有一定的预见性

谈判者制订谈判方案时必须对方案实施的可能性有一定的估计,具有一定的预见性。一些不可能在这次谈判(或这轮会谈)中讨论的问题就不应该列入,一些应该在另一处讨论的问题就应该列入为另一处谈判所作的方案上。同时,对于该方案的实施将引起的对方的反响,也应该有所估计。

(五)谈判方案必须具有可行性

制订谈判方案的目的是为了给我方谈判人员指明谈判的基本方向和基本目标。而这种目标和设想能否得到实现,关键在于谈判方案本身是否具有很大的可行性。如果在方案中一味追求自身利益的最大化,而忽视了对方的基本需求,就很可能使谈判陷入僵局甚至破裂。所以,制订谈判方案,既要照顾双方的需要,又能转移双方争论的焦点。成功的谈判一般来说应当是合作型的(当然也有竞争型的),而不是以强凌弱或以弱就强,不应把对方作为敌人,而应把目标对准要解决的主要问题,这就是说,一个高明的谈判者,在拟订谈判方案时,不能仅仅是一厢情愿,而是必须寻求那些使双方利益都有所考虑的方案。也只有这样的方案,在谈判中才具有可行性。

二、谈判方案的主要内容

由于谈判的标的物、性质、方式、规模、复杂程序等差异,导致了谈判方案在内容上的不同。一般而言,谈判方案应该包括下列内容:

(一)明确谈判目标

谈判目标是指谈判双方想通过谈判而得到的经济利益。它由一系列的具体内容所构成:如产品价格、质量、付款方式、运输方式、交货时间等等。根据目标对商务谈判的影响程度,可以分为3个级别,即:

基本目标:它是指对企业的经济利益具有根本作用的目标。在谈判中，这些目标是不可侵犯的，有关人员必须尽全力加以维护。谈判必须要保证这些目标的实现，否则就宁可放弃谈判。

二级目标：也称为可协议目标。这种目标存在着较大的谈判余地，它既要有关人员努力争取，但必要时也可以放弃。正确地选择和建立二级目标对企业的影响极大。它直接关系到企业在谈判过程中所得利益的大小。同时，谈判人员能力的高低，也在很大程度上体现了二级目标实现的多少。

掩护目标：这类目标具有很大的夸张和弹性成分。建立这类目标的意义在于：第一，在谈判中它起到了交易的作用。目标的提出和放弃是为了换取更高级目标的实现，谈判者放弃它不会带来任何实质性的损失。第二，这类目标在谈判中具有迷惑对手的作用。它可以使对手产生错觉，以为它也是重要的目标，但企业实际要达到的却是其它目的。

在具体划分谈判目标时应尽量把企业自身需要和客观的可能结合起来，同时，必须仔细考虑对方的目标，使两者之间建立起合情合理的联系。特别是掩护目标，它不是任意提出的，必须经过精心设计和塑造。只有让对手看不出它的夸张成分，才有可能成为有力的武器。

在制订谈判目标时，还要事先设计好目标的弹性。对买方来说，理想的目标界限即为弹性目标的下限，强制性目标界限（最坏交易）即为弹性目标的上限，可以协商（接受）的目标界限即为弹性目标的中限。对于卖方来说，理想的目标界限即为弹性目标的上限，强制性目标界限即为弹性目标的下限，可以协商（接受）的目标界限即为弹性目标的中限，买卖双方的目标界限具体如图 6-1 所示：

买方弹性目标	限度	交易
	强制性目标界限（上 限）	买方最坏的交易
	可以接受的目标界限（中 限）	买方期待的交易
	理想目标界限（下 限）	买方最高交易

卖方弹性目标	限度	交易
	理想目标界限（上 限）	卖方最高交易
	可以接受的目标界限（中 限）	卖方期待的交易
	强制性目标界限（下 限）	卖方最坏的交易

图 6-1

（二）选择谈判对象

如果商务谈判只涉及一个对手，也就无所谓选择。但实际上，对某场商务谈判而言，同时会有许多对象可供选择。选多少，选谁合适，需要认真研究。一般说来，若要谋求长期合作，最好选择那些和本企业有着良好业务往来关系的企业或组织作为谈判对手。但在有些领域内，没有这样的"关系户"，这时就要综合考虑诸多因素。通常，我们都会选择那些产品工艺、质量都基本符合我方要求，谈判能力和企业实力与我方相当（或略逊一筹），又有明显的薄弱环节可供我方利用的企业作为本次谈判的对象。

（三）明确谈判要点

谈判要点是指在谈判中对我方企业的经济利益最具影响力的那些问题或条款。它实质上是谈判目标的具体化，从总体上看，谈判要点不外乎以下几点：

价格：商品的价格是商品价值的货币表现。价格水平的高低直接关系到谈判双方的经营成果和经济利益。它是商务谈判中一个最主要、最关键的内容，因而也往往是双方最下功夫的地方。

品质：产品的品质是指产品的内在质量和外观形态。它们是由产品的自然属性决定的，具体表现为产品的化学成分、物理性能和造型、结构、包装、色泽等特征。

数量：成交商品的数量多少，不仅关系到卖方的销售计划或买方的购买计划能否完成，而且与商品价格的高低也有直接关系，从而影响到谈判双方的经济利益。所以，商品的数量往往也会成为谈判双方的焦点。

装运：在商业实务中，一方向另一方收取货款是以交付货物为条件的，而货物的交接又必须通过装运来实现。因而，谈判双方如何交接货物，即如何确定运输方式、运输费用以及交货时间、地点等条款，都是很重要的。

付款方式：在商务活动中，付款方式是多种多样的，如预付货款、货到付款、现金、支票、汇兑、托收承付等等，不同的支付方式对企业的经济利益会造成不同的影响，如预付货款能立刻实现企业的经济利益，缓解流动资金紧张的问题；而若是货到付款，不但企业要承担一部分利息的损失，而且有可能因对方赖账而造成重大的经济损失。所以，谈判双方都想竭力选择对己方有利的付款方式。

明确谈判要点，可以使参与谈判的人员做到心中有数，合理安排时间和进程，集中主要精力解决要点问题。

（四）选择谈判方式

谈判方式一般有两种，即横向谈判和纵向谈判。

横向谈判是采用横向铺开的方法，即首先列出谈判要涉及的问题，然后对各项议题同时进行讨论，同时取得进展，再同时向前推进谈判的进程。采用这种方式，大体有以下几个步骤：首先，把讨论的议题统统罗列出来；其次，粗略地讨论每个议题的各个方面；最后，详细地讨论每个议题的每个方面。

纵向谈判则是在确定所谈的问题后，先集中对其中一个问题进行长时间的讨论，等到彼此达成一致意见后，再进入下一个问题的磋商，直至双方就所有问题达成协议。这种方式的步骤如下：首先，从某一个议题开始，明确议题的范围，并深入讨论这一个问题；其次，第一个议题结束后再开始第二个议题，并深入讨论；最后，直至所有的议题都依次讨论完毕。

当然，在实际谈判进程中，两种方式往往是交叉进行的，所以，方案中有关这部分内容的准备要有一定的灵活性。

（五）规定谈判期限

谈判期限是指从谈判人员直接着手进行谈判的准备工作开始至双方达成协议为止这一段时间。谈判期限的确定，有利于我方人员最大限度地有效使用时间，安排谈判的进度，并根据情况的变化及时运用策略。如若是我方赴对方企业谈判，则宜用“速决战”，反之，就可以采用“蘑菇战”，这样，万一谈判失败，前者可以减少多种费用的支出，后者可增加各种间接收入。在规定谈判期限时，既要规定整场谈判的大致时间，又要确定每个交易条件所需要花费的时间。同时，要避免因时间紧张而匆忙采取一些不恰当的断然措施。另外，期限规定也不能太死板，应留有一定机动时间，以充分发挥谈判者的主动性和灵活性。

（六）替代方案的准备

作为一个有效的谈判方案，其中必然要包含替代方案。因为任何详尽的准备都不可能完全符合谈判本身的进程。因而，替代方案的准备，应是一项极为重要的内容。

替代方案的种类千差万别，有的方案是换汤不换药，其核心内容没变，只是换了一种提法而已；而有的方案则是彻底地推倒前方案，另起炉灶。不管怎样，替代方案的目的只有一个：在原先方案行不通时，在保证我方根本利益不受损害的前提下，确保本次谈判的顺利进行。替代方案越多我方在谈判中选择的余地就越充分，达成目标的概率也就越大。

第二节 商务谈判执行计划的确定

商务谈判的执行计划是指谈判人员为实施谈判方案、达到谈判目标而制定的具体计划措施。它实际上就是谈判方案的具体化。与谈判方案相比,它的内容更为详细、明确,因而也具有更强的可操作性。执行计划一般包括:组织谈判班子,明确人员分工,安排会议议程,确定会议地点,选择谈判时间和做好心理准备等6项主要内容。

一、组织谈判班子

商务谈判能否成功在很大程度上取决于谈判人员的选择是否得当。谈判对人选的要求是多种多样的。有些谈判需要由企业领导人亲自出马,有些可由领导者委托(授权)有关人员参加谈判,有些谈判需要有某方面的专家参与,而有些则一般业务人员就能完成,等等。这就需要在谈判开始前挑选出本企业适合参加这场谈判的最佳人员组成谈判班子,这也是执行方案的首要任务。组织谈判班子的总体原则是:(1)有针对性地选派最合适的人员;(2)在个体最优化的前提下考虑谈判班子搭配的最优化。本书第二章对谈判班子的组织和人员的选择作了详细的阐发,此处不再赘述。

二、明确谈判人员的具体分工

谈判班子组成以后,接下来的工作就是要将谈判人员在专业分工的基础上进行谈判分工,即内部要明确规定某人在何种场合下负责哪些问题,哪些问题由谁通过何种方式去回答或提出,在何种情况下何人去解决问题等。总之,要明确规定当我方任何一个成员去回答或提出或解决某一个问题时,其他人员应如何与之紧密配合。要做到这一点,就必须对班子成员进行明确分工。

一般来讲,谈判人员的谈判分工可以划分为"主谈者"、"调和者"和"黑脸者",若人数较多时,还可指定人员充当"周旋者"和"协从者"。其中特别重要的是"黑脸者"与"调和者"。前者的主要任务就是要在谈判过程中,根据不同情况采取强硬的态度甚至是近似无理的口气,有意去激怒对方,使对方怒中失态,怒中出错。有时,当某些问题不便由主谈人或领导人出面拒绝时,"黑脸者"就要挺身而出,坚决地加以否定。特别是我方主谈人陷入被动局面时他要毫不犹豫地披挂上阵,主动引火烧身,转移对方的火力。当然,这时候主谈人员应以暂时避开为宜,当"黑脸者"的目的达到后,通常情况下会极大地刺激对方乃至激怒对手,使谈判陷入暂时的低潮。这时"调和者"就要出场了。他以调和的姿态,缓和的口气,再加以诚恳的态度,温和的言词,必要时还可以故意责备"黑脸者"几句,并提出看似"合情合理"的条件,以提高对方谈判的兴趣,避免僵局的发生。因为人都有这么一种普遍的心理,即愿意与态度温和的、有人情味的人打交道。所以在谈判当中"黑脸者"和"调和者"的作用是十分重要的。倘若他们默契、技巧运用恰当的话,就可以得到满意的效果。

同时,在谈判分工时,各个人员承担的角色应有意识地调换,既能使对方捉摸不透,又能使己方人员免于成为众矢之的,而被对方攻而破之。因为每一个人都有自己的长处,也各自存在着不足之点。如果一个人的长处被对方设法避开了,弱点又被对方死死抓住不放,那么这个人就很难发挥其能力了。故而对于我方人员在使用时,必须防患于未然,在对方尚未抓住我方某个人的弱点之前,及时调换他所充任的角色就显得十分必要了。

在进行人员分工和调换角色时,应考虑下列因素:我方谈判人员的专长、性格和爱好;对方谈判成员的性格、专长和爱好;谈判时间的长短;谈判进行的顺利程度;主要议题的日程安排;本次谈判的发展前景和对方的诚意;我方对本次谈判的兴趣和目的等。日本企业在进行较大型的谈判时，往往组织人数众多的谈判团，不同的议题由不同的专家充当主谈，其它的角色根据不同的议题而有所变换。如谈判技术问题时，由工程师任主谈，经济师则充当“黑脸者”，领导者担任“调和人”；而在讨价还价时，则工程师和经济师的角色相互调换；若属初次合作，为了相互理解，相互信赖，在尚未涉及到具体细节问题时，常常由领导者出任主谈人，法律人员扮演“黑脸者”。

三、拟定谈判议程

谈判议程也称为谈判的程序，包括所谈事项的次序和主要方法，如谈什么问题，什么时候谈，怎么谈，达到什么目的等。一个典型的谈判议程包括 3 项内容：

1. 谈判应在何时举行？为期多久？倘若这是一系列的谈判，分几次举行？每次所花的时间大约多久？休会时间多长？

2. 谈判在何地举行？

3. 哪些事项应列入谈判讨论范围之内？列入讨论事项的先后顺序应如何编排？每一具体事项各占多少时间？

谈判议程的拟定，对整个谈判结果有着实质性的影响。一个良好的议程可以达到以下目的：使我方谈判人员始终掌握主动权；使双方交易迅速地达成；使谈判者不致于陷入困境或一旦遇到麻烦时能够顺利地解脱。

（一）拟定谈判议程的基本要求

1. 在拟定议程时，首先应把谈判时间、地点、人员作一个总体规划，使其尽可能地保持合理性、系统性，乃至对己方的有利性。相反，如果是己方接受对方提出的谈判议程，也必须看其议程的安排是否公平合理，若不合理，就应提出异议，要求修改。

2. 在一定的谈判时间内，合理地分配好各议题分别占用的时间，以便把握谈判的日程和有效地利用时间。一般而言，重要的问题，原则性问题，技术性强的问题及至其它较复杂的问题，需要的时间应多一些。但是谈判专家总愿意想办法在最短时间内解决这些问题，因为上述问题中更多地隐藏着形成僵局的因素。所以，如有可能，应千方百计地把重要议题的商谈压缩在尽可能短的时间中去解决。

（二）拟定谈判议程的方式

1. 先易后难。即先讨论容易解决的问题，再探讨双方的敏感问题，以创造一种良好的谈判气氛。

2. 先难后易。即先集中精力和时间讨论重要的焦点问题，把这些问题解决后，以主带次推动其他问题的解决。

3. 混合型。即不分先后主次，把所有要讨论的问题都一起拿出来加以讨论，经过一段时间后，再把所有的双方意见归纳起来。将已统一的意见放在一边，再对尚未解决的问题加以详细的论述，直至双方一致为止。

有经验的谈判者，在谈判前便能估计到，哪些问题对方不会产生分歧意见，较容易达成协议，哪些问题可能有争议。有争议的问题最好不要放在开头，这样会影响以后的谈判，可能要占用较多的时间，也可能影响双方的情绪。同样，争议的问题也不要放在最后，放在最后可能因时间不充分而导致双方难以统一观点，而且在结束前可能会给双方留下不好的印象。这类问题，最好放在谈成几个问题之后，在谈最后一两个问题之前。也就是说在谈判的中间谈较难的问题。结束之前最好要有一两个双方都能满意解决的问题，以便在结束时创造一种融洽的气氛，给双方留下一个好印象。

（三）拟定谈判议程应注意事项

1. 根据各议题预定的商谈时间，安排好双方讲话的顺序和时间。如尽可能地给予对方足够的时间先表达意向或提出问题，将有利于己方从中发现问题，有的放矢地回答或解决问题。这样不但可以使问题沿着我方的意图得到迅速解决，还可以得到其他许多好处，如从对方表达意向或提出问题中，既可以看到对方对本次谈判的诚意，又能观察到对方有关业务的熟练程度和精明程度，更能从中发现问题，弥补我方制定方案中的不足之处，以便防患于未然。

2. 对本次谈判的主要议题或双方意向差距较大的焦点问题，要安排在适当的时间提出。有的专家认为这类问题应安排在所需时间已进行 3/5 的场合下提出来。例如，假设本次谈判预订为 5 天，并且价格是本场谈判的焦点，那么就应该将价格问题放在第 3 天讨论。因为把焦点问题放在总日程的中间或偏后一点提出，由于双方经过了一段时间的接触和了解，彼此都会珍惜已建立起来的感情或友谊，而且前面的时间内双方已就某些比较容易的问题达成了协议，他们都会珍惜已经付出的劳动和努力。故此，即使在敏感问题上双方意向差距较大，也可能会由此相互谅解，使得差距缩小趋于一致。

还有的人认为这些焦点问题应放在饭前两个小时间之内提出来，更有助于问题的解决。因为即使因双方意向差距较大而发生不愉快的事情，也可以利用吃饭这一段回旋的时间，冷静地进行思考和商定，这样，一方面可以避免因考虑不周而导致一些事后后悔的言行，另一方面也给予对方一个再三考虑的机会，减轻敌意。再者，还能通过“餐桌外交”尽可能地抹去双方心中的阴影或冲淡不愉快的心情，使谈判尽可能地在和谐的气氛中进行。

3. 在安排议程时要事先估计在何种问题上我方会陷入困境，并安排解救措施。解救措施可分为“他救”和“自救”两种。“他救”的措施如上级来电话找，下属有事来请示，事先约好客户在自己可能陷入困境时来谈业务等等。运用此类方法时，关键在于准时，否则一旦错过时机，不但毫无作用，有时还会适得其反。然而谈判是一件非常复杂多变的工作，很难事先估计己方陷入困境的时间和程度，也很难料及对方提出的问题和提出问题的方式。所以“自救”的措施就显得更加重要。“自救”的方法如：借口身体不舒服去服药(或休息片刻);借口事先有约定需马上离开一下;借口离开谈判室回去拿资料等等。这么做的目的首先是缓和一下谈判气氛,避免双方因尖锐的矛盾而产生直接冲突;其次是给自己一个冷静思考的时间,寻求解决问题的良策;最后则是为同伴创造进攻或防守的机会。

4. 拟定谈判议程时要考虑留有机动时间。一次较大型的谈判很可能出现一些意想不到的事情,故若把时间安排得太满,万一出现意外情况,就不得不打乱全盘的计划,严重时还将造成谈判被迫中断。因此机动时间的安排是十分必要的。不过机动时间不要安排太多,具体时间最好安排在谈焦点问题的第二天或最后一天。总之,机动时间的安排是为了保证谈判按照己方的意图顺利进行。

四、选择谈判时间

国外有的谈判论著中把时间、信息和权力并列为影响谈判成果的三大因素,时间的作用由此可见一斑。我们认为时间是影响谈判的重要因素,它直接关系到谈判进程、效率、本方利益等重大问题。所以,恰当地选择谈判时间十分重要。在选定某一场特定的谈判时间时,应考虑以下因素:

1. 己方对此次谈判的准备充分程度。常言道,不打无准备之仗,当我方还没有做好充分准备时,不要轻易开始谈判。

2. 宏观形势的影响。一般来讲,当市场形势对我方企业不利时,主动去找对方谈判,往往会使对方利用这种形势来胁迫我方让步。故而,最好选择在政治、经济形势相对宽松的条件下进行商务谈判。

3. 谈判的紧迫程度。不要在我方急需某样东西时才找对方谈判。这种迫切的心情会造成我方谈判人员的心理紧张,大大地影响谈判能力的发挥。所以,当需要某种谈判并且非常紧迫时,要适当提前举行谈判,或通过其他方式隐蔽这种紧迫性。

4. 谈判人员的情绪状况。不要在疲倦、烦躁、情绪不佳时与对方谈判。

五、选择谈判地点

(一)谈判场所的确定

通常,对于日常的商务谈判,最好能争取在自己的办公室或本企业的会议室里举行,这就像体育比赛一样,在己方的场地举行,占据天时、地利、人和,获胜可能性较大。在谈判者所在的单位与对方谈判,具有特定的好处和明显的优势,如:能随时向上级领导和专家请教;查找资料和数据方便;在生活方面(起居、饮食、睡眠等)不受影响;而且处于主人的地位,在处理事情上比较方便。但在本企业谈判也有不利的方面,如可能会时常受到单位事务的干扰,要花费一定精力照顾对方等。

在对方的所在地谈判,也有一定的好处。如:便于观察对方和实地验证某些猜测;有利于和对手的上级和其他有关人员接触;较容易寻找借口摆脱困境等。

总体上说,对于重要的问题或难以解决的问题最好争取在本单位进行谈判;一般性的议题或容易解决的问题或需要到对方处了解情况时,也可以在对方企业进行谈判,但必须充分做好准备。如:摸清对方的意图和要求,明确谈判的目标,准备好充分的资料并携带必要的助手等。

当然,经双方磋商同意,还可以择定一个中立场地进行谈判。

(二)布置谈判空间

如果把谈判比喻成两军对垒,那么谈判空间就是双方角逐的战场。一个高明的统帅总是会选择有利的地形,同样,一个聪明的谈判者也会充分考虑谈判空间对本方的影响。所以,谈判空间的布置十分重要。最好选择一个幽静、不受干扰又是交通便利的地方。谈判室要宽敞,能容纳双方的谈判人员,并有良好的通风条件、照明条件、隔音条件，最好安装空调以解决因炎热或寒冷给双方人员带来的困难。谈判室不宜安装电话机，以防干扰和泄密，也不宜用录音机，否则会影响双方人员畅所欲言。

在谈判室旁边，应准备休息室。最好是一大一小两间，大的可容纳谈判双方人员一起休息，这对缓和紧张气氛并培养良好气氛有着很大的帮助，在休息室里应安装电话。

同时，还要注意选择什么形式的谈判桌。通常有以下几种谈判桌可供考虑。

1. 方形谈判桌。方形谈判桌旁谈判，双方人员面对而坐，这种形式看起来很正规，给人过于严肃的感觉，缺少活泼轻松的氛围，易形成双方僵持不下的局面。

2. 圆形谈判桌。采用圆桌，双方谈判人员团团而坐，形成一个圆圈，这种形式常常使双方感到有一种和谐一致的气氛，而且交谈起来也比较方便和容易。

3. 不设谈判桌。在双方人员不多的情况下，没有谈判桌大家坐在一起，可以轻轻松松地进行谈判。有时，这种方式能加强人际交流，消除彼此的紧张感和陌生感。但是在较正规的谈判中，还是以采用谈判桌为好。

谈判的座位安排，也很有讲究。在座位的安排上可以是双方人员各自坐在一起，也可以是双方人员交叉而坐。一般情况下双方人员各自坐在一起比较合适，特别是当谈判出现争议时，这种坐法使有关人员不仅从心理上产生一种安全感，而且还便于查阅一下不便让对方看到的材料。而双方人员交叉而坐，在“谋求一致”这种思想的指导下，往往能增添合作、轻松、友好的气氛。

不仅谈判桌的形状和人员的座位安排很重要，甚至双方人员座位之间的距离远近也值得研究。靠得太近，双方都会感到不自然，太拘束；离得太远，交谈时又不方便，还有一种疏远感。

另外，谈判空间的色调、物品的设置、装潢的规格乃至光线的强弱，都会对谈判产生十分微妙而又重要的影响。

总之，谈判空间的布置必须遵循“四吻合”的原则：

1. 与我方的谈判目的相吻合；

2. 与我方想营造的谈判气氛吻合；

3. 与我方试图采用的策略相吻合；

4. 与我方谈判人员的性格、特长相吻合。

第三节 模拟谈判

在明确谈判方案和执行计划后，还有一项极其重要的准备工作需要完成，这就是模拟谈判。

模拟谈判是指在正式谈判开始以前，企业组织有关人员（既可以是谈判小组的成员也可以是企业内部的其它人员）对本场谈判进行的预演或彩排。它的目的是通过模拟对手在既定场合下的种种表现和反应，从而来检查业已制定好的谈判方案在实施中可能产生的效果，以便及时进行修正和完善。

一、模拟谈判的作用

在现代企业的商务谈判中，特别是重大的、关系到企业根本利益的活动中，模拟谈判的地位日益受到重视。可以说，谁在谈判前认真地进行了模拟，谁就掌握了先机，就有可能在正式谈判过程中处于优势的地位。如德国商人在商场上是以严谨慎密而著称于世的，不管是大企业还是小企业，也不论是大型复杂的谈判还是小型简单的谈判，德国商人总是以一种不可辩驳的权威面目出现，常常能牢牢地控制着谈判桌上的主动权，其中的关键在很大程度上就要归结于他们对模拟谈判的重视。对于德国商人来讲，事先演练某场谈判是一个必然的程序，他们往往是对谈判中可能会发生的任何小事都作了周密的准备，对谈判中对手可能会发难的任何问题也都拟定了详细的答案。这就很自然地增强了其谈判实力，为谈判的胜利奠定了基础。

模拟谈判的作用主要有以下 3 点：

(一)通过模拟谈判，可以及时发现和弥补谈判方案中的漏洞

作为对谈判具有战略指导意义的谈判方案，它一方面是根据企业所掌握的有关信息，另一方面则是根据企业有关人员的经验、假设和判断。而这些假设、判断是否正确，是很值得检验的，否则，等到正式谈判过程中再发现这些假设的错误，就为时太晚了。所以，通过模拟谈判的举行，我方人员就可以在"实战"中一一检验事先对有关事物的假设，并对根据假设而制定的有关策略的实施效果进行评估。一旦发现问题，及时地加以修正。同时，我方谈判人员在拟定谈判方案时，也不可能把所有会发生的情况都考虑进去，挂万漏一的情况时有发生，而这"一"也许就是导致本企业失败的原因。模拟谈判则能在很大程度上避免这种情况的发生。通过模拟当时的客观形势，模拟对手的种种反应，模拟我方人员的对策，可以使谈判方案尽量地达到客观、实际，从而真正具有可行性和指导性。

(二)通过模拟谈判，可以从众多方案中选择最佳方案

为某场谈判所制定的方案往往不止一个，那么，究竟选用哪一个呢?如果不进行模拟谈判，只凭有关人员的假设、估计和经验，是很难达到最优化的。例如，A 企业准备和对手进行机械设备买卖的谈判，对于 A 企业而言，报价从 15000 元/台～20000 元/台都有相当可观的利润。他们制定了两个谈判方案，甲方案为先报价 20000 元/台，根据对方反应再慢慢往下降，底线是 15000 元/台；乙方案则为报价 15000 元/台(这也是市场上同类产品的平均价格)，以后在价格问题上不再让步。企业领导斟酌再三，认为为了显示诚意，给对方留下一个良好的印象，也为以后双方的长期合作打好基础，没有必要在报价时掺有大量的水份，因而决定选用乙方

案。但是，在内部模拟谈判时却发生了意想不到的情况：虽然“对方谈判人员”已经知道这是一个比较公平合理的价格，但还是强烈要求我方人员把价格降低一点，而我方已经是底线价格了，再让步则其自身利润水平会大受影响，故不愿再调整价格，双方就此陷入僵局。在事后的总结会上，当负责谈判的领导问扮演“对手”的人员为何一定要坚持压价时，才了解到这是一种谈判心理在作怪。其实他们也知道市场上普遍就是这个价格，但总认为一开始就接受我方的报价，好像明显在谈判的气势上输了一筹，同时，也体现不出自身的谈判能力和水平，因此，要千方百计地迫使我方降价，甚至甘愿冒谈判破裂的危险。得知这一情况后，乙方案的缺陷也就不言自明了：它忽略了对手的谈判心理状态。一般而言，对方是不肯心甘情愿地接受我方的第一次报价的，总要力争讨价还价，而我方为了显示诚意过低地报价，反倒使自身没有什么回旋的余地，很难满足对方的心理需求，所以，谈判很容易陷入僵局。最后，企业决定选用甲方案，这个方案的第一次报价虽然高了些，但双方肯定会讨价还价的，只要企业能守住底线，在让步过程中对方反而会有一种满足感和成就感。这就是模拟谈判对选择方案的优化作用。

（三）通过模拟谈判，可以锻炼我方谈判人员的实战能力

长期以来，我国的企业很少意识到模拟谈判的实战性，而把参加实际谈判作为锻炼新手、提高能力和水平的机会，殊不知这种锻炼方式常常会使企业付出高昂的代价。由于谈判人员对谈判技巧不熟悉，准备不充分，对对手的有关反应茫然无知，很容易造成谈判人员的精神紧张或随便应付，从而造成失误。若出现这种局面，一方面会受到对方轻视，使对方感到我方无谈判诚意；另一方面则会给对方以可乘之机，使其利用我方弱点，任意摆布我方，从而降低了谈判的成功率，给我方造成不必要的损失。

模拟谈判则可以很好地弥补这一点，通过逼真的演练，可以使我方人员在不用顾虑失败的情况下（即使我方失败也不会带来实

质性的利益损失），以放松的心情去适应谈判气氛，谋划谈判策略。通过一次次的扮演自己，扮演对手或观察别人的排练，不断地改进自己的谈判技能，发现问题及时纠正，俗话说："台上一分钟，台下十年功。"讲的也正是这个道理。有的专家建议，有条件的企业应用摄像机把谈判过程记录下来，以便谈判人员从中发现并改善自己在语言、表情、动作方面的不适之处，有利于塑造令人信服、钦佩、尊敬的仪表举止。

二、模拟谈判的方法

（一）全景模拟法

这是指在想象谈判全过程的前提下，企业有关人员扮成不同的角色所进行的实战性的排练。这是最复杂、耗资最大但也往往是最有成效的模拟谈判方法。这种方法一般适用于大型的、复杂的、关系到企业重大利益的谈判。

在采用全景模拟法时，应注意以下两点：

1．合理地想象谈判全过程。有效的想象要求谈判人员按照假设的谈判顺序展开充分的想象，不只是想象事情发生的结果，更重要的是事物发展的全过程，想象在谈判中双方可能发生的一切行为。并依照想象的情况和条件，演习双方交锋时可能出现的一切局面，如谈判的气氛、对方可能提出的问题、我方的答复、双方的策略、技巧等问题。合理的想象有助于谈判的准备更充分、更准确。所以，这是全景模拟法的基础。

2．尽可能地扮演谈判中所有会出现的人物。这有两层含义：一方面是指对谈判中可能会出现的人物都有所考虑，要指派合适的人员对这些人物的行为和作用加以模仿；另一方面是指主谈人员（或其他在谈判中准备起重要作用的人员）应扮演一下谈判中的每一个角色，包括自己、己方的顾问、对手和他的顾问。这种对人物行为、决策、思考方法的模仿，能使我方对谈判中可能会遇到问题、人物有所预见；同时，处在别人的地位上进行思考，有助于我方制订更加完善的策略。正如美国著名企业家维克多·金姆所说的那样："任何成功的谈判，从一开始就必须站在对方的立场和角度上来看问题。"而且，通过对不同人物的扮演，可以帮助谈判者选择自己所充当的谈判角色，一旦发现自己不适合扮演某个在谈判方案中规定的角色时，可及时加以更换，以避免因角色的不适应而引起的谈判风险。

（二）讨论会模拟法

这种方法类似于"头脑风暴法"。它分为二步：第一，企业组织参加谈判的人员和一些其他相关人员召开讨论会，请他们根据自己的经验，对企业在本次谈判中谋求的利益、对方的基本目标、对方可能采取的策略、我方的对策等问题畅所欲言。不管这些观点、见解如何标新立异，都不会有人指责，有关人员只是忠实地记录，再把会议情况上报领导，作为决策的参考。第二步，则是请人针对谈判中种种可能发生的情况、对方可能提出的问题等提出疑问，由谈判组成员一一加以解答。

讨论会模拟法特别欢迎反对意见。这些意见有助于我方重新审核拟定的谈判方案，从多种角度和多重标准来评价方案的科学性和可行性，不断完善准备的内容，提高成功的概率。国外的模拟谈判对反对意见倍加重视。正如美国著名律师劳埃德·保罗·斯特莱克在《辩护的艺术》中所写的那样："我常常扮作证人，让助手对我反复盘问，尽可能地驳倒我。这是极好的练习，就在这种排练中，我常常会发现自己准备得还不够理想。于是，我们就来研讨出现的失误及原因。……就这样，我的主意逐渐形成。"然而，这个问题在我国企业中长期没有得到应有的重视，讨论会往往变成"一言堂"，领导往往难以容忍反对意见。这种讨论不是为了使谈判方案更加完善，而是成了表示赞成的一种仪式。这就大大地违背了讨论会模拟法的初衷。

（三）列表模拟法

这是最简单的模拟方法，一般适用于小型的、常规性的谈判。具体操作过程是这样的：通过对应表格的形式，在表格的一方列出我方经济、科技、人员、策略等方面的优缺点和对方的目标及策略，另一方则相应地罗列出我方针对这些问题在谈判中所应采取的措施。这种模拟方法最大缺陷于在于它实际上还是谈判人员的一种主观产物，它只是尽可能搜寻问题并列出对策，至于这些问题是否真的会在谈判中发生，这此对策是否能起到预期的作用，由于没有通过实际的检验，谈判人员是心中没底的。

三、模拟谈判时应注意的问题

模拟谈判的效果如何，直接关系到企业在谈判中的实际表现，而要想使模拟谈判真正发挥作用，就必须注意以下问题。

（一）科学地作出假设

模拟谈判实际就是提出各种假设情况，然后针对这些假设，制定出一系列对策，采取一定措施的过程。因而，假设是模拟谈判的前提，又是模拟谈判的基础，它的作用是根本性的。

按照假设在谈判中包含的内容，可以分为三类：一是对客观环境的假设；二是对自身的假设；三是对对方的假设。

对客观环境的假设，所包含的内容最多，范围最大，它涉及到人们日常生活中的环境、空间和时间。主要目的是为了估计主客观环境与本次谈判的联系和影响的程度。

对自身的假设，包括对自身心理素质准备状况的评估，对自身谈判能力的预测，对企业经济实力的考评和对谈判策略的评价等多项内容。对自身的假设，可以使我方人员正确认识自己在谈判中的地位和作用，发现差距，弥补不足，在实战中就可以扬长避短，发挥优势。

对对手的假设，主要是预计对方的谈判水平，对手可能会采用的策略，以及面对我方的策略对手如何反应等关键性问题。

为了确保假设的科学性，首先，应该让具有丰富谈判经验的人提出假设，相对而言，这些人的假设准确度较高，在实际谈判中发生的概率大；其次，假设的情况必须以事实为基础，所依据的事实越多、越全面，假设的精度也越高，假设切忌的就是纯粹凭想象的主观臆造；最后，我们应该认识到，再高明的谈判者也无法全部假设到谈判中可能会出现的所有情况，而且这种假设归根结底只是一种推测，带有或然性。若是把或然奉为必然去指导行动，那就是冒险。有的谈判老手就是能抓住对手的"假设的必然性"，出其不意地变换套路，实现己方的预期目标。

（二）对参加模拟谈判的人员应有所选择

参加模拟谈判的人员，应该是具有专门知识、经验和看法的人，而不是只有职务、地位或只会随声附和、举手赞成的老好人。一般而言，模拟谈判需要下列 3 种人员：

知识型人员。这种知识是指理论与实践相对完美结合的知识。这种人员能够运用所掌握的知识触类旁通、举一反三，把握模拟谈判的方方面面，使其具有理论依据和现实基础。同时，他们能从科学性的角度去研究谈判中的问题。

预见型人员。这种人员对于模拟谈判是很重要的。他们能够根据事物的变化发展规律，加上自己的业务经验，准确地推断出事物发展的方向，对谈判中出现的问题相当敏感，往往能对谈判的进程提出独到的见解。

求实型人员。这种人员有着强烈的脚踏实地的工作作风，考虑问题客观、周密，不凭主观印象代替客观事实，一切以事实为出发点。对模拟谈判中的各种假设条件都小心求证，力求准确。

（三）参与模拟谈判的人员应有较强的角色扮演能力

模拟谈判要求我方人员根据不同的情况扮演场上不同的人物，并从所扮演的人物心理出发，尽可能地模仿出他在某一特定场合下的所思所想，所作所为。

心理学研究表明，谈判者作为生活在特定的社会与文化环境中的人，由于周围环境对他的复杂影响和其自身从历史的经验和过去的认知感受中获得的教训，导致了他必然对周围环境作出独特的反应，并形成自己的个性。而一旦要扮演另外一个社会角色时，往往会发生内心的冲突。根据这一情况，一方面企业在安排模拟谈判角色时，要根据我方人员的性格特征有针对地让其扮演类似的对方人员；另一方面，则要求我方人员具有善于克服在扮演特定谈判角色（特别是这一角色与自己差距很大）时所产生的心理障碍，要善于揣摩对方的行为模式，尽量地从对方的角度来思考问题，做出决定。

（四）模拟谈判结束后要及时进行总结

模拟谈判的目的是为了总结经验，发现问题，弥补不足，完善方案。所以，在模拟谈判告一段落后，必须及时、认真地回顾在谈判中我方人员的表现，如对对手策略的反应机敏程度、自身班子协调配合程度等一系列问题，以便为真正的谈判奠定良好的基础。

重点复习思考题

1. 什么是商务谈判方案？它在制订中必须遵循什么原则？
2. 谈判目标分为哪几类？彼此的关系怎样？
3. 商务谈判方案具体包含哪些内容？
4. 谈判执行计划与谈判方案有什么联系与区别？
5. 谈判执行计划应包括哪些内容？
6. 什么是谈判的议程？在拟定议程时应注意什么问题？
7. 模拟谈判有哪些作用？
8. 什么是全景模拟法？在采用这种方法时要注意哪些问题？
9. 为什么参加模拟谈判的人员要有较强的角色扮演能力？

第七章　商务谈判策略的规划与变换

商务谈判的策略，是指在商务谈判中为实现谈判目标而使用的一切必要的方法和手段，是促成谈判向有利于自己方面转化、以求达到预期目的的必由途径。它不仅贯穿于整个商务谈判的始终，而且还影响着以后的业务。因此，不能不引起我们的高度重视。本章将就其重要性和必要性及应遵循的一般规律展开深入的讨论。

第一节　商务谈判策略的规划

一、商务谈判策略规划的重要性和必要性

所谓商务谈判策略的规划，就是要求谈判者对怎样运用智谋与策略，在参与商务谈判前就作出事先的筹划。不少商场新手往往忽略谈判前策略制定的必要性和重要性，或者持一种“多余”观点，认为谈判是件容易的事，对方怎么谈，我方如何应付就行，搞策略规划是多余的；或者抱“无用”心理，感到要设想一套策略来应付对手太难了，对方的脑子也是不停地在转的，搞了规划也派不上用场。这两种情绪反映出谈判者轻“敌”畏“敌”的心态，是谈判失败乃至整个业务失败的开始。这方面的教训是很多的。

几年前，某市一家粮油食品公司的几位年轻业务员得知家用冷暖湿调控机好销，就急于成交。他们粗略一算，每台进价 145 元，出手至少可卖 200 元，合同标的 1 万台，净赚 55 万元。这样的生意还用犹豫吗？当时一位老业务员曾提醒他们：要考虑仔细些，理论上测算可做的业务，也应考虑如何具体与对方谈判的策略，否则吃

亏上当就来不及了。那几位年轻的业务员却不以为然,用手比划着说:“对方的公章有这么大呢,这笔生意稳成。”在这种轻“敌”思想的支配下,他们根本不去规划谈判策略。人家讲啥,他们信啥。在根本不了解对方资信及产品质量的情况下,就急匆忽地将 145 万元的巨额资金汇入对方账户。结果,冷暖机到货后,才发现这是一批质次价高、危及用户生命安全的走私货,属国家工商部门查禁产品。实际到货的 9000 余台,除少量勉强推销出去外,至今还大批压在仓库里,造成了极大的损失。后来只得诉诸于法律,才发现对方是无责任能力的非独立法人。双方合同被宣布为无效合同,对方应返还全部货款,粮油公司方自己承担近两年的利息。官司看起来是打赢了,但至今 100 余万元巨款仍无法收回。因为对方单位在法院判决前,已由其主管部门宣布撤销。追诉到主管部门,则是吃“皇粮”的新闻单位,无力偿还。

上百万元的资金就这样成了一堆废铁!试想如果当初能够通过迂回的谈判策略,摸清其产品的来源和该单位的性质,然后采取相应的防范措施,就不会酿成这样一个悲剧。冷暖机案例给人的教训是深刻的。从中我们可以得出商务谈判策略规划的必要性和重要性至少有以下 3 个方面:

1. 商务谈判策略规划的制定是指导正确谈判的重要前提。如果没有慎密规划这个必要的前提条件,就不可能有真正好的点子,也不可能有好的成果。

2. 商务谈判策略规划的过程是知己知彼、研究了解对手情况的过程。没有这个过程,或对这个过程草率行事,就可能导致盲目成交。

3. 商务谈判策略规划的结果必然导致对整笔业务的清醒认识和切实把握,有利于掌握谈判的主动权。无论谈判最后成功与否,都将帮助你作出明智的选择。这里尤其要强调说明的是,有的业务在进行策略规划时,即已露出它的端倪。对没有把握做成的生意，如果能及时了断，也是一种胜利。

二、如何进行商务谈判的策略规划

(一)商务谈判策略规划的基本原则

正如战争的战术和策略是为战略服务、并从属于整个战略一样，在现代商战中，商务谈判的策略同样是服务于、从属于商务活动的战略目标的。凡是有利于商务谈判战略目标的谈判策略，都要广泛地、巧妙地运用起来；反之，凡不利于整体目标实现的策略，那怕是构思再奇特，点子再新颖也应坚决摒弃。

1991 年底，有位台商向我某外贸公司求购库存印花人造棉布，目的是以低廉的价格进货，转手获取高额的利润。这时我外贸人员了解到绍兴、江苏等两三家生产厂有库存积压产品，工厂正急于抛售以加速资金的周转。作为外贸单位在这笔业务中的战略目标应当很清楚，即：既协助工厂推销库存商品，又为国家增加外汇收入，并使自己的企业有一定的盈利。要实现这一目标，应避免的问题：一是防止把库存积压商品的风险转嫁到自己头上来；二是安全收汇。在收汇方面，我方坚持了信用证即期付款的方式，对信用证所有条款都进行了认真的审核，并做到按台商开证数量和金额发货，基本上做到了“安全”。但具体业务人员在库存风险转嫁问题上，却犯了一个自以为得计的错误。当台商一面许诺全部库存都要，一面又提出花型不够，要增加库存以外的新印染量；工厂则以此为理由，要外贸单位承诺发货后 15 天内付款时，该业务人员就自作主张，认为这是解决工厂加紧交货的好办法，擅自签订了协议书。结果，台商利用信用证时间差，以库存商品的价格买走了全部新生产的货物，却把库存商品留在了我境内；工厂则收取了全部库存商品和已发运新产品的货款；而外贸单位却吃进了一大批库存货。此后在公司领导亲自过问下，以略高于工厂交货价格总算将这批库存人棉布在深圳就地处理，才避免了几十万元人民币资金的积压。

由此可见，坚持策略为战略服务这个谈判策略规划的基本原则是何等重要。

但是，坚持谈判策略规划的基本原则，说起来容易，做起来却很难。当对手真实意图不明，对企业决策人指示理解不全，感情用事，或时间、空间等因素影响时，都会动摇你的决心。

坚持谈判策略规划基本原则的主要难点有：

1. 对手的真实意图不明。往往在业务的开始阶段，特别是对首次打交道的客商，资信情况不了解，其真实的意图不一定即刻表露在外面，就容易被一些假象所迷惑，以至于误入圈套，结果忘却了自己的目标。

2. 对企业决策人的指示理解不全。具体参与商务谈判的业务科长、业务人员，能否全面地理解和执行企业领导的正确决策，是重要一环。一笔业务要不要做，同如何圆满做好是两回事。怎样将领导的决策变为业务的最终成功，这是一个艰苦的过程。

3. 感情用事。在制定规划运用策略过程中，对方使用一点刺激你的办法，或给你施加一点小恩小惠，以此来左右你的情绪。如果你不警惕，同样会迷失方向。

4. 时、空因素的左右。有时时间局促、紧迫，场地空间气氛不好等等因素，也会影响谈判者坚持谈判策略的基本原则，使之作出非理智的判断。

如何才能克服上述难点？我们将在本节和下一节中分别加以论述。

(二)策略规划的主要内容

1. 针对资信了解方面的谈判策略规划

在每笔具体业务洽谈之前，首先应将对方的资(资产)、信(信誉)状况作一番了解，以掌握对方是否具有做生意的基本条件和能力。国内贸易的资信了解，相对较容易一些。例如：要求对方提供工商行政管理部门颁发的营业执照，对其是否具备法人资格及注册资本金、经营范围等就一清二楚了（当然对影印件应当认真加以辨认，以免其中有假）。国际贸易上，对客商的资信了解就比较复杂一些。对成交额较大、对方底细又不明的客商，更应谨慎了解其资信情况。通常可通过我驻外大使馆商务处，或有关部门发行的工商名录查询。商务谈判中则采取迂回的策略，探究一二。如问其公司每年的经营规模有多大？有多少职员？过去与我国哪些外贸公司有业务往来？成交哪些品种？履约情况如何？等等。一般以拉家常的方式询问比较好，每提出一个问题，可以顺便介绍本公司的一些情况，使对方在增进了解的心态中，道出你想要知道的一些情况。切不可像询问审查对象那样，扳着脸问人家，那样会使谈判一开始就陷入僵局，引起对方的不快，增加对方的戒备心。提问时，如觉得对方不愿意正面回答问题，也不要勉强。尤其要注意不要直接了当地问人家有多少钱。在西方国家，问女士年龄和问人有多少钱，都是相当忌讳的。在资信不甚了解的情况下，预示着后面谈判更要谨慎。特别在支付方式上，一定要采用国际通用的信用证(LETTER OF CREDIT)结算，以免上当受骗，钱财两空。

2. 针对业务可能性方面的谈判策略规划

业务的可能性，或称之为可行性，是必须首先搞清楚的。对方如系卖方，你必须先弄清：

(1)对方能否提供你所需要的商品（包括劳务、技术、设备、专利等）；

(2)对方提供给你的东西，有无附加条件？这些附加条件，你能否接受；

(3)对方在提供你所需要的物品时，有无政府政策、法规、法律条例方面的限制；

(4)对方向你提供的货物数量、交货期上能否满足你的要求；

(5)对方能否提供较完整、系统的资料和报价单。

如对方系买家，你必须先弄清：

(1)对方所需的商品(包括劳务、技术和设备等)，是否你所经营的范围，或你是否确有把握提供；

(2)对方所需货物在质地、型号或款式等方面的具体要求是什么，你是否具备这样的生产或加工能力；

(3)对方所需货物在交易履约时，会不会受到我国政府政策、法规、法律及条例等方面的限制；

(4)对方是否能提供明确的要货单(ORDER)及有关详尽资料。

一般情况下，不论对方是卖家，还是买家，只有把上述问题基本搞清楚了，你才能对这笔业务倒底要不要做，能不能做，初步做到心中有数。

3. 针对价格条件方面的谈判策略规划

价格谈判是商务谈判的核心问题，也是在进行策略规划时要着重予以精心考虑和设计的。在拟订价格条款策略规划时，不妨模拟下面这样一个坐标(图 7-1)：

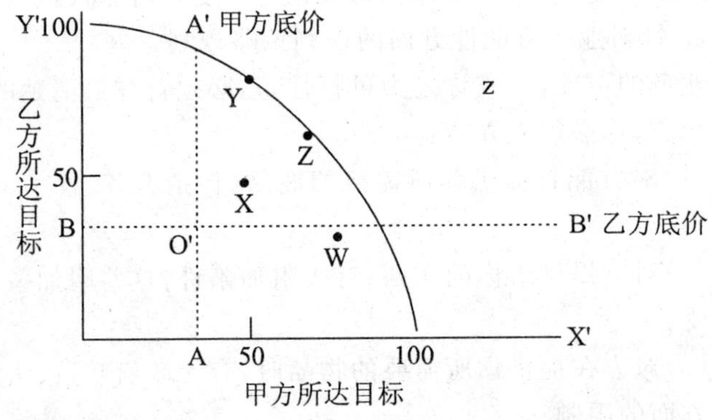

图 7-1

图中 X′轴代表甲方所达的目标，Y′轴代表乙方所达目标。

AA′表示甲方的底价，BB′代表乙方的底价，AA′与BB′的交叉点O′是双方均可勉强接受的保本价格。先假设BB′不动，平行移动AA′，交叉于Y点，即表明甲方所达的目标在增大，而乙方的预期目标却仍维持在保住底价这点上，乙方当然不会甘心的。再设AA′、BB′均平行移动，交叉于X点，则双方均达到预期目标的50%，情况比相交于O′要令双方更满意些。但由于双方的底价是不同的，同时又不肯真实地将自己的底价暴露给对方，双方的交叉点可能会落到其他坐标点上（如W、Z点）。只要某一方愿意在保本经营方面作出让步，交易仍可成功。但如交叉在W点，则乙方就要亏本了，交易就难以达成。这个坐标图反映了正确制订价格条件谈判策略规划的要点：最好是找到Z点，其次是X点，再次是O′点。Y、W虽最终均不足取，但作为谈判中的试探性策略也未尝不可。

4. 针对支付条件方面的谈判策略规划

支付条件的谈判也是商务谈判的重要内容之一。国际贸易中广泛使用信用证的支付方式，信用证（LETTER OF CREDIT 简称L/C）是银行按进口人（买方）的要求，开给出口人（卖方）的一种有条件的书面付款保证。其要点是：由买方以其开户银行作保证，经过通知银行，向卖方出具一张书面支付的保证，只要卖方按该书面保证所列要求，将货物交给承运人，运达买方指定的目的港，买方就保证付钱。由于这种保证是通过银行这个中介来担保实行的，所以信用证条件下支付是一种银行信用。信用证的使用，解决了因时空差异，卖方怕发了货，收不到钱；买方怕付了款，收不到货的矛盾。因此，初交相识的买卖双方一般均愿意采纳这种支付方式。

但是，由于买方在向银行申请开证时，便要有相应的一笔资金押在银行，不利于买方的资金周转，加之申请开证，或以后修改信用证，买方又要向银行支付一笔手续费（约开证总额的1%～3%）。所以，不少买家往往要求采用D/P（DOCUMENT AGAINST PAYMENT 交单付款）或采用D/A（DOCUMENT

AGAINST ACCEPTANCE 承兑付款)。D/P 交单付款,是指卖方将货物运出后,通过银行把单据送交买方。买方只有在承付了货款以后,才取得提货的权利。D/P 又有即期付款和远期付款之分,D/P 远期风险同 D/A。D/A 承兑付款,是卖方在货物出运后,也是通过银行传送单据,但买方只需在单据上表示付款的承诺,即可取得货物的提取权。

后面两种支付方式,银行只承担传送单据的责任,而不负责买方能否收到货及卖方能否收到货款的风险,因此属于商业信用。其优点是简化了付款手续,减少了买方的资金占用和费用支出。D/P 远期和 D/A 更是方便了买方,使买方可以先取货,卖了之后,再付钱,等于赊账给买方做生意。这在卖买双方资信均较好的情况下可以采用,有利于卖方推销一些滞销商品。其缺点也是显而易见的:D/P 方式结算,一旦买方市场起了变化,如价格暴跌,买方可以借故不去赎单,卖方就要承担货物滞留对方港口引起高额仓储费的风险和长途拉回的运费损失及商品变质、损坏等风险;而 D/A 方式结算,对货款的安全回收风险更是大得多。所以在国际贸易中一定要十分谨慎选择不同的支付手段。另外,国际贸易中还要注意计价货币的选择。一般均选择世界范围内通用的、汇率相对较稳定的货币(如美元)来计价,而不采用汇率变化起伏较大的货币(如意大利里拉)来计价,以此来避免汇率风险和保证收汇安全。同为世界范围内通用的货币,还要注意其一定阶段汇率变化的走势。如日元一个时期对美元的换汇率是下跌的趋势,则用其作为我方进口货物的计价货币是合算的,而近一个时期日元一直比较坚挺,则用其作为出口货币的计价是合算的了,以此来增加企业的收益。

国内贸易,随着商品竞争日益激烈,我国的法制、法规建设又尚不健全,在货款结算方面同样要谨慎从事,应力求做一笔生意,收到一笔钱,货款两清。正因为如此,买卖双方在支付条件的谈判方面会非常激烈,这就要求谈判者在谈判策略规划时,要制定一个弹性方案。我们可以归纳成表 7-1：

表 7-1

类别／采用方式／客户资信	国际贸易			国内贸易		
	L/C	D/P	D/A	货到付款	支付定金	签订违约金条款
好	✓	✓	✓	✓		
一般	✓	✓/*		✓	✓	
差(或初交)	✓			✓	✓	✓

* 同时收取预付款，且收取的预付款应不少于货物往返两地的双程运费及卖方利息支出。由卖方在货物启运前以 T/T(电汇)方式汇付。

5. 针对售后服务方面的谈判策略规划

现代商业十分注重售后服务，把售后服务作为商业活动的有机延伸。有的企业更以此作为竞争的重要手段之一。因此，售后服务谈判策略的规划同样是我们应当注意的一个重要内容。

售后服务，作为商业活动的延伸，对卖家来说，似乎是一种“额外”的支出，它或以劳务的支出为形式，或以物资(如零配件提供)的支出为形式，都是费用的增加。而对买家来说，则是一项节省，或者说是利益的增加。这样就存在着利益之争，就会有协调平衡双方利益的谈判。所以，售后服务往往又作为卖家争取好的卖价的一个筹码。对买方而言，则是使自己获得更多利益，“得寸进尺”的一个条件。在规划谈判策略的时候，作为卖方要在坚持好的卖价的前提下，尽可能在售后服务方面逐步放码，以达到一般单纯“只售、不服务”的方式所起不到的作用，即看起来我在卖价上是坚持了好的价格，但我无偿或低价给你提供了良好的服务，让你得到的方便和好处更不少！而作为买方坚持杀价，会使谈判陷于僵局和破裂。如果你转而要求对手在售后服务方面作出让步，并说明这种让步，对卖方企业形象的树立将带来哪些不可估量的影响云云。这样一来，双方既为对方着想，同时又使己方不失应得的利益，谈判成功的机会就会大些。

有位华裔美籍学者曾这样讲过：谈判，就是不断地给对手以可供选择的条件。以这一思想去理解售后服务的谈判策略，就会把这方面的策略规划得很好了。

6. 针对索赔、理赔方面谈判策略的规划

商务活动中的索赔和理赔都是难免要发生的，尤其是国际贸易过程中，遇到生产、仓储、运输等诸多环节，常常因质量问题、交货期问题等引起买方（进口商）的索赔。卖方（出口商）受理、按情节严重、损失大小予以赔偿，则称之为理赔。有关这方面的谈判，更是需要“先小人后君子”，宁可把丑话说在前头。

索赔、理赔谈判的主要内容有：

(1)仲裁地点。一般选择在本地，或我国。对外贸易中也有选择在中立的第三国（如瑞士）。

(2)仲裁机构。一般选择在当地的工商行政管理部门，或人民法院经济庭。对外贸易则选择中华人民共和国对外经济贸易促进委员会仲裁委员会。

(3)索赔的有效时间。可协商确定，如签约后几个月之内，或履约后几个月（或一年内）。

(4)索赔的有效法律文件。如索赔方需提供港务部门原始商务记录，具有法律认可的商检部门商检证书，以资证明的实物或照片，等等。

(5)索赔的比例。可按商品金额或数量的百分比，商定具体的赔偿办法。

(6)理赔金的划付办法。如在理赔条件达成之后多少天内，以何种寄付方式，或下批货中作抵扣的方式赔偿。

发生索赔当然对双方都是一件不愉快的事。事先谈判得好，一旦发生，就可以少却许多麻烦和不快。不论是索赔方还是理赔方，坚持以理服人,以事实说话,公正合理地处理好索赔事件,不仅不会伤了和气,相反可以增进双方了解和友谊,变坏事为好事。

7. 针对包装运输方面谈判策略的规划

包装运输是商务谈判的又一个重要内容。有些谈判新手往往不重视这方面的谈判,结果吃了大亏。包装的大小、尺寸、用料质地及内包装的要求等等,都会影响到商品直接成本的增加或减少。外包装箱上的标志,是印上国别名称,还是不印国名、采用中性包装,又涉及到销售地区的政治倾向及我国的外交政策等等。如果掉以轻心、草率从事,轻者可能使企业蒙受损失,重者则造成涉外方面无可挽回的不良影响。

运输问题,同样是谈判中一个主要内容。选择哪一条航线、采用陆路还是水路、需不需要中转、是否指定的远洋公司等等,都要根据经济、合理,是否对我方便有利,认真地加以比较确定,而不能盲目允诺,实际又无法做到。

8. 针对合同拟订方面谈判策略的规划

谈判一般先是口头的,最后到了以文字的形式,通过白纸黑字形成契约,双方又会有一番激烈的争执。这实际上是谈判深化,凝练概括的一种反映,是最终确定双方真实意图和诚意的一个考验,因此要重视拟订合同的谈判策略规划。

(1)多使用双方在口头谈判时已经肯定下来的词汇。

(2)遇有对方含糊其辞之处,先口头将其意思重复明确表示一下,对方无歧义,再写成书面文字。

(3)己方如在动笔起草合同时,突然又有新的想法,也应以婉转的口吻提出来,如:"对不起,我在写这份合同时,才发现如果不将……写上去,是否会使双方在这方面产生……样的误解。"诸如此类的提法,使对方不觉突然,愿同你心平气和地再作探讨。

(4)有些合同纸如果已将有关保险、商品检查、产地证明、仲裁条款等固定印刷在背面的,应提示对方阅读一遍。如果有歧义,可援引国际惯例,或者双方另行商定一个大家均可接受的条文。

(5)在形成书面协议或合同时,对方如一定坚持不肯签字(在国际贸易中常发生),应当考虑到市场可能变化等因素,一方面不要勉强,另一方面可以向对方提出回签的最后期限要求。通常称之为"此盘保留到×月×日"过了这个时间,我方有权撤盘,以此也可最终考验对方成交的诚意。

通过这一节的学习,我们已经懂得商务谈判策略规划的一些基本原则,以及针对商务谈判的各种具体内容,如何进行策略规划的一般规律。但正如我们已经知道的,商务谈判随着对象、内容的不断变化,必须不断地变换自己的策略。关于这方面的知识,我们将通过下一节来作进一步探讨。

第二节　根据谈判对手特点制定相应对策

一、商务谈判策略变换二十二式

(一)议事日程

商务谈判的议事日程确定,包含着双方的诚意和愿望。你的对方往往会将会谈要点强加于你,列入议事日程。这就要求你仔细地研究对方的建议:

1. 日程中是否有某些要点是你认为无需讨论的?
2. 是否包括你所希望列入的全部要点?
3. 注意谈判程序是否有对你不利之处?
4. 了解对方参加会谈人的情况,身份是否与你方对等?
5. 是否有第三者介入?起什么作用?
6. 注意会议日程对你是否合适?

(二)问题

不断地设想并提出一些问题,是一种使自己暴露不多,而能较多了解到对方真实意图的好策略。问题要提得概括、简洁、明了、具体。泛泛而问，会使对方无从答复。问题提得不得要领，会使对方反而因此产生反感。好的提问既使自己获得益处，又不伤和气，可以缩短双方的距离，有时甚至还能使僵局出现转机。

(三)声明

有时候直截了当的声明，要比迂回曲折的表露更有效。一般来说，遇到下面几种情况，可以采取声明的方式：

1. 当对方有意轻视你的时候；
2. 当对方无端挑起争纷的时候；
3. 当对方不加解释随意离开谈判场地的时候；
4. 当对方无理推翻自己已经作出过的承诺的时候；
5. 当对方故意拖延谈判时、日的时候；
6. 当对方明显误解或曲解你的本意的时候；
7. 当你认为双方继续谈判下去已无益处的时候；
8. 当你确认自己(或自己一方)是有明显过失，作出声明不会授人以话柄的时候。

(四)让步

“退一步，天地宽。”有时候必要地作出一些牺牲，去满足对方的意愿，能恰到好处地体现你的宽宏大量和无私的态度。其缺点是给人幼稚、太重感情、没有冲劲的印象。因此，使用“让步”策略要掌握“度”，即要重视分寸，当进则进，当退则退。

(五)承诺

谈判中轻易承诺，是相当忌讳的。承诺越多，自己要兑现的包袱就背得越重。但作为一种策略，“承诺”却是必不可少的。对一些风险不大、影响自己又不多的地方，对一些自己确有把握、又无关大局的地方，作出一些承诺，既可显示你的诚意，又可消除对方的一些疑虑，使谈判得以顺利进行。如果谈了半天，你却什么都不肯答应，人家就会怀疑你是否确有诚意了。

(六)授权有限

这是谈判中为了缩小谈判余地常用的一种策略。当然不论何人参与谈判总是受一定限制的。但我们很容易发觉在大多数情况下,对方援引授权有限,总是对你不利,而对他自己有利。

当谈判涉及到要他表态的实质性问题时,他或许会说:“对不起,这超出了我的权利。”或者说:“我绝对不能同意这笔支出。只有我公司董事长一人才有权签字,但两周内无法找到他。他去非洲度假去了。”如此等等。

(七)威胁

当你有把柄被对方抓住,如:上次交货的质量出了问题,或交货期拖延了等等。你会发现你的对手往往以“如果你不在这次价格上作些扣减,以弥补我方造成的损失,我公司将中断与你公司的交往”等相威胁。威胁,一般被认为是无礼的、粗鲁的、没有耐心的表现。但作为谈判的一种策略,运用得恰到好处,也能起到和风细雨式的谈判所不能达到的目的。

(八)许诺

承诺,是一种接受,而许诺则是一种附加。为了赢得更大的利益,以小恩小惠许诺对方,也是谈判场上屡见不鲜的策略。

(九)休会

休会,是改变会谈的原日程计划安排,中止谈判的进行。一般单方无正当理由提出休会,被认为是无礼的轻视对方的举动。但遇到下列情况,休会也不失为一种双方均能接受的选择:

1. 当会谈已经僵持,再谈下去,势必破裂。

2. 某一方的资料还没有准备充分,要谈的内容与这些资料的提供又切切相关,谈判难以进行下去。

3. 需要改变谈判策略,调换主谈人员。

中止谈判宜以愉快轻松的口吻提出:

——我们已经谈了很长时间了,是否休息一下再继续谈?

——今天天气这么好，西湖边正是桃红柳绿的时候，不如先出去兜一圈，回来再谈？

——对不起，刚才接到一个电话，我必须马上去参加一个重要会议，我们明天再继续，好吗？

等等。

（十）期限

当你发觉对方在有意拖延时间，使你错过与其他贸易伙伴接触或成交的机会，或者等候价格的下跌，逼你降价，或者使你沉不住气，草草签约，等等。这时候，最好的办法，就是设定一个期限，尽快摆脱对方的蘑菇战术。

（十一）不同意

谈判不一定都要转弯抹角的讲话，当揣透对方的真实意图，有时你直截了当地回绝对方"不同意"，使对方明白你的态度和决心，反而会出现好的转机。尤其对欧美的客商，他们比较喜欢直接了当。明确表示"不同意"，不仅不会伤害他们的感情，而且还能使他们了解你。模棱两可、含糊其辞，反倒使他们感到摸不着头脑。

（十二）焦点问题

谈判中常常会遇到这样的对手，要么漫无边际地谈一通，要么缠住一些枝节问题，与你争个不停。这时候，聪明的办法，是把双方要解决的主要问题理出个头绪来，客气地对他说："很抱歉，我认为这些都是一些枝节问题，我们双方要解决的焦点问题应当是……"

（十三）标准

有时候谈判双方各持己见，冷静下来一看，其实是缺乏一个共同可以接受的标准。而当我们援引诸如国际贸易惯例、公认的质量检验规定及国家制订的法律、法规等等时，谈判就变得顺利多了。注意！使用"标准"策略，要有根据，必须是公认的，千万不要自己生搬硬造，也不要把自己工厂、公司的一些规定作为标准，强加在人家头上，那样只会把事情搞得更僵。

（十四）反复斟酌

在没有摸透对方的意图，或对自己要定的事（如价格、交期等等）心中还没有底时，不妨采取反复斟酌的态度："你方所报的价格，是有参考价值的，让我再计算一下。""你要求的这个交期，我估计问题不会太大，但必须同工厂再落实一下，再给您最后的答复。"等等。

（十五）让我们寻求妥协

当双方就某一个焦点问题（如价格）谈得难解难分，都不肯让步的时候，如果你不想失掉这笔生意，你不妨提出建议："让我们寻求一个双方都可以接受的价格吧，我们之间的价格差距实际上只有 10 个美分。这样吧，贵方承担 5 美分，我方也承担 5 美分，ok?"

（十六）吹嘘

善意的吹嘘一下自己的经历，本公司的实力，以及自己所推销的商品的优点等，是商场老手惯用的手法。即使以后被对方发现，稍有出入，也无碍大局，他会付之一笑，知道你不过是想借炫耀自己，同他拉关系而已，并无恶意。但是要切切注意，在使用这个策略时，一是不要吹过了头；二是吹了，要做实事。如果你吹了一大通，事情却一件办不成，甚至办砸了锅，那么对不起，下次人家再也不会来找你了。

（十七）倾听

谈判中，有时当个好听众，要比不停地夸夸其谈更管用。竖起耳朵，静静地、全神贯注地（至少给人的印象应当是这样）听对方讲，对有的地方适时地提问几句，使对方感受到你很尊重他的意见。洗耳恭听往往成为消除对方不满的一帖良药。这点对身份比你高、年龄比你长的谈判对手尤为重要。在倾听过程中，你可以理清对方的思路和意图，自己又不需要暴露太多，实在是"付出少，得到多"的好办法。但遇到不善言谈的对手，或城府很深的谈判者，他不说，你也不说，就会使谈判变得索然无味。

（十八）正式或非正式的备忘录

如果你觉得这次谈判，虽然没有明显的进展或积极的成果，但已是一个良好的开端，有必要寻找合适的机会，再作进一步的深谈，那么，最好的办法是拟一份正式的或非正式的备忘录。一则表示你对这次会谈的重视；二是使这次谈判的一些共同点，能成为下次双方继续谈判的基础，使下次会谈省却不少时间。

（十九）放“试探气球”

商场一句老话，叫做“不知深浅莫下水”，为了摸清深浅，你不妨有目的地放几个“试探气球”。试探气球，可以顺着对方的思路放，也可逆着对方的思路放。有时采取故意夸大，或有意缩小对方的实际意图，来激怒对方，使其在烦躁中吐出真言，效果可能更好。

（二十）时间运用技术

有位美国的商场谈判老手柯英，到日本一家大公司去进行业务谈判。柯英一到日本羽田机场，便受到日本方面面面俱到的招待，令他兴奋不已。在接往宾馆的高级轿车上闲聊时，日方的接待人员随口问柯英：“如果您回去时，我们也会替您备好去机场的车子，但不知您预定哪一天的班机回去？”柯英很自然地取出回程机票，递给日本人看，机票上写着两周后回美国的时刻。此后，日本方面对于重要的谈判内容一句不说，每天只是招待柯英到日本的名胜古迹去参观游览。到了第12天，才开始谈判。但柯英又要去打高尔夫球，不得不取消谈判。第二天日本方又要替柯英举行欢送会，谈判到中途就结束了。直到最后一天，正式谈判才真正开始。但是就在谈判进入关键时刻，接他去羽田机场的高级轿车已在门口等候了，于是谈判只好在车内进行。到了羽田机场，终于完成了交易的谈判。谈判结果，当然是日本方面获得了全胜。日本人正是利用美国人贪玩的特点，运用了时间技术，取得了最后的成功。这种技术反过来对日本人就不一定行得通。可见，时间运用技术，也要因人而异，才能用得巧妙。

(二十一)换谈判者

当谈判已无法进行下去,或需要按新的意图重新进入谈判,这时候换人术或许有用。换上的新谈判者,可以有3种情况:

1. 同级别谈判手调换。一般是原自己一方谈判手不能胜任,或原谈判双方性格不合,或原谈判手已出现明显失误,被对方缠住,而谈判还需继续进行,在这种情况下,应及时换人,以换上同级别的人员为宜。

2. 换上低一级别的谈判手。一般在谈判取胜已与己无望,或者原高一级的谈判人员不熟悉具体业务,这时可以换上低一级别的谈判手。

3. 换上高一级别的谈判手。一般在需要最后拍板定夺,或有新的意图需要带入谈判桌,或者基本要推翻前面已谈得差不多的内容,这时需要派出比原谈判人员高一级别的谈判手。

(二十二)一厘米一厘米地小步前进

谈判需要有足够的毅力和耐心。不要指望一口吃个大胖子。你在算计对方,对方也在算计你,只有一厘米一厘米地去争取对自己方有利的结果,才能夺得最后的胜利。如果没有耐心,一张嘴就要咬一大口,结果往往是什么也吃不到。对方还会认为你不是无知,就是胡闹。对自己方要达到的总目标,可以分割成若干个小目标,然后一个一个去攻破,这样就比较容易谈,也不会使对手戒心很重。谈判的结果,即使是其中有一两个小目标没有像预料的那么理想,但只要大的方向已经于己有利,也就不失为成功了。如某笔服装出口业务,见图7-2所示。

这样分别一项项谈,找出足够的理由,最终你很容易赢得0.50美元,反之,如果你张口便要提价0.50美元,会很困难。

谈判中的策略还有很多,仅举以上主要几种。

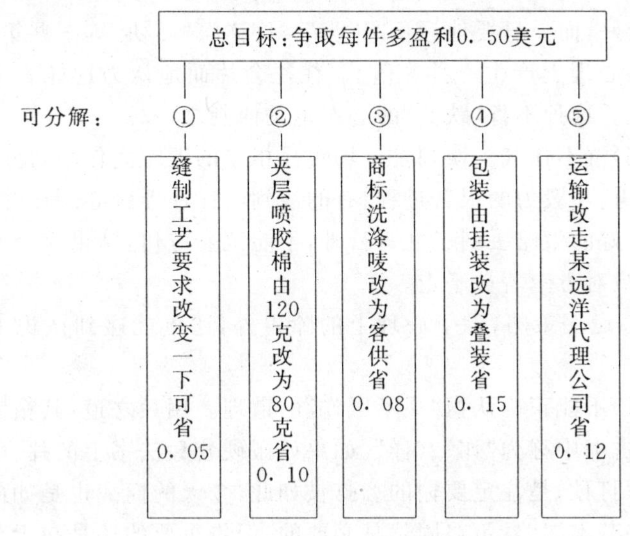

图7-2

二、正确运用谈判策略的障碍和原则

(一)运用策略的心理和认识障碍

1. 运用策略，往往首先会碰到心理方面的障碍，主要有：

(1)怕对方不相信。耽心自己运用这些策略，会被对方识破，对方万一看透了我的办法，不是更糟糕等等，实际上大可不必。信与不信是相对而言的。对一个生意场上初识的人，你即使显得再老实，再诚恳，在对方心目中还是要打上问号的。只有使用正确的策略和手段，才有可能消除对方的戒备心。请注意，商场所需要的不是要人家内心信任你的程度，而是要公平合理地分配双方的利益。没有应得的利益，再"信任"又有何用？所以，应当消除这种幼稚的"依赖"心理。

(2)不肯"跌倒"。运用策略是需要因时、因事、因人而异的。有的谈判者，在运用诸如："威胁"、"声明"、"休会"等策略时，可能用得比较好，而一旦要他运用“让步”、“许诺”、“妥协”等一些策略时，就会在心理上产生一种失落感，往往会片面地认为这样有失自己的面子。这种不肯“跌倒”的心态也是谈判之一忌。

(3)沉不住气。谈判是一场短兵相接的近距离作战，是一个斗智、斗勇、斗毅力的艰苦过程。有的谈判者往往浮躁心理作怪，把事先准备好的策略丢到了九霄云外，不能沉着应付，结果完全乱了方寸，反被对方牵着鼻子走。

2. 运用策略，除了心理上的障碍外，还可能碰到认识上的障碍：

(1)不能正确认识“兵不厌诈”的道理。用兵之道，其精髓在于灵活，古书中称为“诈”、“佯”。如果死搬硬套兵法书上的片言只语，去指挥打仗，是注定要输的。打仗如此，今天的商战也是如此。懂得一些基本战略、策略固然是必要的，但更重要的还是在于会灵活地运用这些战略和策略去指导自己的谈判实务。不要对“诈”生“厌”。策略愈是灵活，愈是运用得当，成功的机会也就越多。

(2)不能正确对待“平待互利”的原则。商品交换是以“等价”为前提的。交换的双方是独立的商品生产者或商品(包括特殊形态的商品——货币)拥有者，只有“等价”地让渡自己的商品，交易才能成功。从“等价交换”而引伸出来的“平等互利”应当贯穿于商品交换的始终，当然包括商务谈判中。一味地只顾己方利益，而不顾对方利益是缺乏平等精神的；相反一味地迁就对方，结果把自己本来应当坚持的那一部分利益也让了出去，同样不是平等互利。由于区域及生产力发展水平等因素的差异，也不能把“平等”当作“对等”。因为有时“对等”貌似有理，但实际上并不“平等”。

(3)不能正确把握“刚柔相济”的分寸。有人把谈判的过程概括为“不断地要求和不断地妥协”的过程，这是很贴切的。有的谈判者在运用策略时不懂得：向人提出要求，是谋取你应得的利益；作出必要的让步和妥协，是兼顾对方的利益。因此，无法把握交替使用柔和刚的两手，不能做到注意分寸，掌握火候，恰到好处。其实软硬也是相对而言。硬，要硬得在理；软，要软得入情。谈判中一味地软和硬都是不足取的，要审时度势，做到不亢不卑，伸屈自如。

(4)不能始终保持“和气生财”的风度。商场交手，以和为贵。但有的谈判手往往不能真正认识“和”字的重要性，不能把运用一些刚性策略同要立足于友好和睦相处的基本点区别开来。谈判成了，便趾高气扬；谈判告吹，便恶语相加，有失谦谦君子的应有风度。人们常说：“生意不在，情谊在。”生意场上，要肚量大。对别人使用的策略要看透，但不必因此计较和动气；对自己的策略被人识破，也不要懊恼，要会自圆其说，很自然地使用和变换新的谈判手法。即使这次生意不成功，还会有下次机会嘛。这样你就不会自己断了自己的商路。你的美德还会被商界广泛传播，为你带来更多的利益。

(二)灵活运用策略的原则

在消除了运用谈判策略过程中的心理障碍和认识障碍后，我们要学会掌握灵活运用谈判策略的一些主要原则。

1. 因人而异

(1)不同国籍的商务人员，具有不同的谈判风格，应当采取不同的策略。

美国和澳大利亚商人都带有点天真的特性，面对谈判桌上的对手，他们也会认真处事，但只会维持十分短暂的严肃，很快地就又会童态复萌。和他们谈判务求趁热打铁，否则过了最佳时间他也会另生花样，让你白白空欢喜一场。

欧洲商人由于保守和传统的缘故，在贸易谈判时总是一板一眼，有时还会为一些微小的细节追根寻源地非问个明白不可。但他们只要有任何承诺，必定会守信执行。所以与他们谈判时比较容易沟通。并非所有的欧洲商人都是如此，比如，与希腊、意大利商人谈判时，你就得小心为妙。还有亚洲的土耳其商人也是如此。

与印度人谈生意往往很费精神。当你与他们面对面沟通时，他会表现得温文有礼,绝对不用担心会有脸红脖子粗的争执发生;而与他们交手后,即使言之凿凿地签下合同,你也根本不晓得这笔生意是否真正谈成,除非信用证到手。所以,与印度人谈判你必须得付出双倍的精神与耐心。

与阿拉伯人谈成生意也不容易。他们在谈判桌上往往是歪理特别多。如果你略为弃守,他们就会得寸进尺,常常把你缠得哭笑不得。

犹太对手也令人头痛。他们大刀阔斧地狠心杀价的招式常使你措手不及。当他们发现你有一丝退让的意图时,必定会毫不留情地追杀到底;而遇到对方守势强大时,他们依然会摆出一副奋战不懈的架式。其实他的内心早已作好撤退的准备,只是不愿在表面的气势上为谈判对方所慑服罢了。

全世界最爱称兄道弟的商人,大概要数非洲和中南美洲的商人了。他们不但自己与你称兄道弟,而且连与他一起的伙伴或用户也都是与你兄弟相称。与其谈判时,千万别被他们的噱头给弄傻了,只能听听而已。

至于邻邦的日韩商人,前者仔细万分,后者固执成性。不过与他们做生意有个好处,只要他与你搭上线,认准你这个对手后,准能做个天长地久。除非你的货经常出毛病,或者交货期一拖再拖,否则,做它十年八年也不用发愁。

(2)不同年龄层次的谈判人员,运用策略和对策略的敏感程度不同。

①年轻的谈判手。年纪轻的谈判手,由于初入谈判业务队伍,往往容易心中发虚,怕对方将自己的话搁置一边,不予重视。在谈判中较容易出现左右摇摆的特点。他们或者“初生牛犊不怕虎”,不把工作的严重性和对手实力放在眼里;或者畏首畏尾,不能正确把握出击或退却的时机,结果都可能因对对方的策略缺乏应有的洞察力,并难以自如地运用自己的策略而丧失成交的良好机会。

②年长的谈判手。年纪大些的谈判手，一般比较老于世故，说话行事较为谨慎，但当他面对年轻的对手时，心理也有不平衡：或者顾虑谈判失利，丢了面子；或者以老自居，轻视对手。这些弱点往往会成为有经验的年轻谈判手运用策略的突破口。年纪较大的谈判手有初次参加谈判和久经沙场两类。一般初次参加谈判的年长者显得比较死板，或自以为是，主观从事；而久经沙场的老谈判手，则具有较丰富的经验，善于临场自如发挥，而较少露出破绽。与年长者谈判，应注意对对手的感受与亲和力，使谈判的气氛始终保持在和谐中。

(3)不同职位的人，在谈判中所起的作用不同，要注意把握策略应用的分寸。

有职位的谈判手，一般心理上较自信，甚至有“高人一等”的自我感觉。由于他拥有拍板权，一方面对谈判的成功具有促进推动作用，另方面也可能以此为“要挟”，逼迫你作出让步，从而使自己获得谈判上的好处。当然，对于业务能力差，不能正确运用决策权的有职位的谈判手，可以礼貌地攻其弱点，而使其徒有虚名。

商务谈判，总体上说，谈判桌双方或几方的地位都应当是平等的。面对无职位的谈判手，从感情上首先不应当轻视对方，同时要看到，正因为其无职位，相对包袱也轻，退缩余地也大，谈判中施展策略的心理压力小，变换策略的机会也多。所以可以放开手脚，进入角色。

(4)不同性别的的谈判手，在谈判中有不少独自的特点，在运用策略时应加以注意。

①年长的异性谈判手。往往年长的异性谈判手，在年轻的对手面前更喜欢以“长”自居。有的是善意的，有的则以此轻视对手，甚至动辄训人。对善言善语者，你则更应谦恭礼待，对“轻视”、“训人”者，则应以“理”相还。在谈判中要结合其他策略的应用，采取“评论”与“挑刺”两个手段，适时地“打态度”。态度不端正，双方不

能同坐在平等互敬的板凳上,谈判就无法进行下去。评论:即以视线宽,立点高,对对方的不逊提出坦诚的批评——恶劣的态度不仅丝毫不能解决问题,相反只会使自己的形象更坏。挑刺:即指出对方在资料准备、工作方法等方面存在的问题,以及他自己前面说过的话来“将”他的“军”,使其认识到“人非圣贤,孰能无过”,大家都应谦虚平等待人。

②年轻的异性谈判手。面对比自己年轻的异性谈判手,要学会采取鼓励、爱护和引导的方法,使他(她)们消除胆怯的心理,让他(她)们大胆地发表自己的意见,并从侧面了解他(她)们手中权限有多大。若不能使对手充分无拘无束地发表意见,你就无法充分了解对方。所以要学会让对方从感情上靠近自己,而不要轻易地以嘲讽、批判的态度去对待他(她)们。要多采取对比、分析、探讨的方式去启发对手否定自己,引导他(她)们认识到分歧是客观存在的,要解决它,己方也有一份责任,从而通过他(她)们去说服其老板或上级作出让步。

同异性对手谈判,还要注意由“性别”带来的两个问题:“异性阻尼”与“自我表现”。

面对异性谈判手,有的人(尤其男士)往往态度硬不起来,无意之中降低了自己的谈判条件。这种现象可称之为“异性阻尼”。这种情况一般在男性谈判手身上出现较多,是软化谈判意志,阻碍谈判策略正常运用的不良因素,应予排除。

有的谈判手见到异性,出于本能,会促使其“自我表现”的潜意识的出现。若不加以自我控制,也会使谈判误入歧途,甚至中了对方的“美人计”。所以同异性谈判,应当避免过份亲昵和单独相处。

2. 因时而异

谈判的不同阶段,随着时间的推移,策略的调整和变换是不同的。

(1)谈判初期阶段,双方着重于了解对方的一些基本情况,更多地追求各自的尊严与地位，以显示自己的实力。

这个阶段使用的策略主要以商讨议事日程，试探对方意图，摸清对方底细等为主，一般不急于抛出自己的实质性内容。对方如急于要转入具体内容，则要区分情况来对待。

对于初次接触的新客户，可以先主动介绍自己公司的一些基本情况，以进一步提出问题，了解对方的情况。

对于多次接触的老客户，可以缩短一般性了解的时间，较快地进入正题。但是，对过去有过交往，而对方资信情况又不太好的客户，必要的"兜圈子"还是不可缺少的。要通过交谈，大致摸清对方的意图，再转入第二阶段。

(2)谈判中期阶段。这是双方斗智最激烈的阶段。这个阶段策略的运用和变换，要注意把握针对性、适应性和效益性。

针对性，是指策略的运用要与客观实际相符合。这就要求谈判手善于观察对手的个性、思想和风格等特征，并在认识的基础上作出判断；善于把握谈判中出现的转瞬即逝的各种时机，充分利用时间给人造成的可能压力或促进力；善于根据谈判议题，有的放矢。很显然，谈判策略如果脱离针对性，就会使中期阶段的谈判陷于混乱。

适应性，是讲谈判策略应该随着谈判的发展而变化。谈判中期阶段变化是最为激烈的，双方往往为了各自的利益，会相持不下；或不断变换策略和手法，使对手纳入自己的思路。这就要求谈判手随时调整自己的策略，以适应这些变化，要学会针对不同的对手、不同的时间、不同的内容，恰当地作出反应和巧妙地周旋，促使谈判的结果朝有利于自己的方向发展。

效益性，是指策略的最终效应。正如前面已经说过的那样，谈判决不是为策略而策略。策略只是手段，是为了达到一定的目标而设置的。因此，策略并不以一时一事的得失为衡量、评估成败的标准，而只能以最终效果为准。不同的谈判策略具有不同的奏效过程:A. 即刻奏效,即一运用某一针对性较强的策略,对手立即作出反应;B. 持续较长的时间奏效,即需要坚持一段时间,对手才作出响应;C. 反复运用奏效,即有的策略只有重复多次使用,才有效果。谈判中期阶段要特别注重策略的实际效果。

(3)谈判结束阶段。谈判已有较明确的结论意见:A. 双方达成合作或买卖协议;B. 双方均无意达成任何协议;C. 双方,或其中一方希望下次再谋求合作。不论出现哪一种结果,这时候作为一个成熟老练的谈判手,都要善于使用宽容、大度的策略,不以己喜,不以己悲。"生意成败是次要的,友谊才是第一位的","生意不在情谊在",更不要忘记恰如其份地夸奖对方几句,或者对远道而来的客商生活起居,表示一下自己真诚的关心。而千万不要对谈判中出现过的不愉快问题再喋喋不休,纠缠不清,也不要因自己的"胜利"而喜形于色,更不要对对手的"非礼"之处横加指责。当然对于那些始终蛮横无礼的对手,最后你也不必过份的谦诺。只有这样,你才不仅赢得了胜利,也赢得了人。

3. 因地而异

谈判策略的调整和变换,还因场地和地域的不同而发生变化。

(1)场地不同,对谈判双方的亲和力不同。

一般来说,大的场地(如:大洽谈室、会议厅等)和较正规的场合(如政府间商务谈判),会使整个谈判气氛变得较为严肃、认真,同时使谈判方较少有亲近感,而且某一方即使出了一些差错,轻易也不肯在大庭广众之下退步。这种场合下,使用策略要尤其注意谨慎,并妥善加以"包装"。在使用和变换策略时,要注意给自己和对方留有足够的余地,不要把人逼上"绝路"。否则,就很容易使谈判陷入僵局,以致不欢而散。

所以,一般较大的场地或场合,不宜直接举行一些内容非常具体、或者牵涉双方利益十分敏感的问题的谈判。如果出于追求新闻效果,必须举行这样的会议,也应由双方事先在小范围、小环境先有一个初步接触交底，然后再移到大的场合为宜。

相反，小的谈判场地，对谈判双方的感情距离则可以拉得近些，使大家较少拘束感，讲话也可随便一些。这时候，运用策略也可能会显得自如一些。这种场合往往比较适宜进行一些实质性的或较敏感问题的商务谈判。谈判实践中，我们可以明显地看到，带着客商到卡拉 OK 小包厢或饭店小餐厅，再谈价格这些难题，一般就比较容易谈下来。

(2)地域不同。主宾的身份发生变化，策略也因之不可。

你在本地、本国参加商务谈判，与你到异地、异国参加商务谈判，由于所处的地域起了变化，你的身份和对手的身份相应也起了变化：你由东道主变为客人，对手则由客人变为东道主。这种“地利”的变化，导致双方策略的变化。

①国内地域的变化。中国人一般来说，不论南方、北方都比较热情、好客。相对来说北方人性情比较豪爽，谈吐直率，你直说无妨，转弯抹角，有时反导致对方反感。但要防备有的人认账快，赖账也快。南方人一般感情比较细腻，处事讲话较为谨慎，较乐于接受和风细雨的谈判方式。直来直去，如果有伤他的面子，他心里会很不好受，而他又不一定反映在脸上。所以要防备有的人表面上认账，实际上赖账。

由于当今交通和通讯越来越发达，人们文明的程度也越来越高，南北优秀文化得到了广泛的沟通。商界里正涌现出大批既爽直又精明的实业家和业务人员，他们不论处在宾客或东道主地位，都能很好把握时机，正确应用谈判策略，促进一笔笔交易的成功。

②国际地域的变化。当你到国外从事商务活动，要注意各国的风俗习惯。欧美的商人时间观念较强，你走访他们的公司前，一定要事先约好会谈的时间，并且要准时到达。如果第一次赴约最好穿上西装，系上领带。这样在谈判前首先会给对方一个好印象，你与对方的距离就近了许多。欧美人，特别是美国人，谈判都喜欢直率。

笔者一次走访美国经营床上用品的一家公司，对方开门见山先问你："Have you any quota?"(你们有配额吗?)当听到回答是"没有"后，这位美国人便做着双手一摊的手势："No quota, no business."(没有配额，就没有业务。)说完就起身忙自己的事去了——这就是美国人，没有什么客套。这对东方人来说，好像是没有什么礼貌，但不久你就会发现他们更重视的是效率。还有，在谈判桌上得不到的，一般你也很难在请客吃饭中赢得。欧美人即使处在东道主的地位，请你吃饭也很简单，你点一个菜，他就给上一个菜，决无客套可言。谈判桌上他说的接受什么价，没有足够的理由说服他，他还是这个价。他们一般是比较注重"理"，而不是"情"。

而日本商人就是完全的另一种类型。日本人在正式商务谈判中，一般都态度显得很认真。他明知你的价格报高了，也不当即反驳，仍是一边"哈依、哈依"点头，一边刹有介事地记下来。但一旦他发现从中、或前后有矛盾时，他就会提出来，要你解释。你如果解释一番，仍坚持自己的报价，他也不急于表态。当日本人请你吃饭时，一般很热情好客，并不断地劝酒。如果晚饭，在这家吃了后，他又带你去卡拉OK，继续喝。除非你提起白天的生意，一般日本人是不会主动提的。第二天继续谈，他会讲你的价格报高了，这时候你如果还有余地，或希望成交，自然会作出让步。反之，他见你不让步，他也许会作一番思考状，同意签约，或者就说这个对你们有困难，这次就不谈了。所以在正式签约前，你要有一个正确的把握和谈判。如果等对方说出这次不签合同了，你再说"我可以减价"，这是很令人瞧不起的。

中东地区盛产石油，那些商人大多都很富有，但在生意上却很"扣"。中东大部分信奉伊斯兰教，伊斯兰教不饮酒，他们饮食的习惯和方式与其他地方有很大的差异。所以不要指望通过"饭桌"来解决什么问题。中东多印度、巴基斯坦去的商人，这些人谈起生意来，更是精巴得可以。笔者曾在科威特同一家印度兄弟谈一笔业务，为了2个美分，两兄弟同我磨了近1个小时，没有什么理由，就是要你让他2美分，最后见你坚持不后退，他们也没办法。

综上所述，灵活地运用策略的基本原则就是因人而异、因时而异、因地而异这么几条。而人、时、地三者又是互相交叉、互相影响的，所以不要机械地、呆板地去运用策略，而要把策略用活。还应当强调一下的是，我们在商务谈判中运用策略的基本立场是“攻他”和“利己”。攻他，在于理上取胜，而不是对他进行人身攻击、人格侮辱；利己，则是根本，是使自己一方尽可能获得更多的利益。要通过“理”上取胜，来达到获利的目的。这或许是商战与军事打仗的不同之处呢。

重点复习思考题

1. 为什么要进行商务谈判策略的规划？

2. 商务谈判策略规划的主要内容有哪些？

3. 如何进行对方资信情况了解方面的谈判策略规划？

4. 为什么要对业务可能性进行谈判策略规划？

5. 怎样进行价格条件方面的谈判策略规划？试设计一个商品价格谈判的座标图，标出你所期待的最佳座标点，以及可以接受的价格座标和双方保本点。

6. 如何制定支付条件方面的谈判策略规划？

7. 为什么要制订售后服务方面的谈判策略？如何制订？

8. 牢记谈判策略变换二十二式，并思考在什么情况下使用它们最适宜？

9. 如何克服运用谈判策略时的心理障碍和认识障碍？

10. 灵活运用谈判策略的三大原则是什么？你是怎样理解商务谈判中的原则性和灵活性的？

第八章 商务谈判的技巧

商务谈判既是双方在咫尺方桌斗智、斗勇、斗谋的一场无形的战斗，同时又是一门艺术，要讲求方式方法，讲求说话及表演的艺术和技巧。这是基于这样的出发点而言的：即商务谈判的双方，既是不同利益体的代表，各自要为自己或自己群体的利益而争，又是缺少某方不能获得自我利益的统一体。卖方脱离买方，东西就销不出去；买方脱离了卖方，就得不到自己所需的货物。买卖双方正是通过包含了共同利益的交易，来实现各自的经营成果。买卖双方这种既"争"又"和"的关系，决定了商务谈判既讲策略、又讲技巧的本质特征。本章将深入探讨商务谈判的技巧问题。

第一节 有声语言的谈判技巧

语言，是人类交流思想、表达情感的工具。"言为心声"，正确的语言表达有利于反映你的思想和情感。在商务谈判中更要注意语言的表达方式，同样一句话，讲得得当，对方听得下去，能引起共鸣；讲得不恰当，对方听了很反感，谈判也无法进行下去。古人说"慎于言"正是这个道理。商务谈判中好的语言表达方式，包括正确把握讲话的长短、语音、语调和语速等等，以及在何种场合、对何种人、讲何种话，怎样通过语言来缩短双方的距离，增加对方对你的好感和信任感等等，都是每个谈判者时时需要加以重视和研究的一个课题。

一、初次相识的讲话技巧

商务活动，经常要同各种各样的陌生人打交道。对于初次相交的同行，你的气质、风度和学识，首先的、也是主要的是通过讲话来反映出来的。这个给人的第一印象很重要。

1. 不妨谈些个人的私事，可以增加亲近感

为了消除初次见面的人所抱的警戒心，最好的办法就是敢于把自己的一些隐私，毫无忌讳地说出来，这能刺激并增强对方想要沟通的潜在心理。当你和他（她）轻松愉快地拉拉家常，就容易消除紧张的气氛。拉家常的话题非常广泛。对年纪较长的男、女外商（尤其女士），最“保险”的是谈他们的子女，例如，问对方有几个孩了？是男孩还是女孩？有几岁了？在读书还是在工作等等。一般来说他们都很乐意谈，边谈还会边夸奖某个子女几句。这时你不妨称赞父母教育有方之类，会使他（她）们引以为自豪。如果你自己有孩子的话，你也顺便可以向客人介绍一下自己的情况，双方还可以交流一些教育孩子的体会等等，这会使双方之间的距离一下子缩短不少。除了谈孩子，还可以谈个人的爱好，个人的特长，如你懂得一些烹调技术，你就可以借吃饭的机会，讲某某菜怎么烧才好吃；你酒量好，可以谈哪些名酒的口味如何如何；女士则可以谈一些服装和化妆品之类。谈的时候，要自如，不矫作，使对方感到你是不经意地吐露出来的，最好是因景触情地娓娓道出。但如果对方没有兴趣交谈，或不想继续老的话题，你就应该及时换一个话题。谈一些私事，是为了融洽气氛，要见好就好。不要没完没了地只顾自己谈，而不顾别人爱听不爱听，那样就会适得其反。还要注意各地、各国的风俗习惯、价值观和信仰的差异，要把握好分寸。

2. 讲一些贬低自己的话，反使对方信任你

面对警戒心较重的谈判对手，或当对方因情绪激化而产生反感的时候，假如你肯表现出“委屈”卑下姿态，说一些自己的缺点和

弱点，甚至讲一些自己失败的经历，必能消除对方的警戒心，平息对方的怒气。与此相反，如果你一味坚持自己一贯正确，只会增加对方的反感。曾经有一位上岗不久的外销业务员，同三个韩国客商洽谈一笔出口丝绸服装业务，由于对服装面料耗用估算不准，结果报价太离谱。外商提出是否计算有问题，这时如果这位业务员肯说一句“对不起，或许是我算错了……”，谈判还有可能继续下去。遗憾的是这位业务员，就是死不认账，反而称自己一向都是这么算的，气得三位韩国商人拂袖而去。结果一笔近 10 万美元的业务就这样一下子告吹了。

3. 尽量不说“你”、“你们”，而用“我们”，可使对方心理上产生一体感

初次相识的谈判双方，能否正确地使用称谓代词很有讲究。当你口口声声向对方说“你”或“你们”时，给人的感觉是说话的人和听话的人是分别存在、并处于不同立场的。而“我们”给人的印象，则显示两者是站在同一立场上，而不会使双方变得十分对立。同样一句话一个内容，称谓不一样所起的效果是不同的。不信，我们一起来读下面两句话：

——你报的价格太高了，你应当明白，商品价格必须随行就市，你卖得这么高，我怎么再销售，无利可图的生意，我根本无法接受！（指责对方，像是吵架。）

——让我们来检查一下，这个价格是否会太高？我们都明白，商品的价格必须随行就市的道理，过高了无法销售，我们双方的生意就做不下去，大家都无利可图。（一口一个“我们”，显得处处都在为双方的共同利益而设想，就容易打动对方。）

4. 多讲对方爱听的好话，不会“蚀本”

人，都有一个趋利避害的共同心理，在这一心理的支配下，人们自然喜爱听讲他好的话，而不愿听讲他坏的话。尤其在初次打交道的场合，更是如此。假如面对客商，一上来你就指责他这也不是，

那也不对，只会引起对方的反感，谈判肯定无法进行下去。相反，你适时地、中肯地夸奖他几句，他心里会很舒服，认为你看得起他，在重视他，他也就会很自然地和你交谈下去。

有的谈判手很吝惜说人家几句好话，好像要花去他多大本钱似的，总是"金口"难开。这里可能有两种心理在作怪：其一是怕抬高了人家，贬低了自己；其二是怕惹了"逢承拍马"之嫌。其实这些顾虑是完全没有必要的。都是生意人，有什么高低之分？逢承——相逢相承，为把生意谈好，使双方均有利可图，相互逢承一下，有什么不好？这同有些人在官场上为了一己之得，而溜须拍马是有本质不同的。当然，讲对方的好话，也要有分寸，不要不着边际地胡捧乱吹，那样反而使对方感到厌恶。同时还要注意场合时机，在此较正式的场合，或双方都在专心致意地谈业务时，你如果突然冒出一句与业务无关的逢承话来，就会破坏谈判的气氛。

二、语调、语速运用技巧

1. 语调的正斜与高低是内心情感的表露

语调，是指语言在发声过程中呈现出来的一种状况。除了每个字原有的声调外，还包括整个句子里抑扬顿挫的调子。同样一句话，使用不同的调门，采取高低不同的发音，给听者的感受是不同的，也反映了说话者内心的不同情感。

(1)调门正斜，可听出弦外之音

在商务谈判的多数场合，我们一般都使用正调门，不论是陈述句，还是疑问句，均是按其句子本身所要表达的意思，来自然发音的。譬如陈述自己的观点，用诚恳平稳的口气说出："你方所报出的这个价格是合理的，我们将认真计算一下，再给你一个最后的确认。"

如果我们改用讽刺挖苦的口气，来说上面一段话的意思，就变成："你方所报的价格真是(↑)合理，我们是得(↑)认真计算计算，你就等着我们的确认吧！”(言外之意，不可能同你成交。)

这就成了两种完全不同的意思表达。

陈述句是如此，疑问句也是这样，如：同一问题，用商讨的口气提问：

“贵方认为下一次谈判，在哪里举行合适些？”而用带有不满和责备的口气提问，就成了：

“贵方定好了，下一次谈判地点你们说在哪里举行？”

用不同的语气讲相同内容的话，会有如此大的差异！可见“听话听音”是很有道理的。作为一名优秀的谈判手，不仅要学会听得懂对方的弦外之音，而且要学会在各种场合下，会讲各种语调的话。

(2)大嗓门讲话是谈判之忌

语调有正斜之分，还有高低之别。通常在商务谈判中，音调不宜太高，而以对方能听清楚为界。尤其在同女士洽谈业务时，你若扯着喉咙大声讲话，会被认为是没有教养的一种表现。一般的业务谈判，均在小范围、小场合举行，多数是两三个人，面对面的交谈，根本没有必要讲得声音很高。这样，当你谈到你需要特别强调的地方，你只要稍稍提高一下自己的声音，对方就会引起重视了。你若是通篇都是高声地讲，还有什么重点可言呢？所以，一般来说只有在比较大的场合，或你面对的谈判对手耳朵有点不便，你才有必要提高嗓门。

2. 语速的快慢要适度

语速，是指讲话的速度可以有缓急快慢的变化。不同民族，不同语种，讲话的速度通常是不一样的。在商务谈判中掌握好讲话的速度，同样是一门技巧。

同一句话，语速快慢不同，效果也不同。一般说来，下述情况之一，讲话的速度宜慢：

(1)当你向对方提问的时候；

(2)当你的谈判对手是老年人的时候；

(3)当你需要特别强调某事的时候；

(4)当你运用某些策略(如：声明)的时候。

反之，遇下述情况者，讲话的速度一般则宜稍快：

(1)当你陈述自己观点的时候；

(2)当你反驳对方无理要求的时候；

(3)当你不希望再与对方毫无效果地谈下去的时候；

(4)当某些策略运用需要快速发言的时候。

快与慢是相对而言的。快，要快得使对方能听清楚你的发言内容(特别情况例外)；慢，也要慢得使对方能接受。快与慢又是交替进行的，需慢则慢，应快则快。有时是对方快速发言，不给你插嘴的机会，你不妨抓住话头，先表示“同意”对方的某某观点，接着以快制快，陈述自己的意见。也可以以慢对快，听对方讲完，再慢慢地陈述自己的意见。前者常出现在价格谈判等敏感问题上，后者则多见于索赔、理赔等自己一方理亏的时候。

而最普遍的做法是中速说话。中速说话，既能较平静地陈述自己的观点，也可以给对手一个从容响应的机会，使整个谈判处于一种详和的气氛之中，同时为策略需要“快”或“慢”时创造了条件。

三、有经验的谈判手运用语言的特殊技巧

1. 少用或避免使用易引起对方反感的话

一个有经验的谈判手，懂得谈判的根本目的，在于寻找共同利益和找到解决问题的途径，而不在于一时一事的感情用事，或虚荣心的满足。他们总是巧妙地避开那些容易刺激对方、并引起对方反感的话题，诸如：“慷慨报价”、“正确”等空洞的自我吹嘘之词。这些词语既没有什么实际价值，又缺乏真正的说服力，不如不说。另外，一些明显轻视和贬低对方的话语也不应说，譬如：“你连这点常识都不懂！”“你连一个价格都算不清，还做什么生意”等等。尤其对一

些生理有缺隐的客商,如口吃、四肢有残疾的、有狐臭的人,等等,更不能说一些伤害他自尊心的言词,否则不仅这笔生意做不成,还会挫伤了与客商的感情。

2. 慎用反建议

商务谈判不同于一些政治性会谈,也不同于开辩论会。它是要在尽可能少的时间里,找出一个对双方来说尽可能多的共同利益来。因此应当避免出现这样的情况:一方刚提出一个建议,另一方马上提出一个反建议,结果双方无法讨论下去。而有经验的谈判者,往往很少立即对对方的建议作出反建议式的反应,除非其反建议是有效的。

立即提出反建议会有以下不利之处:

(1)一个新的建议,意味着给对方多一种选择,有时一个全新的建议会使谈判趋于复杂化;

(2)被认为是对对方建议的否认,会把谈判引向僵局。

3. 善用谈判语言

商务谈判,有一套惯用的语言,要靠每个谈判手认真琢磨和积累。譬如:在提问题前惯用"是否可以允许我提出一个问题……"来起头。在否定对方之前,是先作陈述性的解释,而不是直接用结论性的语言"我不同意"。明显的对比,如图 8-1:

好的谈判者:	原因/解释→不同意
一般的谈判者:	不同意→原因/解释

图 8-1

遇到争论的时候,则应少用或不用"你不可责备我这点或那点","目前的困难局面的出现,不是我们的过错"之类的言语。即使情况确如你所说的,也不必这样挑明。因为这样说,等于火上浇油,只会招致对方更激烈的反应,同样会使谈判陷入僵局。

4. 善于确认对对方意思的理解,并作归纳、概括和复述

谈判中,应不时地将自己的理解和对方所表达意思归纳起来,

概括地复述给对方，以避免出现误会和理解方面的差错。

可说："如果我没有理解错的话，你的意思是不是……"

5. 采取正确的提问方式，经常提问

当谈判者面临A、B、C、D四个问题时，一般谈判者只会按部就班，先说A，后说B，然后是C，最后是D，每个问题都互相关联，即：

A→B→C→D

而有经验的谈判者，几个问题可随意变换次序，每个问题都是独立的、互不关连的。他总是选择自己当时最合适的问题开谈，既给人一种灵活的印象，又不致使自己陷于被动。即图8-2：

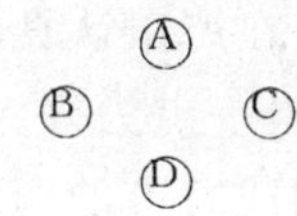

图 8-2

在上章中曾经讲到过谈判中"提问"策略的内容。提问不仅是一种策略，也可看作是一种技巧。正确的提问对谈判的成功起很大的作用。这是因为：

(1)提问可为更好地了解对方的意图提供依据；

(2)可以控制会谈；

(3)可以避免直接说不同意；

(4)占用对方的时间，减少对方思考的时间；

(5)为自己争取思考问题的时间。

6. 采取较少的论据捍卫自己的观点

谈判中常常需要寻找一些论据，来为自己的观点服务，并试图以此说服对方。有经验的谈判手一般都是用较少的、但有份量的论据来为自己的观点作佐证。因为他们懂得论据太多，反而会稀释论据的份量。

7. 多使用对未来的、长期效益的评述语言商务谈判，既着眼于眼前利益，同时也期望长远利益。好的贸易伙伴总希望长期合作下去。做一笔生意、甚至一笔生意都没开始做，就跑掉一个客户，这不是真正生意人的眼光。因此，一个有经验的谈判者，往往很注意使用诸如："这笔生意你可能赚得不多，但你想想，一旦我们双方打进了这个市场，将会给我们双方都带来不可估量的好处。"等等一类话，这样使双方的眼光都放远一点，就会有较多的共同语言，而不会光计较眼前的点滴得失了。

8. 巧妙运用讲话的严肃性和诙谐幽默

商务谈判的双方都是具有思想感情的活生生的人，讲话是态度严肃地进行，还是诙谐幽默对双方情感及谈判气氛影响极大。

一般地说，商务谈判是在严肃认真的情况下进行的。尤其面对长者、女士时，总是稍微严肃一点为好。严肃，往往给人沉着、有教养的印象。在大型的政府间或官方的商务谈判中，更要注意保持较严肃的气氛。但严肃不是呆板。老是绷着一张脸去同人家谈判，对方心里会很不舒服。

商务谈判，大多是商务人员之间举行的具体贸易洽谈。因此，有经验的谈判手，总是注意善用诙谐幽默的话语来调节气氛，打破呆板，使整个谈判显得既认真又轻松。诙谐，要注意不俗。俗里俗气的笑话讲出来，反使人感到你缺乏教养。同时，还要注意不要把对方（尤其是对方的生理缺陷）作为开玩笑的话题，以免引起误会和反感。幽默，则是智慧的结晶。善把看似无关的一事物和他事物联系在一起，并加以夸张，往往可造成幽默的效果，能反映一个谈判者的学识和机智。

总之，有声语言的表达技巧，包含着十分丰富的内容，需要通过长期的学习、摸索和积累才能形成。当你对某个技巧还不那么熟练的时候，还是以稍为稳妥的习惯语言为好。只要能正常地表达自己的感情和意思，使对方听得明白，这才是首要的。为技巧而技巧，结果弄巧成拙，则反为不美。

第二节 无声语言的谈判技巧

商务谈判，主要当然是靠语言的表达来完成的，但是也不能忽视衣着、举止、表情等等无声语言在谈判过程中所起的作用。

一、衣着技巧

谈判见面伊始，给人第一印象是衣着，衣着不仅是遮羞保暖的物品，而且有美化仪表，显示身份，衬托个性的功能。

(一)端庄的衣着显示对会谈的重视和对对手的尊重

对参加商务谈判者着装总的要求是：面料讲究、裁剪得体、颜色相宜、整洁大方。衣着不整，穿着随便就参加谈判，既给人邋蹋、不讲清洁的印象，又使对方认为你不重视这次谈判。而且一旦对方认为你不重视谈判，那么他在谈判中流露出的心态就会完全不同，以至带来对你不利的结果。在美国、西欧等一些国家，第一次同对方约定谈判，你如果是男士的话，一定不要忘记穿着整齐的西装，同时系上一根象征身份的领带。到这些地方去出国推销，最好是带上几根像样的领带。西装多带较麻烦，领带多带则是轻便的。这样你如果连续几天去会见同一客户，外面西装可以不变换，而只需把领带换一下，会给对方留下很好的印象。当他认为你很重视这次会谈，并表现出对他的尊重，对你的谈判无疑是有益的。

如果你是一位女士，在同对手谈判时，也要注意着装端庄。年纪偏大的以颜色偏深的西装套裙为宜，年纪较轻的色彩可以鲜艳一点，款色也可活泼一点，但不宜穿超短裙及坦胸过低的衣服。

(二)谈判过程中衣着的作用

衣着又可作为谈判中的一种道具。通常在谈判时，应注意不要不顾对方的讲话，而只顾自己摆弄衣服。一会儿拉拉自己的衣领，一会儿翻翻自己的衣兜，都会被看作是没有礼貌和教养的举动。但在一定的场合下,你可以借助衣服做道具来“演戏”。比如对方老是纠缠某一个小问题不肯放时,你可以保持沉默,管自己解外衣的扣子,或把已解开的扣子“专心”地扣上,以表示你不愿再听下去。或当谈判出现僵局的时候,你可以用平和的语气征询对方的意见(尤其当对方是一位女士):“我可以脱下自己的外套吗?这个房间太热了!”或者有时可以提议对方:“这房间暖气不足,你是否需要把外衣穿上?”等等,以中断对方的讲话,使双方有时间冷静下来,改变继续僵持下去的尴尬局面。

(三)谈判结束,服装道具仍有用

如客人在进房时有外衣脱下,挂在衣帽钩上,谈判结束时,你作为主人,应礼貌地先取客人的衣服递给他(她),尤其是西方的女士或年纪较长,职位较高者,你最好顺手替他(她)穿上。穿的时候,双手拎住对手的衣服,站在对方的背后,对方会后伸双手,你对准袖口往上提就行了。这样,对方会认为你非常有Gentleman(绅士)风度。另外,不论谈判是成功还是失败,你在结束谈判,或请人吃饭时,都可以服装(包括男士领带)作为一个话题,谈一些轻松的话,进一步沟通感情。

二、举止技巧

人的举止行动既可以帮助语言的表达和发挥,同时又可以独立于语言,表达意思和情感,有时还能起到有声语言所不能起到的作用。如一个人圆睁双目,紧握拳头挥舞着,即使不说一句话,你也知道,他表示的是“愤怒”,而你用语言大喊大叫地表示愤怒,就会被人看成很粗鲁。在商务谈判中这样极端的例子当然不多见,而通过细微的举止,作为一种特殊的语言,为谈判服务则随时可见。

(一)站的技巧

谈判者的站姿体现其精神状态、自信与礼貌。一般男士站立时,以双脚幅度与肩同宽、腿膝部不弯曲为宜;女士则宜双脚微并拢站立，上身可微前倾。

如你为主人时，应以站立姿态，恭候门口迎接客人。在客人欲进屋前，可伸出右手示意请进。在迎完所有客人后，你再稳步走到桌边，招呼所有的客人就座后，自己最后坐下。不要客人没有坐好，自己却先坐下了，像领导干部开会要招呼别人坐一样；也不能光招呼对方主谈坐下，其他随从就不顾了。更不能客人一进屋，把客人留在那里，自己却跑到另外房间去了。

如你为宾客时，应缓步入室，行走时头略低，身微前倾，自一个方向往室内走，不要在原地转圈，那会给人无主见之感，也有失身份。当主人招呼你到谈判桌边时，手自然下垂或两手扶桌、两手相握，等候自己的随同均找到位子，再坐下。

谈判中间一般不要不向对方打招呼，就自己站起来。即使谈判进行得很激烈，有时你情绪控制不住，要站起来时，也应找一个适当的借口再站起来。谈判时间较长，可提议双方休息一下，这时大家站起来，聊聊天，谈些轻松的话题，虽站姿可以自然、潇洒一点，但不要轻浮、懈怠。伸懒腰、打吹欠或把手搭在对方的肩上等不良姿势均应避免。对异性，一般不宜站得太近，更忌钩肩搭背。

谈判结束时，作为主人，你应先同对方站立的桌边握手道别，再送客至门口。作为各人，你在稳步离开前，应向主方人员一一握手话别再走。此时的站姿，应为直立、挺胸、平视，显得有信心而满意。若是谈判不成，也应不失风度，不可低着头匆匆而走，只不过点头示意的动作幅度小点，或者神色上露一点不满即可，而不应在行走姿势上改变自己的形象。

（二）坐的技巧

谈判间的坐姿，有依桌而坐和不依桌而坐两种情况。两种坐法有不同的坐姿要求。

1. 依桌而坐。一般可以挺直腰板，单手或双手放在桌子上，也可身子微靠椅背，人略后仰，双手放在自己的腿上，而不要用双手支着下巴,俯身在桌上,也不要用双手抱着后脑勺靠在椅上。这种坐姿于谈判无益。

2. 前面无遮拦的坐姿。相对坐在桌边而言,这时身子的下半部也暴露在对方面前。因此不仅要注意坐姿的上半身,同时也要注意下半身。双手可放在椅子的两边把手上,也可双手抱臂,或把双手放在自己的双腿中间(一般女士以此姿为多)。遇比较正规的谈判场合,上身一般保持平直,双脚也以自然平直弯曲为宜,时间坐久了,可以侧倚坐椅的一边。不是很正规的谈判场合,可以稍随意一点,双脚可搁成“二郎腿”,上身也可以后靠椅背,但不论哪种场合,坐姿要求不要把自己整个人都如睡如躺地缩进沙发中,更忌坐在那里不停地抖动双腿,这些姿态都俗不可耐,只会给对方留下不好的印象,增加谈判的难度。

(三)动作和表情

谈判场合手的动作可有两种状态:一是配合语言徒手进行,我们常称之为手势;一是借助一些“道具”,有意摆出某些姿态,配合表现,表演一些假动作,可称之为“做戏”。

借助手势,加强或夸大讲话的含义,对言者来说会产生一种征服力的效果,但这是指使用得当而言。反之,如使用的手势同所讲的话语风马牛不相及,那么不仅起不到手势的应有作用,反而适得其反。因此,运用势手助你讲话,要注意:一是动作幅度要适当;二是强度不能过猛;三是手势不要来得太突然。

做戏的特点,是于无言中见其意。其效果要由道具、戏文和演技3个方面有机结合,综合评估。

1. 道具。通常谈判中,可用于做戏的道具主要是:笔、本子、计算器、价格单、订单、合同纸、传真、电传、打火机、某人的签字或打印材料等等。不同的道具在戏文中起到不同的作用。

2. 戏文。商务谈判中,戏文可以有很多,有希望引起对方关注的,有表示不满的,有表示无可奈何的等等,但概括起来不外乎两类：一是谈判者主观编辑的，也即演给对方看的；二是观察到对方表演的，从而悟出其意的。通常演戏是为了解决语言所难以表达，或不宜表达的问题，目的是制造理由，加强己方论证力量，或避免直接论战的锋芒，使谈判得到平衡，并在平衡中求发展。譬如：你对对手喋喋不休的纠缠已经十分厌倦；你对对手的无礼责难感到愤怒；你希望早点结束谈判等等。这些事情上，哪一方如用语言明明白白地表露出来，双方都会很难堪，而采用演戏，让对方意会；或者对方演出戏，你能领会，就不会太伤和气。

3. 演技。演技是指运用道具、姿势和神态表达谈判所需戏文的水准。下面探讨几种常用戏文的配合技巧问题。

表示不满。突然停住手中在写字的笔，或突然合上记事本、抬头、锁眉、睁眼，无声地盯住对方的脸和眼睛；双手将桌上的谈判资料一推，眼睛朝下，或扭头往别处看，口中吐一口气，微微晃动脑袋，人往坐椅后一仰，双腿摇动一两下，双手作整理资料收摊状，等等，均能较好地演出不满的"戏"来。

表示厌倦。拿着笔，似听非听，只管自己在白纸上画圈圈或小动物之类，一副双眼不抬、旁若无事的样子；拿着手中的打火机，吧嗒吧嗒打着火，全神贯注地样子观其火苗；女士则可拿出随身带的化妆小镜，左顾右盼，拢拢头发，理理衣裙，准备结束的姿势。这些都在示意对方：不要多说了，我都听厌了，再罗嗦下去，我可不奉陪了。

表示愤怒。突然停住笔记，目光有神地盯对方一眼，将手中的笔一扔，以至将所记的纸一撕；将笔杆在头发上快速擦几下，猛地抽回在桌子上敲几下，双目圆睁，注视对方，作深呼吸状；把手上的资料往一边或桌前一摔，紧闭嘴唇，突然从坐椅上站起来，欲走的样子。

表示关注、推敲和思考。保持双眼注视对方，时而转动眼珠向下或凝视一下，手不停地像在注意记录对方的讲话；边听对方讲话，边写几行字，要助手提供一些资料，或用笔画出着重号，指着自己的记录稿给助手看，把笔和本子合拢，放在面前，双手合成“A”型，按在前额，稍作沉思状；用计算机随意揿几下，合拢，再微微点点头……。这些都能恰如其份地表达出你对对手所发表的意见有兴趣或你的重视程度，也表示你可以认真考虑对方的建议。

表示可以结束谈判。抬手看自己腕上的表，一次没引起对方的注意，可以再重复一次；扣上笔套，合起笔记本，整理好自己所带的物品，抬眼无声地看对方；给助手使个眼色或打个手势，不收拾东西，起身离开谈判室，或在走廊上抽烟、散步。这些都形象地表达出：“今天这样谈下去已没有意思了，还是结束吧。”

其他，无声的戏文也可和有声的表演结合起来，如把一份假拟的合同，或价目单有意地在对手面前晃动一下，或不经意地摆在桌上，同时，还可将离程机票拿出来，放在对手面前，告诉他：我回程票已买好，离开前，如这个价格还谈不下来，以后再谈就很困难了。这样，可达到压迫对方尽快成交的目的。

上述表演在谈判中屡见不鲜，但要演得自如，不愠不火，不急不燥是不容易的。上乘的表演技巧，是在长期的谈判实践中慢慢琢磨、锤炼出来的，要善于细心观察体会，来提高自己。

第三节 谈判技巧的误区

前面两节，我们已从正面阐述了有关有声语言和无声语言的技巧问题。由于技巧是因人而发、因人而异的，所以难以将其穷尽。这一节我们将从技巧方面可能会陷入的误区这个反面角度进一步加以论述，使你在谈判中能更好去把握技巧的发挥。

（一）透露太多情况

有些谈判者，特别是有的新手，往往与对手一坐下来，就显得十分热情，不等对方设圈套你，三言两语就把自己的一点“底子”和盘都托给了人家，使谈判一开始就处于很被动的局面。如：你要推销库存商品，在价格、交货期、支付方式等重要条款没有谈成之前，就绝对不能抖出数量、原价多少等敏感的数据，也不能流露出"资金占用多少多少"、"将影响后面的业务"、"仓库紧张"等等有关的真相，否则你就等于把绳圈交给对方，往你的脖子上套。对方一旦掌握你急于脱手成交的心理，势必要杀你的价，这就会使你亏得很惨。谈判桌上，只有利益的分配之争，无"帮忙"可言。谁肯自己赔上几万、几十万"帮"你"忙"呢？当然，无偿的经济援助那是另一回事。推销库存商品是如此，其他方面也一样。当讲则讲，不当讲就尊口莫开。有时看起来是一句不经意的问话，如：某位主管领导今天是否外出了，最近国家是否会对某个商品有新规定了，等等，你讲者无意，他听者有心，很可能会成为他后面反击的把柄。

（二）轻易接受"让我们寻求一个妥协办法"

在上一章中，我们把"妥协"作为一种策略，这只是讲有这么一个策略可以使用。谈判实践中，往往有的人，不经努力，或不经仔细测算思考，就脱口而出，接受对方的所谓妥协方案，继而想想不太妥，再改口就被动了。轻易地接受对方看起来为你着想的提议，这很容易中对方的圈套。当对方提议"让我们寻求一个妥协办法吧！"你不应急于对提议的本身表示赞同与否，而应以反问的形式，搞清对方的"妥协办法"的实际内容究竟是什么，对己方是否有利，再作决定。要注意，轻易地接受空洞的要约，往往是踩入"陷井"的开始！

（三）愿意被人拥戴

前文已谈到过说好话"不蚀本"，但愿意被人拥戴的谈判手，在谈判桌上则很危险。一旦对方掌握你这个弱点，就会用"蜜糖"把你灌得迷迷糊糊的，使你失去应有的戒备心，做出不必要的妥协和让步。

（四）放弃必要的冲突和对抗

谈判中，既然大家都是为了做生意，寻求共同的利益，所以应当避免一些不必要的冲突和对抗。但同时，我们也不可忘记，谈判既是双方的利益之争，不可能没有冲突和对抗。放弃必要的冲突和对抗，有时恰恰是放弃了你应得的权利。对方要求你出什么价，要你让什么步，你就一声不吭地同意出什么价，同意让步，这样的谈判当然不会有什么冲突和对抗，但己方的利益又怎么维护呢？一个好的谈判手应该设法避免不必要冲突和对抗，但也决不畏惧对抗和冲突。在该争的利益上，不会轻易后退半步的人，反而会受到对手的尊敬。

（五）过早地以撤出谈判相威胁

撤出谈判是万不得已的事。撤出谈判就意味双方这笔交易的结束，你又得从头开始选择新的交易伙伴，更重要的是你很可能由此而失去销售的最佳时机。因此，一个好的谈判手要学会有韧力，就是要磨出个结果来，眼看自己的目标有可能达不到，就沉不住气了，并以撤出谈判来威胁对方，这是软弱无能的表现，不但起不到逼迫对方就范的目的，反而容易刺激对方的不妥协心理。

（六）走进死胡同

一个生意人的头脑应当是相当灵活的。这条路不通，就走那条路。谈判过程中，死认一个自以为是的理，明明走不通了，还要硬走下去，是很糟糕的。下述情形下最容易钻死相同：

(1)急于求成，表态轻率；

(2)对方激将法，火上加油；

(3)自己面子下不来，情面大于利益；

(4)思想方法僵化，不肯退一步想一想，坐失转机；

(5)找不到自如撤出的技巧。

对照一下，自己如有钻死胡同的习惯，属于哪一类，应当针对自己的弱点，有意识地与自己过不去，才有可能提高你的谈判技巧。

（七）不寻求共同利益及新的解决办法

为寻求共同利益而进行谈判，这一宗旨是每个谈判者运用技巧的基本出发点。立足于这一基本点，才有可能在谈判受挫的情况下，积极想方设法，促成谈判僵局的转化。有的谈判者有意或无意地忽视了对共同利益的追求，或者只顾自己一方的利益，或者只是意气用事，这就很难出好点子。当谈判陷入僵局，一个寻找共同利益的谈判手是从哪些方面入手摆脱僵局的呢？他会从以下几个方面来加以检讨：

(1)是否存在误解；

(2)是否需要改变语气；

(3)是否需要调整策略；

(4)是否需要在一些枝节方面作出必要的让步；

(5)是否应当在利益分配上作出让步。

经过自上而下5个方面的检讨、判断，新的办法也就出来了，谈判也可望出现“柳暗花明”。当然，如果纯属对方无理取闹，或胡搅蛮缠则自当别论。

学习完这一章，我们对商务谈判的技巧问题已经有了一个较完整的了解。如果说谈判策略是为“争”利益而设置的，那么谈判技巧则是使这种“争”带上“温和”的色彩；如果说谈判策略是隐藏在谈判者思想深处的智慧，那么谈判技巧则是溢于谈判者言表的聪睿。谈判技巧和谈判策略一样，是为着谈判战略目标服务的。无论是有声语言技巧，还是无声语言技巧，都有自己的规律可以寻找。我们应当在长期的谈判实践中，不断地学习和掌握各种技巧，同时发展新的技巧，逐步形成自己的谈判风格。

重点复习思考题

1. 什么叫商务谈判技巧？它同谈判策略有何联系及区别？
2. 有声语言谈判技巧包括哪些内容？
3. 初次结识的客商在谈判时应注意哪些技巧？

4. 如何掌握谈判中讲话的语调和语速？

5. 一个有经验的谈判手是如何把握谈判技巧的？

6. 谈判技巧的误区有哪些？应当如何避免？

7. 谈判在哪几种情况下易陷于僵局？如何才能摆脱僵局？试举例说明。

第九章　商务谈判中的礼仪与礼节

研究和重视商务谈判中的礼仪与礼节，既是谈判者所属机构的精神和本人素质的集中反映，也是谈判技巧和手段的具体运用，它会直接影响谈判对手的思想情绪，甚至会关系交易的成败。特别是在国际商务谈判中，针对不同对象处理好谈判有关的礼仪和礼节，乃是反映国家、民族的文明程度和社会风尚，关系企业的形象和声誉的大问题，尤其应高度重视。

第一节　商务谈判的礼仪

商务谈判是有关各方在多种场合、多种形式下相互交往的一种活动，尤其是对外经贸谈判，必须在各个交往环节上注重礼仪的要求。

一、迎送

迎来送往是通常的礼仪活动。对于应邀前来参加谈判的人员，对方确定了来华日期和航班、车次并通知了我方，不论是官方人士、专业代表团，还是民间团体、友好客商，在他们抵离时，都要安排相应身份的人员前往迎送。而对多次来往的客商，有时他们喜作观光、旅游等活动，航班、车次难以确定，不去迎接也不失礼。

(一)确定迎送规格

我方派出迎送人员应与对方人员的身份相当。如对方是总经理率团前来，我方也应派相应级别人员前去迎接；有时如我方有与对方熟识的人(如亲戚、朋友、同学等)，派他去迎接，即使身份不完全相称(当然不能太悬殊),也会使对方高兴满意。如迎接者不懂对方语言,需要有一名译员。所以,在一般情况下迎接者应包括一名身份相当的人员,一名译员或秘书为宜,不要组织大队人马搞迎送,也切忌派出身份很不相称的人员担负迎送任务。

如对方是夫妇同来,或一行中主要人物是女士,在其住处事先送一个花篮或一束鲜花,能使对方感到意外的高兴,往往能产生很好的效果。但送花时须注意对方的风俗习惯,如对日本人不能送荷花、菊花,花束不能以4枝或9枝花组成,因"4"与"9"在日语中与"死"与"苦"谐音,非吉利之兆;意大利人喜欢玫瑰花、紫罗蓝和多种小野花,不喜欢菊花。在送花给对方女性时,要以我方公司名义和负责人妻子的名义,切莫以我方某男性人员名义送花,否则会弄巧成拙,事与愿违。

有时从发展双方关系、表示对谈判重视程度出发,可以搞破格接待,安排较隆重的迎送场面,但在一般情况下宜按常规办理。

(二)准确掌握抵离时间

做好迎送工作一定要准确掌握对方人员航班、车次的抵离时间,及早通知有关人员做好各项准备,做到顺利接送来客,又不耽误迎送人员过多的时间。迎客人员应在对方交通工具抵达前到规定地点,送行人员则应在客人登机(车)前一段时间到达,要事先估计交通情况,切忌误点失礼。

(三)乘车

在国内接客,一般请客人坐在后排主人的右侧,上车时客人从右侧车门上车,主人则从左侧车门上车。如客人先行上车,已坐在主人的位置上,也不必请客人再移动位置。如有译员,宜坐司机边上位置。出国参加商务谈判,对方主要负责人自己驾车,则其旁边应是主要客人的位置,我方主要人员宜坐这个座位,译员和其他人员可坐后排。

(四)迎送的具体事务

当迎送身份高的客人时，要在迎送地事先联系好贵宾休息室，作好饮料等准备；要派专人协助办理出入境及票务、行李托运等手续。接客人数较多时，应在对方派人配合下，将主客的行李先行取出，以便及时送往住地更衣。客人到达住地后，不要马上安排活动，只谈下段或翌日计划，整个日程安排待休息后择时再谈。如有几个单位接待，规格要大致相似，活动安排不要重复、脱节。

二、会谈

会谈是双方就商务有关的各种问题进行磋商的主要过程，安排好会谈的礼仪事项，对谈判进程自然有直接影响。

1. 确定会谈时间、地点和双方参加人员名单，及早通知客人和有关单位作好安排。会谈场地要整洁、宁静，布置要有利于创造良好的会谈气氛。每次会谈主人应提前到达，如遇特殊原因未能提前到达，应向客人致歉并说明情况。

2. 会谈主客首次到达会场时，主人应在大楼门口迎接，或由工作人员在大楼门口迎接，引到会议室，主人在会谈室门口迎接。如需合影，宜安排在宾主握手之后，合影之后再入座开始谈判。会谈结束，主人应送客人到门口或车前，目送客人离开。

3. 会谈中一般只备茶水，夏日准备些冷饮；会谈时间较长，也可上咖啡或点心。

三、宴请

客商到达下榻旅馆安顿就绪之后，按我国传统习惯就要为其“洗尘”接风，即设宴招待以示欢迎。

(一)宴请方式

宴请有正式宴会和便宴，又有早宴、午宴、晚宴等不同规格和要求。

1. 正式宴会。宾主应按身份排位就座，气氛较为隆重。国外对参加宴会的服饰比较讲究，事先须清理须发，更衣。有的临宴会前须进盥洗室再次整容，清除口中气味，足见其对正式宴会的重视。正式宴会一般都安排在晚上。国外客商一般都把自己下榻的宾馆看作是临时的“家”，所以正式宴请不宜安排在客人住宿的宾馆举行。

2．便宴。即非正式宴请，形式较简便，不排席位，气氛轻松而亲切，菜肴道数宜酌减，午宴可不上汤，不上烈性酒，时间宜适当压缩。

3．家宴。西方国家客人喜欢被人邀请到家里参加便宴，感到这是上礼。家宴由主妇亲自制作菜肴，家人一起招待进餐，往往给客人留下难忘印象，增加亲切感。特别是对方已在家里设便宴招待过我方人员，来华时宜作相应回报才不失礼。

4．工作进餐。工作进餐可在早上、午间和晚上进行，这是商务交往中常采用的一种非正式宴请形式。双边工作进餐往往排好座位，座次与会谈时相仿，便于进餐时边吃边谈。

（二）安排好酒肴

宴会的菜单应按照客人的习惯与爱好区别对待。内宾如四川、湖南的客人，喜欢吃辣；北方客人口味重，喜吃面食；江浙一带的客人则喜菜肴清淡，多些甜食等。至于宴请外商，最好以对方国家（或地区）比较稀缺的东西待客，而不要拿对方不喜欢或禁忌的东西去招待。如甜瓜对日本客人来说是比较珍贵的，而对南美客人，则是极便宜的水果，登不了大雅之堂；又如湖蟹、海参对日本和港、澳、台客商来说属时馐珍品，而用来招待欧美客人则往往白费金钱，事与愿违。至于像鸽子、麻雀等小动物以及其它保护动物做的“名菜”，对欧美和大洋洲的客商不仅不合适，而且会引起极大反感。对信奉伊斯兰教的客商，要用清真席，不用酒，甚至不用任何带酒精的饮料。所以，宴请菜单一定要根据客人的爱好和特点用心确定。对个别客人有特殊的需要，应单独为其准备菜肴。如果是小型宴请或平时进餐，应首先请客人点菜或征求客人意见后再点菜。宴请时准备的菜量，应按宴请人数和方式决定，一般地说，菜的数量按就座人数平均一人一中盘就已足够，如就座人数不足 5 人，按实际人数另加 2 至 3 个菜也就可以。我国民族特性好客盛情，并喜以菜量丰富来表示，其实上菜过多、吃一半剩一半的招待方式，并不能产生好的效果，反而会造成很坏的印象。有一位美籍华人返回祖籍浙江某地计划投资企业，会谈之后，主人准备了一桌过份铺张的宴席，同时使客商看到了一些干部大吃大喝的神态，结果引起客人很多思索，最后还是撤约而去，使原先的设想成了泡影。同样，目前我国有些单位喜欢用"人头马"、"大将军"等"洋"酒招待外国客商，其实高价"洋"酒对洋人并不稀罕，而如以中国茅台、五粮液或绍兴酒等中国特色名酒作招待，更显得落落大方，新鲜珍贵。我国国内的宴请盛行"劝酒"，不管对方是否有酒量，千方百计强人之难，说什么"感情浅，舔一舔；感情深，一口闷！"这样做法谈不上礼仪的要求。在对外宾的宴请中，用酒一定要随客自便，不要勉强。

（三）座次和程序

按照惯例宴请排座以离主人座位的远近定座位的高低次序，右高左低；以离主桌位置的远近决定座桌的次序。宴请开始前，主人应在宴会厅门口迎接客人。主人陪同主宾进入宴会厅，全体客人就座，宴会即行开始。在进餐时，要照顾好对方的每一位客人，不要使客人中某些人感到受冷落。在初次见面的宴会上不要过多谈有关商务的事情，可以谈一些旅途劳累的问候关心话，或者谈一些本地风物名胜等轻松话题，要多些幽默，便于思想交流，造成彼此了解、信任的气氛。在宴会进入尾声时，可逐渐把话题转向有关日程的安排，征求对方的意见。在宴请过程中一般不要抽烟，尤其在有空调的房间，抽烟是有违礼仪的事。吃完水果，主人与主宾起立，宴会即告结束。

（四）服务工作要求

宴会服务人员一定要受过严格的训练，懂得文明礼貌，熟悉服务规范。服饰要整洁，仪表要端正，上菜先主宾，后主人；先女宾，后男宾；上菜与撤盘要先打招呼，按一定路线，宜先在两位主方陪客之间进行，切忌在客人用餐时撤盘。如不慎打翻酒水，应立即撤去杯盘，用干净餐巾垫上，如溅在客人身上，要立即送上毛巾和餐巾，帮助擦干（如对方是女宾，男服务员不要动手帮助），并表示歉意。服务人员要端正站立，细心观察用餐人员的要求，服务时步履要轻盈，不高声谈笑，也不宜过多参与客人间谈话。

四、签字仪式

重要的商务谈判在协议达成后，需要举行签字仪式。签字人视协议的性质由谈判各方自行确定，双方签字人的身份要大体相当。通常业务部门之间签订专业性协议或商品成交协议，可以不举行仪式。

签字仪式的安排，重在对协议文本的准备。要及早对文本的文字定稿、翻译、校对、印刷、装订、盖章等做好细致的准备工作。参加签字仪式的人员，一般为双方参加谈判的人员，重大项目的签字仪式，可请有关领导出席，以示重视关心。

签字座位安排，一般是客方在右边，主方在左边。政府间的协议签字仪式，要准备好小国旗，签字后还要干杯以示庆贺。

五、服饰、举止与谈吐

（一）服饰

商务谈判人员要重视自己的服饰，人的仪表中最能生动而频繁地发生变化的就是人的服饰，注重服饰是参加谈判过程中各项礼仪活动的需要，尤其是在国际经贸活动中应把它看作是推行谈判策略、顺利进行各种应酬、约束行为冲动的重要手段。从心理学的角度看，商务谈判人员重视服饰美观、得体，能增强自信心，使精神饱满;从服饰中可以显示一个人的个性、爱好、审美情趣、文化品位、处世特征,集中反映其思想修养和性格特征,从而引起别人的尊重,给人以良好的第一印象。所以,研究谈判人员的服饰,不仅仅是一个日常生活的问题,而是要在相互交往中彼此适应,避免造成心理上某种隔阂,创造良好的心理氛围的大问题。

服饰与民族习惯、性别、年龄有密切的关系。国际商务谈判场合,服装大体可分为两类:(1)在正式、隆重的场合,多着深色礼服;(2)一般场合可穿便服。我国无礼服、便服之分;一般在国内正式场合男子穿同色同质的毛料西装或中山装,配黑皮鞋就算是礼服,在国外为行动方便,还是着西服较为适宜。为提高服装利用率,颜色以选择无明显花纹图案的深色为好。女士根据不同季节可穿西装、西装套裙或旗袍、连衣裙等,极少数国家规定,妇女在严肃场合不得穿长裤或超短裙。如果出国参加商务活动,前往地的气温在10℃～25℃之间,要准备一套全里深色西服和一套半里深色西服,一套旅行装和一件得体的毛衣,再有一双深色的皮鞋,就可应付各种礼仪场面。如前往地气温在10℃以下,应有两套全里深色西服,另有一件御寒大衣或其它御寒服装。如前往地气温高于25℃,则要准备深色或浅色半里西装各一套,以及深色皮鞋,要准备较多的衬衫,去气温高的地区还要多准备几件短袖衬衫和领带。不论去哪个国家,一套深色的外衣和一双深色的皮鞋是不可缺少的,这是应邀参加晚宴所必需的,但如参加便宴或应邀去对方家中度周末时,则穿上一套便装就更显得轻松自然,与环境气氛协调一致。

穿着西装时,要注意使衬衫、领带和西装反差鲜明,形成良好的整体感。选配衬衫时应注意衬衫领的高度要比西装领高出1.5～2厘米,配用的衬衫领尖的长短和领带的宽窄要与西装襟头的宽窄相适应。穿西服要注意配好领带,在国外系什么领带往往表示一种情绪和风度。领带与西服、衬衫的颜色反差要鲜明,这种反差会显示出谈判人的个性,配合得当,能衬托出谈判的文化素养和风度气质，给人以衣冠楚楚之感。对于年岁大的谈判人员，可不追求反差，但配色要柔和，给人以博学、豁达的心理感受。与外商谈判，服装不可能经常更换，但领带要多作准备，便于经常更换。西装的钮扣，扣法很有讲究，有重要的装饰作用。双排扣西装，不管在何种场合都要把钮扣全部扣上。单排扣西装最普遍的是两粒扣，第二粒是样扣，一般只扣一粒，也可全部不扣，显示自然、大方的风度，如是单排三粒扣，第一、三粒均属样扣，只扣中间一粒或都不扣。西装的口袋各有用途，但一般不要装太多东西，否则会影响平整和观瞻。总之，服装要与年龄、个性、场合、地位相符，此外，对发型、胡子、个人卫生等也要注意，要与自己的服装配合得体。

女谈判人员的服装既要整洁、美观，又要能显示其自信、自尊。理想的女式套服可选用灰、蓝、青、粽、米等中性色彩，既庄重又适用于多种场合。中青年服装在花色上可鲜艳一些，浅色、多花纹都可以，但要避免过艳和花俏，避免过份追求流行而趋于怪异，不要穿过透、过露、过紧的服装。朴素大方、庄重得体的服装给人一种淡雅、自信之感，能引起对方尊重，反之，过分鲜艳和花俏只会给人缺乏经验、不够稳重的印象。饰物可适当配戴，但不可多，化妆也不宜过于浓艳。

(二)举止

举止指谈判者在谈判过程中表现的坐、立、行姿势和待人接物的态度，是谈判礼仪的一个重要组成部分，运用得当会有力地推动谈判，促进协议的达成。商务谈判中的举止总的要求是：举止适当，符合身份。所谓适当，就是指坐、立、行的各种姿态既充分反映自信、自尊，又不使人感到难以接近；既热情友好，又不曲意逢迎；当谈判进展顺利，符合己方目标时，不喜形于外，浮躁自得；当遇到始料不及的困难时，不垂头丧气，消极沉闷。举止动作要落落大方，坚定洒脱，始终保持与自己身份相称的良好风度。

1. 坐姿

坐要从椅子左边入座以及从椅子左边离座，不要坐在椅上转动或移动位置，这是礼仪的基本要求。入座后，身体应尽量坐端正，并把两腿平行放好。有的人坐时缩脖歪斜在座位上，或在沙发上蜷缩成一团，两腿前伸、后靠，或脚跷“二郎腿”作大幅摆动，都有违礼仪要求，会引起对方反感。

在谈判中不同的坐姿，反映了谈判者的思想情绪，传递着不同的信息。如对方近台挺腰而坐，双手搁在桌上，静听我方谈话，反映对方对所谈问题全神贯注，有很高的兴趣和热诚；一手撑头，一手拿着什么东西玩弄，显示对方对议论的问题缺乏兴趣，宜转变策略，改换话题，调动其谈判积极性。对方有时斜着身子坐，神情放松，表示对谈判进展感到愉快；当背靠着沙发，双手放在跷起的腿上，这是一种等待的姿态，执意试探对方下一步的打算，期待着进一步的建议和方法。

2. 立姿

在招待会、欢迎会等礼仪场合，常常需要作一定时间的站立。站立的姿势能表现一个人的风度和气质，国外这类活动时间较长，学会保持良好的站立姿势十分重要。正确的站立应是两脚脚跟着地，两脚保持 45°，自然挺胸，腰背挺直，颌微向下，两臂放松下垂，或一手拿酒杯在胸前持平。在重要场合，站立时不可弯身，叉腰，更不可靠墙或下蹲，这样就有失礼仪。

不同的立姿，也会在谈判中反映不同的情绪和想法。如两腿一线站开，双手相握放两腿间或背放身后，抬头挺胸，面带微笑，目光平视对方，反映谈判人对讨论问题的兴趣和信心。一腿朝前，双手抱肩，头微低，目光在对方眼下方，神色严肃，这样的姿态与对方谈话，表明对问题的严肃态度或表示问题已有转机，往往能激起对方的共鸣。两腿叉开，一脚稍前，敞开西服，一手叉腰，一手摸下巴或拿着什么，在休息或告别时这种姿势的谈话，会使对方感到对我方不能轻视，我方对其并无特殊期求；而站立低头看对方脚或上衣第二粒钮扣时，则表现一种沉思、为难、犹豫的姿态，也是一种等待对方改善条件的防守姿态。

3. 行姿

在谈判和礼仪场合，行走的姿态也十分重要。男性谈判人员行走的姿态应是：昂首、挺胸、收腹、直腰，双目平视前方，脸部表情自然、乐观；行走时两肩不摇，步履稳健，显示出沉着持重、温文尔雅的神情。女性谈判人员行走时上身自然挺直，两手前后摆动幅度要小，两腿靠拢，小步前进，步态轻盈、敏捷，显示出端庄、文静，充满信心。如在需要肃静的礼仪场合，步履要特别轻，甚至踮脚行进。

有些行走姿势会给人不良感觉，作为商务谈判人员要刻意纠正。如走路时摇头晃脑，左右摇摆，会给人以缺乏修养的感觉；弓背弯腰，步履蹒跚，则会使人感到压抑，缺乏生气。

行还要区分自己是主，还是宾。自己作为客人，缓步进门以后，环视房内主人应占的位置，以确定自己的走向。当自己先到，可先在房内漫步，选对门的桌子一边中间位置就坐，等主人进门后，可隔桌伸手相握。自己作为主人先到房间，迎接客人入内，自己走在后面轻步让客人入座，自己再入座；如果自己晚到，应疾步入室，迅速搜寻主宾，边走边向主宾致意，表示致歉和欢迎的诚意。

在大型讨论中，如要上台论述自己看法，走上台时步履要轻捷，反映自己的信心和意志；论述完毕下来时，要缓行边走边停，表示可以回答提问，等着再作论证，表明对自己观点的十足信心。

4. 态度

谈判者待人接物的态度反映了自身的修养和能力，会直接影响对手的情绪和谈判效果，同时，良好的态度也是谈判礼仪所必需的。

从我国的民族传统和商务谈判的实际需要看，我们的谈判人员的态度应是：谦虚、热情、诚恳、守信，而不应该是傲慢、冷淡、虚伪、失信。当年中日建交谈判时，周恩来总理就用毛笔写了“言必信，行必果”六个字，交给了日本方面，我们在谈判中是这样说的，在实际行动上也是这样做的。卡特出任美国总统后曾问基辛格：中国领导人是否可以信赖？基辛格根据其亲身经历回答说：可以，他们会一丝不苟地信守一项协议的文字和精神。我们的谈判人员应该继承和发扬我国优良的谈判传统，不仅对怀有热情和诚意而来的谈判者要以诚相待，就是对方在谈判中有傲慢、虚伪的表现，也要以豁达、开朗的态度，以各种方式表示对一些不正当做法的反对，同时还要以诚恳、谦和的姿态把谈判引导到正确方向上来。

（三）谈吐

商务谈判最后还是要以“谈”为基本活动内容，因此，除了谈判的目的、宗旨所规定要涉及的话题外，谈判者的谈吐至关重要，掌握好分寸，给对方以友好合作、协调愉悦的感觉，将会有利于谈判目标的实现。

1. 谈话距离

谈判人之间对话的距离要掌握适当，距离的远近往往与议题的重要程度、矛盾大小、结局的难易有关。在一般情况下，谈话人有时嗓门较大，又易溅出吐沫，有的人口中还有异味，因此，与对方谈话至少要保持半米以外距离。与异性谈判者对话，面对而立时至少保持一步的距离，讨论问题不宜挨肩而立，距离过近，造成“亲昵”气氛，这对谈判不利。对于年长者、地位很高的谈判者或初次见面的谈判对手，谈判距离都要保持适当。当谈判之中争论问题激烈时，人们很自然会拉近距离，似乎要强制对方倾听；当谈判中各自申述自己的意见和看法时，距离会自然地拉大一些；当谈判的问题出现转机，双方又会高兴地靠近密谈，谋划下一步的动作；当一方的谈判目标已基本实现，在本次谈判中别无期求时，又常常与对方保持一定的距离，准备应付对方的下一步举动。

2. 谈话手势

谈判者的思想情绪除了用语言表达外，还可以用一定的手势作补充或加强,如把手高抬或下压,双手外推或内合,能够反映大小、贵贱、强弱、分合、难易、远近等各种意思;运用手指的动作又可表达数量的多少,肯定与否定,赞誉与批评等;握拳时能表达决心和愿望,伸掌摆动表示不同意或可作进一步商谈等。不过手势要灵活而自然地运用,不要故意生硬地去做某种手势,变成"装腔作势"就不好了。手势不要过多、过频,动作的幅度不宜过大,不要用手指指人或拿着笔、尺等物点人,不要谈话时与人拉拉扯扯,否则易引起对方的反感。有的人谈话情绪激动时,不但运用手势,甚至会全身突然站立,环顾四周,激昂陈词,这种动作如果在国内商务谈判中还能间或运用,而在国际经贸谈判中绝不宜采用。

3. 声调

同一句话用不同声调来说,常常包含着不同的含义。所以,谈判者对谈话的声调也要注意掌握,既要能准确表达自己的意见,又不使对方引起误解,产生反感。一般情况下,升调可能表示惊喜或不满,而降调可能反映失望与遗憾;波动语调反映谈判者正在思索、犹豫不决,平顺的语调则表示出稳定和信心。因此,准确掌握谈话的声调,不仅能恰当表达自己的意思,也能从中听出对方的弦外之音。在商务谈判中,有些事情用明确的语言表示为好,有些事则不要讲得很清楚,用声调来表示某种不太愉快的评论更为合适,既反映了自己的意向,又有进退自如的活动余地。谈判者说话的频率也要掌握好,在有翻译的情况下,要使翻译能清楚记住谈话的内容,并能从容不迫地进行翻译,否则,频率过快,翻译精神上十分紧张,而且容易出错,发言人自己也缺少反复思考的时间。在没有翻译的情况下,谈判的频率更要考虑对方的接受能力。谈判的目的是让对方细心听,充分了解你的全部思想和建议,所以速度要平稳而流畅,间或作些停顿,与对方作些交流,这样谈话的效果就会好。有的人员只顾自己讲,不顾对方听,一直讲得别人无心听,掌握不住要领,不仅失去谈话的目的,也不符合礼仪的要求。

4. 用语

决定谈吐是否文明礼貌，关键是用语的选择。

(1)寒暄用语。不同民族的寒暄用语有很大的区别，如我国人们见面时习惯用语是："吃饭了吗？""你到哪儿去？""今天很热是吗？"而西方人见面时则说："早安！""晚安！""您好！""近来如何？"在谈判初次见面时的寒暄用语一般是"旅途愉快吗？""休息好吗？""是第一次来中国吗？""气候适宜吗？""饭菜习惯吗？"寒暄时不能只顾主宾，要照顾到其他人，如有女宾更不能冷落。

(2)开场白。谈判开始的开场白，除了对谈判客商远道而来的诚意表示赞赏外，要使谈判者明确此次谈判的主要议题。可以先把我方根据前期双方函电交往所作的准备工作告知对方，作为谈判讨论的起点；也可以请对方先谈谈论他们的准备和意见，也可以高屋建瓴之势，用客观的、期待的用语，如"贵方此行关系重大，将决定××合作的成败，希望贵我双方能真诚合作，实现这项宏业"等等。

(3)结束语。要简明扼要地对已谈的主要问题进行归纳，作出必要的评价，还要指明下一轮谈判努力的目标。所以，结束语一定要切中要害，干练明确，平稳扎实，不说过头话；既有肯定、否定，又给双方留有进一步讨论的余地。结束语可有两种形式：一种是刻板的、公事化的形式，即罗列谈判中哪几点达成了一致认识，哪几点还有分歧，下次谈判再讨论什么问题；另一种开式则以生动、清新的语言，勾划已进行谈判的轮廓，并提出下一轮谈判的目标，譬如这样说："今天我们大家一齐努力工作，解决了几个问题，后面还有几道关口要过，明天我们一齐继续奋斗！"这比公式、死板的结语要好得多。

六、交换名片

谈判人员初次见面，一般待坐定之后都要交换名片，以作进一步自我介绍。我国人员和日本客商习惯用双手或右手递交名片，以示对别人尊重，并礼貌地向对方说："请多关照"、"请多指教"或"希望今后联系"等。在接受他人的名片时，应恭敬地使用右手或双手，并且说一声"谢谢"！接过名片后一定要用一点时间认真默读一遍，如有不清楚的地方，可当即向对方求教，然后把对方的名片认真放进自己的名片盒存放。有的人接过别人恭敬递来的名片看也不看，漫不经心地拿在手里玩，然后随便地塞进口袋或扔在桌上，这是很失礼的行为。递交之名片是中文在上还是西文在上，悉以对方阅读方便为原则。我国的习惯通常把姓名印在名片中央，单位和职务用较小字体印在左上角；西方人的名片都把姓名印在中间，职务用较小字体印在姓名之下。商业中使用的名片，一般都经精心设计，在上角印有鲜明的企业和单位标态，如迪斯尼乐园工作人员的名片，既是一种自我介绍身份的工具，又是企业的重要广告手段。名片字体用艺术字，具有立体感，有的还印有彩色照片，除有姓名、职务外，还应印有办公地点、电话、电传号码、邮政信箱编码等，如在异国异地谈判，应在名片上写清住宿地址和联系电话号码。

七、赠送礼品

在接待外商中，为增进友谊，促进长期稳固的交易关系的建立，适当赠送一些礼物是必要的。礼物要根据外商的国情和爱好以及本地和本公司的特色等精心选择，务使受礼者感到高兴。礼品过于贵重，不仅浪费金钱，而且会使受礼者感到不安，甚至有受贿之嫌，最好是选择富有纪念意义、有较浓感情色彩的礼品，能使对方留下深刻印象。例如浙江龙井名茶、杭州丝绸织品、宜兴美术陶器，常常会使客商欣然接受。过去我方赠礼时注重实惠，不讲究包装，而对西方客商来说，一种精美的包装往往与礼品本身同样重要。如外商需作长途旅行，礼品的体积和包装的牢固程度都要事先考虑周全。如果与外商关系密切，事先已得知他（她）的某种需要，然后以满足其特殊需要的物品作为礼品馈赠，往往能产生更好的效果。

八、费用支付

应邀前来谈判的外商，其费用支付要按照国际通行的惯例和双方交往中已形成的做法办理，过于“慷慨”地支付不应由我方承担的费用或拒绝支付应承担的费用，都是无知和有失礼仪的行为。一般的做法是应邀客商到达谈判地后谈判期间的食宿、交通等费用，由邀请方负责支付，抵达谈判地前和结束谈判后，费用由客商自理。但如有些国家应邀谈判期间对方负责 Accommodation，即只承担住宿费用，吃饭除对方人员陪同时由对方支付，其余伙食均须自理，则来华时也应作相应对等安排。如来人超过邀请人数，超过者费用应自理。其它如访问团、考察团的来访，除作一般招待外，其余费用不必承担。

第二节　谈判交往中的礼节

人们在日常交往中都需要注重礼节，商务谈判交往中更需注意。各国人民生活中的礼节很不相同，但总的原则是一样的，即在各种交往场合中相互尊重，互致问候、祝愿，给人以必要的照顾和帮助，而不要有干扰别人和使人感到不愉快的行动。礼节是文明礼貌的具体表现形式。我国素称礼仪之邦，在商务谈判中除了要继续发扬我国好的传统，还要了解世界各国的礼节，尊重别国人民的习惯，使我们的谈判人员在国内、国际的交往中显示出很好的精神风貌。

一、日常交往中的礼节

（一）遵守时间，不要失约

这是商务谈判中最基本、最重要的礼节。参加谈判或其他各种活动，都应按约定时间到达，既不要太早，也不要迟到。过早抵达，主人可能还没有准备好，会感到难堪；迟到，则会让主人和其他客人等候过久而失礼。如果因某些特殊原因不能按时赴约，要设法及时打招呼；如因故迟到而来不及通知对方，则应主动向主人及其他客人致歉，说明原因。在国外进行商务活动，日程排得很紧，一日之中往往排了多项活动内容，必须牢记约定时间，失约是很失礼的。

（二）尊重老人和妇女

这是一种文明美德。在我国如果说“敬老爱幼”尚在多数人中得到认同，而对日常交往中尊重妇女，则普遍未被重视。很多国家的社交场合，上下楼梯或车辆，进出电梯，都要让老人和妇女先行；进出门厅，男子应帮助老人和妇女开门、关门；对同行的老人和妇女，男子应主动帮助他们提携较重物品；同桌就餐，两旁若坐有老人或妇女，应主动帮助他们入座、就餐，主动照料；如老人、妇女结伴参加活动，离开前应协助同行老人、妇女穿好大衣等等。

（三）尊重风俗习惯

不同国家和民族，由于历史、文化、宗教、民俗等原因，各有其特殊的习惯和礼节，在谈判交往中应该了解和尊重，才不致失礼。例如，天主教徒忌讳“13”这个数字，遇有“13 日”、“星期五”不要搞宴请及其它礼仪活动。穆斯林几乎把他们的信仰注入经济生活的一切方面，像沙特这样的国家，一切经济、社会、文化、政治现象都具有浓重的穆斯林色彩，不管工作进行到什么程度，到了“祷告时间”就会放下手上工作拔腿前去参加祷告，在他们看来所有穆斯林都是为“真主”而活的，对这种信仰和习惯，要十分注意。再如同英国商人打交道必须记住一条，那就是要尊重他们的女王。如有一次我方商务人员在一位十分熟悉、友好的英国商人家中作客，当主人谈到高兴的话题时手抚胸口虔诚地说“我的女王”时，我方一位年青人不经意地说一句“女王，rubbish”，（rubbish 意在形容某一对象糟透了，常出现于玩笑场合。）当即引起对方极大的愤怒，使一次原本轻松愉快的家庭聚会闹得不欢而散。使用筷子的国家，用餐时不可用一双筷了来回传递，不能把筷子插在饭碗中间，日本人特别重视使用筷子的礼节。保加利亚、尼泊尔等国家，摇头表示赞成，点头则表示不同意等等。这些民族的民俗和习惯都应该了解和尊重，否则，不仅会失礼，而且会严重妨碍相互间的交往，甚至造成外交事件。有些习惯往往事先不可能全部了解掌握，这就需要细心观察，认真模仿。

（四）吸烟注意场合

现在我国已成为世界上烟民最多的国家，许多人不注意吸烟的礼貌和场合。在正式谈判、工作、参观和进餐中，一般是不吸烟或很少吸烟，在一些公共场所，如会议厅、报告厅、剧场、商店、博物馆、教堂、公共汽车等都不允许吸烟；乘坐火车、飞机都有吸烟与不吸烟的区域划定。新到一个地方如办公室或私人住宅，如果烟瘾难熬，要先询问，得到允许后才可以吸烟；如有妇女在场，应征得她的同意才可吸烟；如主人不吸烟，又未请吸烟，在场多数人或同座身份较高的人不吸烟，一般也不吸烟为好。边走路边吸烟、人多拥挤场所吸烟，也都不是文明的举动。在可以吸烟的地方，要注意整洁卫生，养成良好的习惯。总之，对有些人来说，不吸烟是件难事，但吸烟有害健康，强迫别人被动地“吸烟”，实属非礼之行，应引起高度重视。

（五）讲究社会公德

文明礼貌与社会公德的培育密切相关。商务谈判人员在与客商参加各项活动时，都要讲究社会公德，表现出良好的文化修养。如在公共场合不挤不闹，决不插队抢先（登机、上车、入场、购物、自助餐取饮料、食物等），不大声喧哗，不大声叫别人姓名，评论别人是非，更不要自吹自擂，惹人生厌。遵守交通规则，在规定地点整齐停放车辆；在学校、医院等规定地段不鸣喇叭、慢速行进；不在马路或人行道数人并肩行走，不乱丢食物包装纸、果皮等杂物。这些缺乏公德的行为，都有损于人际交往礼节。

（六）注意爱护鸟类和宠物

在欧美和大洋洲国家，保护自然环境意识已经普及，鸟类受到人们普遍的爱护，确已成了“人类的朋友”。在一些广场、公园、校园鸽子成群，其它鸟类参杂其间，对于这种景象人们或以食物喂之，或逗乐之，切不可做出各种或发出吼声去惊吓它们，伤害他们。澳大利亚自然保护区内湖泊中各类水鸟栖息自如（不像一般动物园设有网状装置，水鸟完全回归自然），人们前去观赏倒是在专设的密封走廊之中，不可能去惊扰它们。许多西方国家男女老少都有养狗习惯，尤其对孤居的老年人来说，这类宠物已是生活中不可缺少的伙伴，对于这类“宠物”，只能称赞它，抚摸一下，绝对不可踢它或伤害它，否则将是对主人极大的不敬。

（七）注意个人卫生、清除异味

参加各类商务和交际活动，头发要经常梳理整齐，胡须要及时修刮，鼻毛、指甲也要经常修剪，整洁的仪表被看作是对人的尊重。参加活动前不要吃生蒜、生葱、芥茉等易散发异味的东西，以免使谈话对方感到不悦。如果吃了这些东西或自知有口臭，应嚼一点仁丹或口香糖，可以冲谈口中异味。在参加宴会前可进入盥洗室用一种专用的药水清除口臭。有的人有狐臭，要采取适当措施注意防治和除臭。

（八）某些细小动作也要重视

某些平时不经意的小动作，在正式的谈判和交际场合也必须引起注意，如在言谈或交往中，不要剔牙、修指甲、抠眼屎、挖鼻孔、掏耳朵、脱鞋、搔痒、搓泥垢、打呵欠、打饱嗝等，也不要伸懒腰、哼小调。咳嗽、打喷嚏要用手帕捂住口鼻，远离对方，避免发出大声。室内不戴帽，应除下墨镜，参加礼仪场合，也应摘帽。切勿乱扔烟蒂、烟灰、纸屑、果皮以及随地吐痰。这些看起来似乎是“小事”，但搞不好会坏了全局。有一个乡镇企业的领导人与外商的谈判已基本取得协议，在一次宴会后，这位领导人毫不经意在地毯上吐了一口痰，此事引起对方极大的反感，由此联想到这位领导人的素质，考虑到今后企业的管理问题，最后还是借机撤掉了协议。

二、见面时的礼节

(一)介绍

在一般情况下总是先把年轻的介绍给年长的，先把职位、身份较低的介绍给职位、身份较高的，先把男性介绍给女性(西方国家这一条被普遍运用，东方国家则还没有成为习惯)，先把客人引见给主人。有时在外表上很难准确判断年龄的大小，这方面的差错不应视作失礼。除妇女和年事已高者外，介绍者和被介绍者都应起立，相互致意，但在宴会桌上、会议桌上可不起立，只需微笑点头示意。介绍双方人员认识时，不要过份地赞扬对方的某一个人，或称其为“最要好的朋友”，这样反而会引起一些麻烦。介绍时的称呼要恰当，对一般男性通称先生，对未婚女性称小姐，对已婚女性称太太，对有职务、职称的，在多数场合称其职衔也很自然。在国内交往中，除称职务外，对公职人员称同志也很普遍。当两位客人正在交谈时，一般不要插入介绍第三者。

(二)握手

握手是大多数国家通用的见面和离别时的礼节，商务谈判人员也都以此作为友好的表示。在客商登门拜访时，主方应先伸手主动与客人握手，表示欢迎和感激之情；但在离别时，主方不宜主动握手，这容易被理解为催客人迅速离去。主宾双方会见时，一般是主方职级高、年龄较大的长者先伸手，表示对来者的重视和善意；年轻者、身份较低者握手时应稍欠身，以示尊敬。异性谈判人员间男性一般不宜主动向女性伸手，如女性主动伸手时，只握一下她的手指即可。有的女性习惯以点头示意，则以点头回敬即可。多人聚合时，待别人握手后再伸手，不要交叉。握手时应双目注视对方，微笑致意，或稍作寒暄，有的人一边握手，一边眼观他方，这是很失礼的行为。握手时间的长短，用力的大小、速度的快慢、身体的姿态和脸部表情，都需要注意掌握，运用得当，自有良好效果，否则，也会引起反感。在某些国际交往场合，当发现对方施展诡计，企图侮辱我方人员，有损我国家、民族尊严时，即使对方主动伸出手来，也可拒绝握手，这又是抗议的一种形式。有些国家还有另外一些传统见面礼节，如东南亚佛教国家见面时以双手合十致意，则应根据情况灵活运用。

三、进餐时的礼节

(一)座席安排

我国习惯以圆桌宴请客人，通常以设宴房间正面或对房门的一边为正席，为第一主人席；正席的正对面为副席，排第二主人，也可排第一主人的夫人。与正席与副席成90°角的线上为两个侧席，右侧席排第三主人，左侧席排第四主人。客人的排列：正席的右侧和左侧为第一客人夫妇，副席的右侧和左侧排第二客人夫妇，右侧席的右侧和左侧排第三客人夫妇；左侧席的右侧和左侧排第四客人夫妇。如无宾客夫人入席，可将第一、二宾客以先右后左的次序，排在正席两侧；在副席两侧排第三、四宾客，其余依次类推。如需译员时，座位可安排在第一宾客右侧，如需安排另一译员时，则可按排在副席右侧第三宾客的右侧。有时为便于交谈，也可在主席两旁安排主宾外，其余主、客交叉就座。作为应邀客人，就座悉听主人安排，不要坐错位置，主人安排后，不必客气谦让，如有女宾，先让女宾入座，离席时让女宾先走。

(二)进餐

进入餐厅临时就餐，在国外不能见空位自行就座，因有些席位是顾客事先预订好的，必须等服务员带路或告知座席才能入座。入座之后要整装就餐，没有主人引导不可脱掉上衣更不要松开领带。

在冬天身穿大衣进入餐厅，入座前可将大衣交餐厅服务员存放。即使在盛厦酷暑之时，应邀赴宴也要穿好外衣，因餐馆空调设施是为整装的人作好准备的，仅穿一件衬衫，反而会着凉受窘，女士如感寒冷，高级餐馆大多备有披肩可以借用，而男士们则无此待遇。

1. 进餐时要保持良好的坐姿和仪态，不可用手托腮或把手搁在餐桌上，即使要放，也只能放上手腕的那一部分，不可将臂肘放上餐桌。身体与餐桌间要保持适当距离，既便于处理食物，又不致影响邻座，仪态轻松自然。

2. 经过艺术处理的餐巾须待主人动手摊开使用时，客人才开始使用，置于适当部位；餐巾主要用于防止油污衣裤，也可用来擦去嘴边油污，但不可用来擦餐具或擦脸。

3. 参加正式宴请，进餐前不可用餐巾纸擦拭餐具，这是不礼貌的行为，如发现餐具不洁，可要求服务员更换。

4. 用餐时要文雅细心，骨头、菜渣要放在自已的菜盘边上，不要放在桌面上，免得把桌面弄得凌乱肮脏。

5. 以中餐待客，外宾如不习惯于使用筷碗，要准备好刀叉，以便中餐西吃。

6. 西餐刀叉的使用方法是右手持刀，左手使叉，将食物切成小块，然后用叉送入口中，总的要求是食物进口不再吐出，不能咬一口再放回盘中，席间交谈时要把刀叉等放下，绝对不要拿刀叉指着对方交谈。

7. 刀叉按顺序由外往里取用，使用中不可用刀过猛，撞击盘子发出响声；如用餐时不慎将刀叉等餐具掉落地上，可以不慌不忙地示意服务员拿干净的换上，不要自已弯身去捡。每道菜吃完后，将刀叉平放盘内，刀口向内。

8. 除喝汤外，不要用匙进其它食物；用深盘或小碗盛汤，喝时用汤匙由内往外舀起送入口中；喝汤时可先度温，待凉后再喝，不要用嘴去吹，也不能端起盘、碗去喝，发出各种声音。

9. 自助取菜时，不要一次取得过多，吃完后再取；由服务员分菜，遇到自己不喜欢或不能吃的东西，不要拒绝，更不要显出难堪不悦的神情。

10. 西餐中的肉类要边切边吃，切一块吃一口；吃鸡、虾等食物，经主人示意，可用手撕开吃；吃食物时闭口咀嚼，尽量不要发出声音。嘴里有骨头、鱼刺等，吐时用餐巾掩口，用手或筷子取出，或轻轻吐在叉上，放在盘内。

11. 口中有食物时，切勿说话；别人正在吃东西时，也勿向他问话或敬酒；用餐中或用餐后要尽量避免用牙签，非用不可时要用手巾或餐巾布掩嘴，并尽快结束剔牙动作。

12. 西餐上鸡、龙虾、水果时，有时送一小水盂（铜盆、瓷缸或水晶玻璃缸），水上飘有玫瑰花瓣或柠檬片，这是专供洗手用的，切勿饮用。洗时两手轮流沾湿指头，轻轻洗涤，然后用小毛巾擦干。

13. 进餐中要有祝酒。在主人和主宾祝酒致词时，应停止进食，停止交谈，注意倾听，不得借机点火抽烟。主人或主宾敬酒时，应起立举杯，主人和主宾碰杯，然后依次碰杯，但不要交叉碰杯；人多时举杯致意，不一定都碰杯。相互敬酒是一种友好的表示，但切忌过量，以免失态、失言，劝酒、灌酒都不符合礼节的要求。

14. 外商与我们在吃水果的方法上有很大不同。梨、苹果等都不整个拿着咬，而是先用水果刀切成数瓣，然后刀口朝内去皮、去核，用手拿着吃；香蕉先剥皮，用刀切成小块吃；桔子剥了皮吃。要根据所处场合，适当改变吃水果的方法。

15. 应邀去日本客商家中或到日本式餐馆就餐，大多数餐厅的桌子离地约 30 厘米，就餐人坐在贴有蒲团的榻榻米上。男性盘腿而坐，女性跪坐在蒲团之上。我方人员如确有困难，可以请服务员多给几个蒲团垫高，女子还可请服务员拿小凳垫坐。上桌之后，应说一句“看起来非常好吃”、“十分精致”等赞美词；每吃一道菜都要讲一句“非常鲜美”、“十分可口”等褒奖之词，以示对主人的盛情和女主人高超手艺的感谢，用餐完毕都要说一句“谢谢主人的款待”的谢词。

16. 应日本友人之邀到日式餐馆用餐，除正式宴会外都是临时点菜。当主人要求客人点菜时，应考虑日本人生性节俭，不要点得太多，宁可不够时再添，切莫造成浪费。日本人喜欢就餐席中或餐后唱唱歌，以活跃气氛，宜入乡随俗，积极参与，以增进友谊。

四、参加文体活动时的礼节

商务活动中也常常会安排一些文娱体育活动，用以增进彼此的信赖和友谊，缓解商务谈判中的紧张气氛。观看文娱活动节目时，要保持肃静，不要谈话，也不要大声咳嗽，打哈欠。在观前先了解一下剧情内容，自己欣赏，即席需要翻译，摘要译几句，不要大声，不可影响其他观众观赏。即使节目看不懂或引不起兴趣，也不要表现出不满或失落的神情，节目进行中出现高潮或节目完了都要报以掌声。

五、进入外商的办公室和住所的礼节

访问前要先作约定，按时抵达。如无人迎接，先按门铃或敲门，按铃时间不要过长，敲门也不要过于急促，经主人应允后方得进入。因事情紧急，未经约定去外商住处，要避免在深夜打扰；在不得已的情况下，要先致歉意，取得谅解，谈话时间应尽量缩短。如简短造访，主人未邀请进屋谈，则可退到门外，不要站在门口谈话。进入室内，如谈话时间不长，不必坐下，说完尽快离去；如谈话时间较长，在主人邀请下方可就座。未经主人邀请，不得参观主人的卧室或庭院，在主人陪同参观时，即使是熟人，除书籍和花草外，不要触动其他物品。见到主人家的成员都应主动致候。到西方客商家中作客，主人习惯于以点心、饮料招待，应作品尝，不要拒绝，对精美小食品应讲点赞美的话，主人会感到高兴。离别时要对主人的款待

表示感谢。这既是礼貌,也为日后的交往奠定基础。

第三节 习俗与禁忌

重视商务谈判中的礼仪和礼节,还必须懂得一些国家和民族的习俗和禁忌,这两者是紧密联系在一起的。各国的习俗和禁忌都比较复杂,只能择其要者作些研究和介绍。

一、美国人

美国在世界贸易中的地位以及美国文化的特点,不能不对商务谈判产生较大的影响。从历史上看,美国是个年轻的移民众多的国家,同时它又是一个开放度较高、充满现代意识的国家,所以美国人自称他们的社会是“国际的、开放的社会”。这种历史和社会文化背景,使美国人富有强烈的创新意识、竞争意识和进取精神,表现在商务活动方面的特点是:自信、坦率、性格外露、办事利落,决策迅速。在与客户第一次接触时,如条件适当,美国商人就有可能签订合约。一些大公司的中层管理人员在首次与客户谈生意时,有权拍板签订一定金额的合约。美国人谈判时喜欢迅速进入主题,不断发表自己意见,追求物质上的实际利益。他们的重点常常集中在利润、新技术、短期回报等问题上。美国人很少谈自己的私事,除非双方关系已十分密切。在美国各个行业和社会的各个阶层都有专职律师,美国人是世界上最爱打官司的。当然美国人也不能一概而论,如美国犹太人作生意比较精明、苛刻,精于讨价还价,对他们要特别慎重。而盎格鲁·撒克逊人则较为保守,谈判中喜设关卡,但一旦签约,能信守执行。北欧血统的美国人比较平易近人,善交际,重信用,取得彼此信任,可望发展长期交易关系,如一旦失信则很难恢复关系。西部的商人重视文字契约,合同内容要求详尽、明确。南部商人,待人较直爽、诚恳,但性情急躁,有时会大发脾气。进行商务谈判时，不妨直接了当陈述见解，不必过份含蓄。分辨美国人的共性和特性，有利于谈判的开展。他们自信善于施展策略，对于精于讨价还价、灵活运用策略手段的“对手”，倒又十分欣赏，愿与合作共事。他们对于“一揽子交易”有兴趣，一旦条件符合，能够迅速作出决策，工作效率高。在具体条件的商洽中，“是”与“否”的态度要明确，不要含糊其辞，否则会导致纠纷，影响今后交往。与美国人谈判不要指名去批评、贬低第三者，他们的习惯是不在背后损伤别人的人格和尊严，这样做反而会遭致对方对自己的轻视。他们在交往中重视法律和合同，认为契约是保障企业和个人利益的最有效手段。与美国商人交往时，不论在任何场合，谈话涉及商务问题时必须十分慎重，始终一贯，在他们看来你说的话都应该算数的。美国人不喜欢别人问经济收入的情况，但乐意谈其优越的居住条件，美国人喜欢对方对自己的称赞，闲聊时可以夸他衣服穿的得体，或工作完成的很出色，就会感到高兴。到美国人家里做客，主人、客人都比较随便，不要过于严肃、刻板，要多一些幽默感。美国人无论男女交往都很大方，善于言辞，但作为男宾，不要给美国妇女送香水、衣物和化妆品，这样会引起误解和麻烦。

二、日本人

日本受中国文化影响很深，儒家的思想文化、道德意识贯穿于各种行为方式之中。同时，日本人又在中国文化的基础上结合其本国特点，发展外向型经济的国策，又创造出独特的经营思想和谈判风格。他们慎重、自信、重信用；礼貌、耐心、工作勤奋、态度含蓄；富于竞争意识和进取精神，并养成良好的集团意识；其中重信用和善于控制情绪，是他们最明显的两大性格特点。这些日本人的性格和习俗，当然会使一些谈判人员感到为难，或持否定态度，或产生惧怕心理。但如正确掌握了这些特点，充分利用其对我有利的条件，认真分析他们的企图，过细地作好谈判前的准备也可以增加信任感，建立起和谐的人际关系，促进谈判的进程。日本人在任何场合下都注意礼节和身份，与日商交往在服饰、言谈、举止风度等方面都要特别注意。他们尤其重视谈判对方的身份、地位，乃至年龄、性别，不但要求谈判对方在身份和地位上与之相称，而且还要求年龄和性别上要与之相应。如对方派出人员身份太低，会被认为缺乏诚意和有辱人格。日本人性格内向，感情不外露，说话含蓄。因此在与其谈判时也不要直截了当地对某项建议表示责备或拒绝，而应间接迂回地表达自己的意向。在与对方谈话时，日本人常常不直叙其意，而喜欢使用言语之外的表达方式来传递其想法，这种表达方式称为“腹艺”，即言外之意。如日本人在拒绝别人的要求时，口头表达为“请让我考虑一下”，而“腹艺”则是“婉言拒绝”。与日商谈判时注意勿带律师，如需律师可在会下接触，不要让他们出现在商谈现场，在洽谈中带来律师会被认为是不友好的行为。日商对信用还有一种特殊的理解，即当客观环境发生变化、契约条款对自己不利时，他们认为契约自然失去效力，因此，契约并不被视为最后的协议，情况变化可以再提出磋商，不认为这样做属于失约。谈判前要掌握其充足的信息资料，判断其对商谈的基本态度，不轻信其表面语言，随时注意其内心的真正意向。不要去打听对方的私事和公司秘密，否则会引起反感。日商精于讨价还价，有时报价水份很大，要认真做好比价工作。他们在谈判中，还是会考虑整个交易的长远影响，不局限于眼前的利益，注意做人的工作。到日商家里作客要重视礼节，在门厅脱下帽子、手套，并脱去鞋子。日本人重视人情，如果接受了日本人的丰厚赠礼，就应该设法回报。

三、英国人

英国人讲究绅士风度，所以对谈判对手的修养和风度也十分重视，如果对方人员在交往中显示出良好的风度和气质，就能赢得尊重。在确定与英国人谈判的人员时，除在修养、风度等方面注重外，在等级上一定要做到对等，否则会被认为对他们不够尊重。英国商人的性格总的说比较高傲、保守，开始与人接触总是保持一段距离，然后慢慢接近，这与美国人很不相同。但是取得了解和信任后，还是比较亲切和热情。英国人不信任在某个问题上个人感情的因素，他们总是依据客观事实谨慎克制地陈述自己的观点。英国人具有强烈的个人主义特性，强调个人的首创精神和成就，他们不强调友谊，在谈判中说“不”并不感到有什么困难。他们不对产品或计划作过分的宣扬，也要避免硬性地向他们作产品推销，他们对短期的成果比对远期前景更感兴趣。他们对访问、商谈的日程安排的很细致，严格做到守时赴约。英国人还保留着世袭头衔，如爵士、公爵、子爵等，有的英国人喜欢别人称呼他们的荣誉头衔，所以，最好办法是看别人如何称呼，然后跟着学。不要谈论爱尔兰的前途等政治问题，也不要谈涉及宗教和皇家等敏感问题，刚接触时还是谈谈天气、旅游等问题比较好。

四、德国人

德国人办事认真，自信心特强，事事循规蹈矩，但在谈判中坚持己见，缺乏灵活性，并且在签订合同的最后时刻还总想让对方作出让步。德国人思维逻辑性很强，谈判准备工作很充分、具体，开始谈判就认真进入主题，不喜欢无边际地闲聊。如果发现谈判对手准备不足，思维混乱，往往会引起反感和不满。德国人在谈判中的决策节奏要比美国人慢得多，他们厌恶欺骗和浮夸，谈判时要以充分的论据来支持你的主张，他们高度重视对事实的研究。美国人的推销广告会强调某种商品如何富有魅力或令人兴奋，而德国人则着重说明产品自身的优越性能。与德国人交往要化很长时间才能建立起密切的业务关系，但一旦取得了真正的了解，他们会热衷于与你交往。他们在谈判场合十分认真，不喜欢幽默；他们不恭维别人，也不接受他人无端的恭维和褒奖。德国人对合同的条文研究得很细致，执行起来也认真。他们重视体面，特别是德国北部商人喜欢显示自己身份，故在商谈中要以职衔相称，尽量避免用“××先生”这种通称。德国人重视礼节，见面或离开时一定要握手，否则就是严重的失礼。在送花时不要送玫瑰花(有浪漫的含义)。德国商人不喜欢请客吃饭，但喜欢送礼。礼品要直接送给个人，而不是送给公司或团体。

五、阿拉伯人

阿拉伯国家遍及西亚和北非，主要有叙利亚、科威特、伊拉克、也门、阿曼、沙特阿拉伯、阿拉伯联合酋长国、约旦、埃及、利比亚、苏丹、阿尔及利亚、摩洛哥等。他们的共同特点是，居民多为阿拉伯人，信奉伊斯兰教，单一经济，靠石油及其它产品出品支撑国民经济。受宗教影响，性情大多比较生硬，不轻易相信人，爱猜疑，且保守。等级观念强，封建意识浓厚。在商务谈判中不讲究效率，往往对很简单的问题也反复推敲使得复杂化。作出决定时间，常常取决于关系的亲疏。同他们谈判切忌急躁，不要急于求成；有时他们会以“神的旨意”作为借口终止商谈或反悔作过的承诺。与他们谈判要配合其步伐缓慢行进，且尽量尊重其伊斯兰教的习俗，才能争取谈判成功。谈判人员在服饰、饮食和谈话中都要注意不能触犯伊斯兰教义。如能按阿拉伯人的礼节向他们致意，会被认为是最真诚友好的恭维。他们不吃猪肉，以牛羊肉为主食，不要谈狗，不要送带有动物形象的礼品；他们不饮酒，酒被认为是万恶之源。只有在供外国游客居住的地方或专供外国人购物的商店，才有酒出售；根据可兰经，在公共娱乐场所不得有伤风败俗的娱乐活动，甚至妇女穿暴露较多服装的电影、电视也被禁止；妇女在家庭和社会生活中没有地位，出门都要戴黑色面纱或特别面具，以防男人窥视。在阿拉伯家庭里，都用右手吃东西，绝对不能用左手传递或接受食品，左手不能放在桌子上。不能给阿拉伯人的妻子送礼物，对其孩子送礼物，则被认为是真诚友好的表示。

了解不同国家民族的习俗和禁忌，对与这些国家商人进行谈判和交往无疑是大有益处的。

重点复习思考题

1. 为什么必须重视和研究商务谈判中的礼仪和礼节？

2. 商务谈判中的礼仪包含哪些主要内容？

3. 如何搞好对客商的迎送？

4. 在会谈中要注意哪些礼仪？

5. 宴请有哪几种？在宴请中要注意哪些礼仪？

6. 商务谈判人员为什么要重视服饰？穿着西服时应注意哪些问题？

7. 对商务谈判人员的举止有什么要求？

8. 商务谈判人员在谈吐方面要注意什么问题？

9. 商务谈判的日常交中应注意哪些礼节？

10. 进餐时有哪些礼节应予注意？

11. 进入外商的办公室和住所要注意哪些礼节？

12. 为什么商务谈判人员要了解别国商人的习俗禁忌？一些主要国家和地区都有哪些习俗和禁忌？

第十章 商务谈判合同的签订

商务谈判一般以合同的签订作为整个谈判过程终结的标志。谈判的成功终结并不意味着谈判已全部结束，更不是该项经济活动已经告终，而是必须通过合同的签订来确定、变更或终止双方或多方的权利、义务关系，取得法律的确认和保护。由于在谈判过程中只能就重大问题达成一致意见，在合同签订时还需就一些细节展开讨论和落实，因此，合同的签订既意味着谈判的有效终结，又是整个谈判过程的延续，是保证谈判目标最终实现的重要环节。

第一节 商务合同的特点和种类

一、商务谈判终结的方式和原则

商务谈判的终结，就其成功与否，可分为有效终结和无效终结。就时间来说，可分为即时终结和延时终结。

(一)有效终结

谈判双方经过友好商洽，就各自应得的经济利益或双方共同利益达成一致意见，即可视为谈判的有效终结。

商务谈判的出发点和归宿都是为了追求一定的经济利益。这种利益不论是个人(即自然人)或企业法人的，还是国家的，最终都要通过谈判来确定和划分。这种确定和划分，一旦被参与谈判的双方或几方所共同接受，谈判的商讨阶段即可视为结束。

接受(Acceptance)是指交易的一方完全同意对方实盘(要约)中的内容的肯定表示。接受这一特定概念，根据国际贸易的普遍规则，一般应具备以下4个条件：

1．接受必须由特定的受盘人作出。一项实盘（书面的要约或面对面口头谈判）均有明确的特定的受益人，只有实盘指定的受盘人表示接受才有效，任何第三者针对该实盘作出的接受对发盘人均无约束力。

2．接受必须表示出来。接受必须由受盘人以一定方式表示出来。表示的方式大多采用口头或书面声明，也可以根据发盘的要求或当事各方已确立的习惯做法作出行动，如卖方用交运货物、买方用支付货款的行动来表示。

3．接受必须在发盘人的有效期内传达到发盘人。口头谈判可立即传到，通过函电（信、电报、传真和电传等）就有一个送达的问题。对此，英美法系的国家与大陆法系的国家有不同的解释。英美法系认为函电交发，接受即告生效，即使接受的函电遗失或邮递途中延误，合同也告成立。而大陆法系则认为函电必须到达，接受才生效。《联合国国际货物销售合同公约》第十八条则规定：接受于到达发盘人时生效。

4．接受必须与发盘相符。即接受必须是绝对的，无保留的，必须与发盘人所发实盘的条件相符。如果对发盘"接受"但又有添加、限制或其他更改的答复，即不属接受。

（二）无效终结

谈判的几方中只要有一方对谈判的实质性内容持保留意见，并明确表示不打算继续谈下去，这种终结即为无效终结。无效终结具有以下特征：

1．参加谈判的各方没有达成任何一致性的协议，也没有共同接受对方的发盘。

2．只要一方表示中止。

3．这种中止表示是针对已在进行的谈判的。

无效中止，主要是相对有无达成协议而言。至于通过谈判，各方增进了彼此间的沟通和理解，增加了友谊和信任，可能又为后来的谈判带来某种效益，则是另一回事。

商务谈判无效终结时，应注意的问题：

1. 要以平静的心态对待无效终结。商务谈判常常会由于价格、交期等问题，使交易没有谈成，但了解了对方的需求，了解了市场行情，增加了双方的交流等等，也都是好的，交易不成，情谊在。

2. 不要因无效终止而责难对方。一次交易不成功，要学会从多方面去总结教训。当然也有可能会比较突出地表示在对手一方的过失，这也不必怪罪其人。这样才有可能得到谈判桌上所得不到的东西——彼此的理解和友谊。

(三)即时终结和延时终结

谈判终结按时间分，有即时终结和延时终结之别。在当事各方约定时期内谈判结束，为即时终结；当一方或各方由于某种原因，在原约定时间内没有结束，需延长一些时日结束，即为延时终结。延时终结可能达成协义，也可能不达成协议。不论即时终结，还是延时终结均，包含着有效终结和无效终结两种情况。

所以，商务谈判实际终结状态具有即时有效终结、即时无效终结、延时有效终结和延时无效终结 4 种。

商务谈判终结的原则可归纳成以下几点：

1. 商务谈判的终结是一个自然过程，任何一方都不能强求对方为与不为。

2. 商务谈判的终结是受法律或国际贸易惯例制约和保护的，它的有效终结应当建立在依法(或依国际惯例)的基础上。

3. 商务谈判的终结是当事各方自觉自愿的行为，任何无关的方面不应介入或横加干预。

4. 商务谈判终结的形式以是否共同接受作为区分的唯一尺度。

掌握这些原则不仅可以使我们避免一些无知、可笑甚至违法的行为发生，而且也为最终正确地签约、认真地履约奠定基础。

二、商务合同的特点

商务合同是谈判各方在经济合作和贸易交往中，为实现各自的经济目标、明确相互之间的权利义务关系、通过协商一致而共同订立的协议。因此，商务合同一般具有以下的特点：

（一）遵循法律依据

商务合同的签订是一种经济、法律行为，在合同中既规定了当事人可以依法享有的权利，又确定了当事人应该履行的义务和责任。因此，任何一方违反合同规定都要承担法律的和经济的责任。至于涉外商务合同，它不仅表现合同的一方当事人是外国机构或独立法人，还表现为合同的标的物以及合同的履行过程会涉及两个或两个以上的国家，这就要求签订合同的法律依据不但要注重本国的法律，而且要考虑对方国家的法律，在某些情况下还要充分考虑国际公约与国际商务中的不成文法，即国际惯例。商务谈判人员首先应注意我国涉外经济合同法的基本要求，准确掌握我国有关外汇管理、许可证管理、国家安全、公共健康、外资企业管理、涉外税收等方面的法律和法规，与此同时，在合同谈判中要清楚了解对方国家上述各方面的法律和规定。在涉外商务合同中，有关当事人国家的法律对其活动都有一定的管辖权，但必须分清各自的管辖范围，明确在发生冲突情况下如何进行调整和处理。在可能的情况下，运用联合国、国际商会等国际组织颁布或推荐的一些国际公约和国际惯例，常常会使合同条款更加国际化，简化洽谈过程，易得双方政府批准。

（二）体现权利义务平衡

合同签订时必然会涉及到前期谈判中没有涉及或尚未充分展开讨论的有关谈判双方的权利、义务承担问题。合同条款的拟定必须体现权利与义务两者平衡的原则，即当事人一方所享受的权利，必须与其所承担的义务相对应，双方应互有权利和义务，这种平衡要体现在合同的每一条文之中，并贯穿始终。如在货物贸易合同中，“支付”和“结算与交单”的条件要平衡，在交货中保证前提与验收条件之间必须平衡。总之，只有在合同条款上充分体现权利与义务的平衡，该项合同才能为双方真诚执行，使相互间经济活动得以长期持续地进行下去。

(三)合同当事人应有合法行为能力

签订商务合同的主体必须具有法人的资格：即有一定的组织机构和正常的业务范围；有独立支配的财产或依法经营管理的财产；能以自己的名义进行民事活动，享受民事权利，承担民事义务，能在仲裁机构和法院起诉和应诉；其组织机构依据法定程序成立。

(四)合同条文必须明确、规范

合同作为一种法律文件，应同时具备严肃性、规范性和可保存性。首先，条款的用词要明确，专业和法律方面的术语及其表达方式，应力求标准、规范，这是避免发生歧义的先决条件。如商品的“品名”、“规格”等词语都有其特定的、为人们普遍接受的含义，外销合同中如CIF(到岸价)、FOB(离岸价)等均有其明确、固定的内含，一定要准确使用。在某种情况下，若无统一、规范的术语可资采用，应经双方认真磋商取得共同理解后，使用一致同意的文字表述，不可出现模棱两可的用词，否则必将导致日后的纠纷，甚至造成重大的损失。其次，要注意合同行文的精练，把握整个合同的内在逻辑，使前后文贯通，一气呵成。

三、商务合同的种类

商务合同种类繁多，可从不同角度加以区分。

(一)以参加商务谈判和签订合同主体来区分

1．政府间签订的合同；

2．法人间签订的合同；

3. 法人与自然人间签订的合同;

4. 自然人与自然人间签订的合同。

(二)以涉及单位所属国家来区分

1. 国内商务合同,如国内企业间签订的货物购销合同、技术转让合同等;

2. 国际商务合同,如进出口货物贸易合同、国际技术转让合同、融资合同等。

(三)以合同标的物来区分

1. 货物购销合同;

2. 技术贸易合同;

3. 合资、合作经营合同;

4. 融资信贷合同;

5. 来料加工、来件装配合同;

6. 补偿贸易合同;

7. 产权转移合同;

8. 信息咨询合同;

9. 劳务合同;

10. 工程施工合同;

11. 租赁合同;

12. 承包经营合同;

13. 证券交易合同;

14. 企业兼并合同,等等。

(四)以合同形式来区分

1. 口头合同

在贸易上并非只有正式签订书面文件才是合同,如卖方在一个实盘电报中发出要约,买方在规定时期内予以口头承诺(最好以磁带录音),合同即告成立。国际贸易中也是如此。《联合国国际货物销售合同公约》第 11 条规定:“销售合同无须以书面订立或书面证明,其形式方面也不受任何其它条件限制,销售合同可以用包括人证在内的任何方法证明。”因此,国际贸易中通过口头或电话达成的合同,在法律上同样生效。当然,口头合同一般用于交易金额不大、双方熟悉、交易频繁、履约时间不长的经济交往活动。这种合同形式在发生违约和争议时,举证困难,较大的商务活动很少采用这种形式。

2. 书面合同

许多国家都规定,商务合同在一定情况下必须采用书面合同的形式,如美国法律规定500美元以上的动产买卖,或协议成立后年内不能履行完毕的合同,都必须采取书面合同形式。我国的《涉外经济合同法》也有类似规定。常见的书面合同形式有以下几种:

(1)正式合同。这种合同条款较多,内容全面,签约各方各执一份作为履约依据。

(2)确认书。也称简式合同,如销售确认书、定单等。通过函电或面对面谈判,在取得一致意见后,卖方或买方可寄交对方确认书,列明交易条件,作为书面证明。由卖方发出的,称销售确认书;由买方发出的称为定单。确认书内容一般比正式合同简单,确认书一式两份,由发出的一方填写并签字后寄交对方,对方接到后签字保存一份,将另一份寄回,合同即生效。

(3)电报电传合同。在商务洽谈中,一方的要约为对方所承诺,若买卖双方不愿再签订合同,可以发实盘和接受的函电代替合同。这种合同形式虽非签订的正式文件,也完全符合《联合国国际货物销售合同公约》的规定,在法律上生效。至于国内商务活动中成交额不大或经常发生的交易,以成交的函电代替合同,也被经常使用。

(五)以合同当事人的直接和间接性来区分

1. 直接合同;

2. 代理合同(亦称居间合同)。

第二节　商务合同的构成和条款

一、合同的构成

商务合同尽管种类每多，但不论哪一种书面合同，一般都由“约首”、“本文”和“约尾”三部分构成。

（一）约首

约首是指合同的首部，用以反映合同的名称、编号、签约的日期和地点，双方的法定名称和地址，以及合同序言等内容。

（二）本文

本文是谈判各方协议的具体内容，也即合同的正文。它是整个合同的重点，包括：

1．标的（货物买卖合同应写明规格、数量、质量及包装）；

2．价格或者酬金；

3．履行的方式、期限和地点，如系实物形态的交易，应写明验收标准、地点及方法；

4．支付方式和支付时间；

5．违约责任；

6．争议及仲裁。

（三）约尾

约尾是指合同的结尾部分，反映合同的文字效力、份数、附件及其效力，各方签字盖章等。

除了以上主要内容外，根据不同谈判目的和合同类型的具体特点，都可以将谈判双方已经达成的一致意见以书面形式肯定下来，并以准确的词语加以表达，形成一份合同。

书面合同由于种类多，内容广，尤其是一些特殊标的谈判，很少有统一的固定的格式可以采用。但常见的货物买卖合同，由于发生频繁，且大多已约定俗成，所以较多地采用已印刷好的格式，只要将谈妥的内容填写进去，就形成一份规范的合同文本。

二、合同的条款

(一)标的物数量条款

合同的标的物是整个谈判的中心内容，自然应在合同条款明确、完整地予以规定。在说明标的物完整、通行的名称之后，要准确地写好数量条款，这是买卖双方交接货物的依据，主要由数字和计量单位表明。由于各国实行的度量衡制度不尽相同，所以在数量条款中要根据不同商品写清具体的计量单位，不可使用含混不清的“套”、“批”、“某一时期的需求量”等中间性单位名称，否则极易引起合同纠纷。在数量条款订立时，还应正确掌握成交数量，在产品出售时，既要考虑市场商品容量和价格动态，还必须准确计算自身的生产能力原材料供应情况；在产品购入或进口时，既要考虑实际需要和消化能力，也必须认真核算支付能力和可能发生的市场行情变化。对某些大宗商品的交货数量可规定一定的机动幅度，如在某些农副产品和工矿产品交易中，由于商品特点和运输装载、包装等原因，难以每批都按约定数量交货，可在数量条款中订上溢短装条款，即允许多交或少交规定数量的一定百分比，对机动幅度内多交或少交的数量，可写明按合同价格计算，或按装运时的市价计算，这对合同的顺利履行有利。

(二)质量条款

质量是对商品使用价值各方面标准的具体规定，它是商品价值的载体。质量与价格之比是整个商务谈判的核心问题，因此，必须十分重视质量条款的拟订。商品的质量条款在涉外合同中通常有 3 种表示方式：

1. 凭说明销售(SALE BY DESCRIPTION)。包括凭规格、等级或标准交易；凭牌子或商标交易；凭产地名称交易；凭说明书或图片交易等等。

2. 凭样品销售(SALE BY SAMPLE)。包括凭卖方的样品销售或凭买方的样品销售两种。

3. 现货交易。指商品的品质是经买方“看货”后确认交货的。

无论采取上述哪种方法，均应根据具体商品的特点及国际贸易通则要求，明确无误地具体表述清楚，以避免发生歧义。这里特别需要强调的是，不同的标准只能选择其一作为双方合同规定的品质要求，如选择了凭说明销售，就不能再出现凭样品销售。同时有两个标准，究竟以哪个作为尺度呢？这样就容易出现纠纷。即使同为一个标准，如“凭样品销售”，也要明确写明是凭买方的样品，还是凭卖方的样品。笼统地说“凭样品销售”，同样会产生歧义。内销合同也存在着质量条款问题。有些合同或是缺少质量条款，或是虽然规定了产品质量要求，但要求不具体不明确，结果发生纠纷就很难处理。合同拟订中对质量的要求要切合实际。对质量要求偏低，会影响使用，造成严重后果；而要求偏高，不仅将提高成本，而且在合同执行和实际使用中也会发生许多困难和问题。有的产品的质量规定要有一定的机动幅度，如某些农副产品买卖合同中，订明交货品质可以在一定幅度内高于或低于规定标准，价格则按实际交货品质核算。在工业用品买卖中，有些质量指标也允许有一定的“公差”，应在合同中书明。

(三)包装条款

为保护商品的质量完好和数量完整，合同中应对包装材料、包装方式、包装规格和包装费用负担等内容，作明确的规定。

1. 包装条款要充分考虑商品的特性。不同商品都有其不同特性，有的易潮、有的易碎、有的需防震、有的需保温等，合同中要根据不同商品的特性规定应选用的包装材料和包装方式。

2. 条款要考虑不同运输方式的要求。如海运商品要求包装牢固，能防挤压；铁路运输包装要求有防震动功能；空运要求包装轻便等。

3. 条款要考虑有关国家的法律规定。各国法律对包装材料有不同的规定，如有的国家禁用稻草、柳藤之类作包装材料，有的国家对包装标准与每件包装的重量，也有特别的规定和要求。

(四)价格条款

这是合同条款中最重要的组成部分，在条款谈判和拟订时要准确说明价格全貌。价格条款中一般包括商品的单价和总金额，两者使用的货币单位应当一致。在国际经济活动中，价格条款要考虑汇率变动的因素，争取采用对己方有利的货币单位，即出口选用硬通货，进口尽量争取用软通货，不得已采用对己方不利的货币单位，应将汇率变动因素考虑到货价中去，或订立保值条款。在外贸合同中的价款规定要准确选择价格术语，如 CIF 指到岸价格，FOB 指离岸价格，C&F 指成本加运费价等。在这些价格确定中，买卖双方的责任、义务以及货物风险划分等都规定得非常详细。这里要强调的：一是价格术语的选择要适当。因为价格术语不但确定了商品的价格构成，而且还表明了买卖双方货物交接的地点、费用承担和应办手续等责任。二是如果双方过去未曾发生交易往来，彼此缺少了解和信任，习惯的条文写法是在引用国际贸易术语的同时，以简明的文字解释该术语的含义，以 FOB 价后补上“货越过船舷前的所有费用已包含在内，货至仓内指定位置的费用，由双方分担”的文字，这就使双方明确无误。三是价格术语表达一定要有序完整。如一件丝绸衬衣到美国纽约港的交货价为 10.20 美元，应当写作：CIF New York USD. 10.20/pc.，不可随意颠倒顺序。

内销合同有的因为是老关系、老价格，在合同上就不写明；也有的因系新产品，或其价格波动较大难以写；还有的写作估算价“大约多少”。这些都极易引起经济纠纷，造成不必要的损失。

(五)保险条款

货物在运输过程中，尤其是进出口货物在长途运输中，可能会遇到各种自然灾害和意外事故，为转嫁风险，需办理货运保险。合同中的保险条款一般包括由谁保险，投保何种基本险与附加险，以及保险金额。在条款拟订时，应根据平等互利、方便贸易的原则，根据不同商品和交易对象，商定保险条件。出口商品应争取用 FOB 和 C&F 之类不带保险的条件成交；进口货物应力争采用 CIF 这种带保险的条件。应根据商品的特性和运输中的风险情况，选择适当的险别，如运输玻璃、陶瓷等易碎商品时，在投保平安险的基础上可加保破碎险。在确定保险金额时应仔细核算，力求精确适当。

(六)验收条款

这是买方支付了货款或作出付款保证后，应当拿到的等价的合格货物的一种法律保障。合同验收条款应当包括验收的标准、办法以及何时、何地由什么机构来验收，该验收是否作为最终检验等细节的表述。有的合同上只写"货到验收"，这是非常不完整的。也有的合同上虽然写了验收的时间、地点等，但以哪一方的检验为最终检验规定不明确，也易发生纠纷。我国出口货物一般均以中华人民共和国商品检验局检验为最终检验，商检局出具的检验证书具有法律效力。有的外商不接受这一条，如日本商社常有要求以该国商检机构检验为最终检验的。这样一来，风险就比较大。一旦市场起变化，客户借口质检不合格，就会引起纠纷。有时对方虽接受我方的商检，同时又要求己方也检验。这种看似双重检验，但实质上还是以对方为最终检验。要详细了解对方的检验方法、测试手段等情况，再作接受与否的决定。

(七)违约责任条款

这是为防止一方违约而使另一方遭受损失而设置的条款。对于卖方不按时交货的违约责任，合同条款应规定其支付罚款的具体内容；如交货拖延时间过长，买方有权撤销合同并要求赔偿。对于交货品质、数量与合同规定不符，要确定卖方承担免费补充、更换或修理，甚至降低赔偿的责任。买方也有权提出异议索赔，赔偿金额根据实际造成的损失确定。一般涉外合同对违约理赔都有固定的条文印制在合同的下方或背面，合同拟完后，应当提示对方阅读一遍这些固定的条款，如无异议，再签字。内销合同一般都没有这方面的固定条款。有的谈判当事人或者出于错误的认识，认为反正都是国家的，谁负经济责任都一样；或者碍于情面，互相迁就，不在合同上作明确的规定，结果出了纠纷，“君子协定”也就成了“扯皮协定”。许多经济纠纷久拖不决，症结即在于此。其实对这一方面，我国《经济合同法》、《工矿产品购销合同条款》、《农副产品购销合同条款》、《建筑工程承包合同条例》等等都早已作出明确而具体的确定，我们应当认真依照有关法律、法规办事。

（八）产权条款

人们只能对拥有合法产权的物品进行交易，否则合同属非法，不能生效。因此，在合同签订时必须提供和验明合法的产权证明，或作准确的资信调查，以避免上当受骗。产权条款要求在合同中对工业产权问题作明确的说明，即卖方应说明其对标的所涉及的工业产权和合法性（即非伪造别人产品、无侵权行为），并保证对此承担经济和法律责任。一旦有第三方向卖方提出异议和起诉时，买方对此只承担保持中立的义务。有时在工业产权上卖方提出：“买方不能在第三国使用卖方的技术或销售其许可产品，否则第三方起诉时，卖方概不负责。”这往往是卖方为限制买方的销售权，减轻对已占有市场的竞争压力，或为抬高自已要价的一种手段，对此在条款拟订时要权衡利弊，在不损害己方利益的前提下作出具体规定。

（九）不可抗力条款

这是国际商务合同中普遍采用的一项例外条款，即当签订合同的双方由于受政治经济因素或自然因素变化的影响，发生了双方当事人所无法预料、无法避免和无法控制的情况，如自然灾害、战争等，使合同无法继续履行或不能如期履行，遭受事故的一方，可据此免负责任。《联合国国际货物销售合同公约》第 21 条与《买卖统一法》第73条有如下规定："如一方证明不履约是由于意志以外的阻碍造成的，并且他有理由证明此属不能预测，又未在签约时采取对策，所以在这种不能预防或克服的事实造成了后果的情况下，他可以对其任何义务均不负责任。"依据世界各国的法律趋向和国际通行规则，我国综合了大陆法系与前苏联等国规定承认的"不可抗力"的法律概念，摈弃罢工、破产、财政的依法冻结等政治和经营因素，坚持自然灾害和一定范围的社会事件下的免除责任。因不可抗力原因撤销了合同，但对过去已发生的债权、债务仍应公正清理；对正要履行或未来应履行的义务负责，对已履约的后果仍须负责。

（十）仲裁条款

在涉外商务合同履行中，当事人之间发生争议，可按友好协商、仲裁和司法诉讼3种方式解决。仲裁条款则明确规定，发生争议时双方通过仲裁方式解决纠纷，而不进行司法诉讼。由于仲裁机构是民间性机构，仲裁员又由双方当事人指定，一般均为国际贸易界的知名专家，有很高的专业知识水平，处理问题迅速，费用也比较低，所以仲裁便成为交易双方乐意采用的解决纠纷的方式。

仲裁条款的内容，主要应包括仲裁地点、仲裁机构、仲裁程序、仲裁裁决的效力和费用的负担等，这些条款确定的原则是平等、公正、快速、费用节省以及自己对仲裁情况的熟悉。在条款中要特别注重仲裁地点的选择，因地点的选择直接决定着法律的运用，我们在拟订条款时应力争在中国仲裁，如不能达成一致，也应争取在中立第三国进行仲裁。至于仲裁费用一般应由败诉方承担，但并非所有纠纷的仲裁决定能明确判定胜诉与败诉，双方共同负担费用也属合理。仲裁的结果双方应该服从，因为订立仲裁条款就表示双方已拒绝司法诉讼。

第三节 合同的审核及签订程序

一、合同的审核

合同条款拟订之后，无论是由我方起草还是由对方起草，在正式定稿和签署之前，应有一项重要的工作程序，即对合同条文及其附件进行认真的审核和检查。其中特别要注意以下各点：

(一)对重要条款的审核应特别精心、细致

如货物购销合同中标的物的数量、单位、价格和金额等，应认真进行查对和复核。因为合同的草拟常常是在激烈的争辩之后进行，此时谈判者的身心都已十分疲乏，匆忙之间容易出现差错。重大项目的谈判往往各阶段有不同的人员参加，也常易在前后衔接中发生沟通阻碍，导致错误的发生。如计价单位本应是“件”，在合草拟时误写成“打”；单价或总金额的小数点位置发生错位等，如果不能在合同审核中及时纠正，签约后将会产生严重的后果。又如在重大项目合同签订时，对相关条款及其技术附件，必须逐项认真审核，避免发生不一致的情况。有时在验收条款中可能作以下规定：“一次验收不合格，可进行第二次验收。第二次验收不合格，若责任在卖方，则一切费用由卖方承担。”而在技术附件中可能写成：“一次验收不合格可进行第二次验收，第二次验收时，若责任在卖方，则买方不支付卖方技术指导费。”类似情况还会有很多。这种看来细小的文字差异，如在审核中不能发现和解决，日后很可能酿成重大纠纷。

(二)对谈判中双方争议较大、最后实现某种妥协的问题，审核时要特别注意把好关口。

合同议定时应坚持由我方为主起草合同文本，文字的表述应反复推敲，尽量把双方最终达成一致的意见准确地反映出来，避免由于表述不准确而发生新的争议，甚至导致谈判的重大挫折。如若对方坚持起草合同，要特别注意其可能采取的“文字进攻”策略，即在婉转、隐蔽的词句后面暗含着于我方不利的“潜台词”，实际上仍坚持其在谈判中原来的立场，这就需要特别留神把关。有时对方采用含混不清、令人费解的词句，均须一一查对，如难以准确转译时，应坚持要求更换成确定无疑的文字，不能因碍于情面而轻易放过，否则不仅不能保证合同条款的公平合理，而且还可能因一时迁就而铸成大错。

（三）对合同拟订中的一些技术性问题，在审核中也必须高度重视

有些谈判者往往只重视口头的允诺，并没有注意在具体条款谈判中就应该做到内容、用词和表述方式三者的统一，要对谈判的重要内容作好文字记录，双方对此作出确认，否则对方一旦改变主意，就“口说无凭”，争论不休。再如合同签署人的法人身份要有确切证明，最后落款和加盖的公章要与谈判对象完全一致；在涉及产权问题时，应查验产权证明，不然就可能造成重大失误。外销合同中的“目的港”一栏，看似简单，但需精心审核，否则相差一个字母，就可能差之千里、万里；加之世界上同名港口很多，如维多利亚港就有 4 个，对于这种情况就应在港口名称之后加上国名，以免发生意外。总之，对于比较重要的合同在签署前一定要由水平较高，了解项目谈判全过程的人负责将合同条文、技术附件从头至尾通读一遍，从用词用句的规范性、条件的一致性、前后的连贯性等方面进行认真地审核，这是保证合同公正和顺利履行的重要条件。

总之，合同的审核要能达到以下目标：

(1)不签可能不能执行的合同；

(2)不签留有隐患的合同；

(3)不签不符合国家法律及国际惯例的合同；

(4)不签权利和义务不对等、责任条款不明确、无约束力的合

同。

二、合同的签订程序及对出现问题的处理

(一)商务合同的签订必须满足其应具备的条件

一项商务合同的成立,即具有其法律效力,需要有以下的条件:

1. 签订合同的当事人必须具有完全的缔约能力和合法的资格。就自然人来说,除法律专门有限制或禁止的人以外,神智正常的符合法定年龄的人可以签订合同。就法人而言,其签约的法人行为能力是由法人注册登记国家的"公司法"所规定,法人行为能力的行使必须由其法定代理和授权代表来执行,非法定代表或非授权代表没有资格签订合同。

2. 商务合同必须是当事人真实意愿的一致表示。如果合同是在胁迫或欺诈的情况下达成,这种合同在法律上属于无效。所谓"胁迫"即合同当事人之一方利用其财力、物力、技术等优势,对另一方施加精神上、心理上的威胁和压力,而使对方产生心理恐惧的有目的行为;所谓"欺诈",是指合同一方当事人在订立合同之前对重要事实进行隐瞒、歪曲、夸大,或通过金钱、女色等不正当手段使谈判对方置于其控制之下的故意行为。世界各国法律都一致认为,因胁迫、欺诈而订立的合同是无效的,受害一方有权撤消合同,并要求赔偿。

3. 商务合同成立的形式必须符合法定的要求

(1)商务合同必须符合当事人国家的有关法律规定,如为涉外商务合同,还必须遵守相应的国际准则。

(2)双方当事人必须在合同上签字,并加盖单位公章;合同附件系合同的组成部分,具有同等的法律效力。

(3)某些涉外商务合同须经国家或国家授权的主管部门批准,合同在批准之后方能成立、生效。

4. 商务合同的签订要有序地进行。合同如系己方起草，在完成拟订和审核程序后，应交对方审阅，并请对方先签字。如合同由对方起草，交己方签字，则应仔细审阅合同全文，再征询对方意见，请对方先签字。如对方坚持请己方先签，再签不迟。这既是礼貌的需要，也反映出从容不迫的风度。有的缺乏经验的谈判者，拿到合同后未经仔细审阅即匆忙签字，不仅会给人造成草率从事的印象，而且还会引起对方的误解，甚至导致借机反悔。合同有关双方或几方签字，每方至少要保留一份正本。内销合同在签字后应在每一份正本上加盖法人公章。有的合同有数页，还可加盖骑缝章。自然人参与签订的合同，可记载本人身份证号码，或加盖私章、手印等。

(二)合同签订中对可能出现的问题的处理

在合同起草、签订过程中，很可能会出现一些新的问题，需要认真处理。这些问题的出现常常是因为：

1. 谈判当时未涉及到的一些细节，在合同拟订时必须详细加以说明，如果这些说明不涉及有关各方的重大利益，双方均易于接受，否则，就可能重开谈判，慎重处理有关问题。

2. 口头谈判时或因自己考虑不周，或因对方施展的策略未能识透，当时已作出某些承诺，而当口头谈判转为书面表述时，往往认识已经深化，头脑开始清醒，此时对关系各方利益的一些新问题，会引起新的争议和洽商。

3. 谈判的某一方或双方因受外部环境的影响(如汇率变动、价格涨跌)，往往对前期谈判中的口头承诺在签约时寻找各种借口或托辞，企图改变以前的承诺，重新调整相互关系。

凡此种种，都避免不了一场新的“舌战”。这既可能是坏事，也可能是好事，应当学会冷静妥善地处理。

一是要审时度势，权衡利弊。对于枝节问题，该让则让，对于利益攸关的问题，当争则争。

二是要冷静分析，找到症结。谈判对方究竟出于何种心态，是对合同作技术性修改呢？还是根本就不想签合同。

三是要对症下药，当机立断。对于确实不想签合同的，不要勉强。对出于慎重考虑而提一些合理建议和要求的，在不损害己方利益的前提下，可以接受。一时不想接受，可以寻找一个适当的借口，拖延条约的时间。

四是要把握时机，为我所用。有时我方由于各种原因需要退步，也可以利用签约的机会，寻找理由，推迟签约。最好的办法是在合同书上加注类似“此合同以我方最后确认为准”的字样，这种办法通常称之为签订“开口合同”。这样，形式上是把合同签下来，又不伤和气，实际上是给自己留下了回旋的余地。当然，一般不到万不得已，不要用此下策。

第四节　合同的履行及争议的处理

一、合同的履行

合同经双方或有关各方签署后依法成立，各方均应按合同规定的条件，规定的时间、地点、方法，履行自己所承担的义务并获得应有的权利。因此，合同的履行即指合同当事人实现或完成合同中所规定的权利和义务事项的法律行为。

(一)合同履行的方式

在实际经济活动中，合同履行往往有以下几种方式：

1. 实际履行。它是指按照合同规定的标的履行，而不以货币或其它财物代替履行。

2. 全面履行。即按合同规定标的数量、质量、规格、技术条件、价格条件以及履行的时间、地点、方法等全面完成双方所承担的义务。如商品买卖合同，一方按约定金额按时全部付清货款；另一方则按时、按量、按质(包括包装要求)交货。

3. 中止履行。即指对合同暂时停止履行，它是合同当事人一方有另一方不能履行合同的确切证据时所采取的措施，违约方应承担相应责任，并支付遭受损失一方违约金和赔偿金。

4. 合同转让。是指合同当事人一方将合同规定的权利和一部或全部地转让给第三者。

(1)权利和义务的部分转让，即合同当事人一方将合同中的部分权利和义务转让给第三方，这样合同由原双方构成的主体，即变为由三方构成的新合同主体，原来双方当事人之间的单一关系分解为三方当事人之间的相互关联的两组合同关系。

(2)权利和义务的全部转让。这样经转让后的合同主体就由原合同未转让的一方与新的受让方之间构成，由受让方履行让与方转让的全部权利与义务。

(二)合同履行的管理

即使合同在谈判和审核中做到十分精心、周密，在细节问题上也规定得相当完善，但还是不可能包罗万象，在履行中还会出现一些无法预料的情况，因此，要本着互信、互让、互惠的精神，搞好合同履行的管理。

1. 建立合同履行情况的监督统计制度。对合同成立及其履行过程要有完善的统计记录，如商品贸易合同应包括合同本身主要交易条件记录，以及成交、备货、发运直至结算进程的记录，以掌握合同履行的全过程。对于重大技术引进或建设项目的合同执行过程，双方都有可能发生有意或无意的细小违约行为，项目管理机构应把每一件违约行为都记载下来，并由对方的项目执行人签字确认，然后到一定时候从总体上予以解决。因为对于大型项目来说，对细小的违约现象要求一笔笔即时处理，不仅事实上不可能，而且会严重影响项目的进度，使双方利益都遭受损失。当然，如在履约过程中出现影响项目质量和进度的重大问题，必须及时予以解决，不可延误时日。

2. 建立信用证和收汇的管理制度。出口贸易的顺利履约重在及时安全收汇。建立信用证和收汇管理制度,就是要检查督促催证,复核对方来证,督促及时出运,防止信用证误期。货物出运后,要及时检查收汇情况,与银行保持密切联系,定期催索应收未收账款。

3. 建立合同岗位责任制。为保证合同的顺利履行,要建立以合同为中心的明确岗位责任制,防止各工作环节出现脱节和差错。如在进出口贸易合同的执行中,主要应建立起外销业务、货源业务员、综合单证员和合同员的"四员"岗位责任制。

4. 工程项目合同履行过程中,要加强与对方委派的工程技术专家的联系与交流。与外方签订的工程和技术合作合同,其实际履行很大程度上有赖于与对方派遣的专家和工程技术人员的合作。我们在履约过程中,要尊重对方的专家和工程技术人员,加强与他们的交流,密切相互关系,这是保证合同履行的重要条件。事实证明,一份完好的合同往往由于执行者的原因,而使纠纷不断;而一份存有不少缺陷的合同,由于执行者的互尊互让却得到圆满的履行。

二、争议处理

商务合同的争议是指合同当事人不履行或不完全履行合同而发生的权益纠纷。国内商务合同的争议,应在国内通过适当方式解决,涉外商务合同争议,根据我国涉外经济法规定,应通过协商、理解、调解、仲裁和诉讼 4 种方式解决,当然这种纠纷的解决要比国内的合同争议更为复杂。

(一)协商

协商也称和解。它是指合同当事人就合同争议通过平心静气的洽商以取得一致意见,从而达成和解协议以解决纠纷的一种方法。在合同执行中很容易发生对条款解释的分歧,如条款文字为

"甲方对乙方提供生活上的方便"，乙方理解为甲方将尽可能提供免费生活服务，而甲方则认为是在手续办理上提供协助。此类涉及双方权利、义务的争议，一般易于通过协商解决。对于合同执行中发生的一些重大分歧，如货物损失、产品质量不合格、付款延误等，如双方有长期友好交往，也宜本着平等互利、坦诚合作的精神，通过友好协商解决纠纷。在这中间应表现出足够的灵活性，如上批交货中确实存在一些质量问题，下批交货一定保证质量，并在价格上给予优惠，以弥补对方的损失，问题就能圆满解决。通过协商解决争议，有利于及时化解矛盾，保持和发展双方之间的信任与合作关系。

（二）调解

调解是在第三者主持下，在查明事实、分清责任的基础上，通过说服的办法使双当事人进一步协商达成协议，从而解决争议的一种方法。在涉外商务合同中调解有多种渠道，如由合同双方主管的上级机构出面调解；私人公司由其主要领导人出面调解；也可请双方所在国的外交机构和政府出面调停；更多的是通过有关当事人公认是有权威性的公正的第三者，如商会性质的机构或著名的贸易和法律界的名人出面调解纠纷。调解的结果没有强制性，只有双方当事人接受调解方案时，争议才得到最终解决，否则，可由合同当事人进一步提交仲裁或向法院进行诉讼。

（三）仲裁

仲裁是指涉外商务合同的当事人双方在合同履行过程中发生争议，在通过协商或调解不能解决的情况下，自愿将有关争议提交双方同意的第三者进行裁决，裁决的结果对合同双方都具有约束力，必须遵照执行。以往较有影响的国际仲裁机构有国际商会在巴黎的仲裁院，还有英国伦敦仲裁院、瑞典斯德哥尔摩的仲裁院，我国也设有对外经济贸易仲裁委员会。

国际商事仲裁的规则对仲裁庭的组成、仲裁员的选定、仲裁裁决及仲裁费用等都有规定。凡在商务合同中已有仲裁条款的，仲裁机构可予以受理；如合同中没有仲裁条款，则必须由双方达成书面的仲裁协议，仲裁机构才能受理。合同写明仲裁条款或仲裁协议的作用，就在于明确规定双方发生的争议通过仲裁方法解决，不到法院起诉，仲裁机构取得争议案件的管辖权，排除了法院有关争议的管辖权。

一般国际经济交往中发生的争议都愿意通过仲裁方式去解决，它有利于保持双方的关系，避免由于进行诉讼而造成企业形象的损害，而且仲裁的手续和程序较为简便，费用和时间也比较节省。

在决定将争议提交仲裁时，应注意两个问题：

1. 仲裁地点的选择。因为在哪一个国家进行仲裁，就要采用那个国家有关的规则和程序。就我国企业言，仲裁地点可以有3种选择：①规定在中国国际贸易促进委员会对外经济贸易仲裁委员会仲裁；②规定在对方所在国家进行仲裁；③规定在第三国进行仲裁。在以上3种选择中，规定在我国进行仲裁当然最为有利。但如外方不同意，可选择公正合理，我方对其仲裁规则和程序较熟悉的第三国进行仲裁。

2. 掌握仲裁进程，作好材料准备。仲裁机构在进行仲裁过程中先有一个调查阶段，然后进行审理，争议有关当事人要根据仲裁各阶段的进程，作好充分的材料准备。

(1)要收集有关争议的资料和证据，掌握争议的实质与具体情况，进行充分的分析研究，预测可能的仲裁结果；

(2)把掌握的材料和证据进行归纳整理，寻找充分的法律依据，形成“诉状”或“答辩状”，及时送交仲裁庭；

(3)当事人需在仲裁庭出庭发言时，要懂得礼仪规则，思路要明确，态度要坚定，处理要灵活；要掌握时机，观察仲裁人的态度，有利则进，不利则退，做到及时结案，既保留双方面子，又减少费用支出。

（四）诉讼

在商务活动中，合同双当事人在发生纠纷后，通过协商或调解都未能解决问题，其中一方向有管辖权的法院起诉，要求通过司法程序来解决双方之间的争议，即谓诉讼。诉讼必须通过严格的司法程序，需要耗费较多的时间，承担相当的费用。诉讼的结果在一般情况下能强制性地解决争议，但往往也导致双方关系的最终破裂，所以，企业经营者在一般情况下都不愿以诉讼方式解决双方之间的纠纷。

第五节　商务谈判工作的总结及前景的展望

商务谈判工作像其他一切经济工作一样，要求越做越细，不断发展完善，因此，只有通过经常不断地总结经验和教训，才能达到以上目的。经过一次总结，有所发现、有所提高，既可教育谈判者本人，又使大家得到收益，促进谈判队伍整体素质和水平的提高。

一、商务谈判工作的总结

（一）总结的主要内容

商务谈判不论成功与否，都应当从谈判目标的制定，谈判班子的组成，谈判战略和策略的规划，谈判技巧的发挥，直到有否签约成交等方面作一番认真的回顾，找到得失的经验和教训。除了总结己方的得失外，还可以总结对手的长处和弱点，取人之长，取己之短。

1．总结己方谈判的得失

商务谈判就其本质来讲只有得失之分，没有胜败之别。

首先，当然是算经济账：

（1）这笔业务成交之后，得益如何？

(2)已方支出成本多少？是收大于支，还是支大于收？外贸业务中常用换汇成本这一指标来衡量。

换汇成本＝人民币总成本÷美元总收入

或：

换汇成本＝人民币单位成本÷美元单位收入

退税后换汇成本如小于银行挂牌汇率，差额部分为盈余：反之则为亏损。

(3)有否达到预期目标？原因何在？

其次，是通过这次谈判，对市场行情了解了少？有哪些信息应当引起重视？

再次，同客商的交往程度加深了多少？对方资信情况有哪些新的了解？

最后，已方在谈判中主要采用了哪些策略和技巧？哪些起了作用，哪些没有起作用？为什么？等等。

2. 评估对方的损失

对方的经济账一般都比较难算，尤其是对外贸易，各国的税收政策、公司间接费用等都有所不同。我们一般都是用本次成交与以往成交作比较来说明的，也有用将其买价(或卖价)与其他公司的成交情况相比较来寻找答案。主要还是评价对方在谈判中采用的策略和手段、谈判技巧、表达方式及仪态风度等。特别是对自己在谈判中一时没有识破而吃亏的地方，更要认真总结，以便今后遇到类似情况，心中有数，临阵不乱。

3. 检讨人员选派及组织管理方面的得失

谈判参与人员是否完成各自所承担的任务？主谈和陪谈之间配合是否默契？大型的谈判团还应检查内部组织管理方面是否得力？相互之间是否融洽协调？整体的功能发挥的如何？

4. 评判合同书写方面的得失

合同文字是否精炼准确，表达是否全面完整，书写格式是否合乎规范等等。

(二)总结的方式和方法

针对商务谈判的具体内容和谈判的规模,可以采取不同的方式方法:

1. 举行交流座谈会。由参加谈判的主要人员谈自己的心得体会,吸收部分专家、业务或技术骨干,以及计划培养的新谈判人员一起参加评论。其优点是教育面广,缺点是花费时间多。

2. 写出书面报告,领导作出评语,进行书面交流。其优点是节省时间,保密性好,缺点是轰动效应差。

3. 建立专门档案,以备长期查阅。对一些重要的客户或长期合作的贸易伙伴应将每次与其交往和谈判的情况及结果写成书面报告,存档备查。其优点是具有长期效应,缺点是交流面较窄。

4. 进行表彰奖励。通过对取得成绩、作出贡献的谈判人员进行公开表扬,有利于增强谈判人员的成就感和事业心,鼓励他们不断进取,并给予他们更多的参与谈判机会。这同样是商务谈判总结的好方法。

(三)总结中应注意的事项

1. 在总结教育时要对事不对人。组织者最好是在总结教训时避免在公开场合指名道姓地批评,应作为一种大家都需要接受的教训来总结,起到普遍的教育作用。

2. 要鼓励大家向前看。一场谈判结束,有所得不要骄傲,有所失也不必气馁。商务谈判本身变化无穷,这一次的得失并不等于下一次的得失,要鼓舞斗志,团结一致向前看。

3. 要注意保持商业机密。总结本身是件好事,但由于公开交流,人多嘴杂,往往容易导致泄密。应当教育与会者严格保守国家或企业的秘密,同时要采取相应的防范措施。

另外,在自己方面进行总结的同时,最好不要忘记给对手一封信,或一个电话,一份传真,向他问侯并真诚地感谢他的合作。

二、现代商务谈判工作前景的展望

商务谈判工作随着市场经济的产生而产生，又将随着市场经济的发展而发展。在人类即将步入21世纪的今天，它对市场经济的繁荣和发展所起的促进作用，已越来越普遍地为人们所认识和理解。现代商务谈判作为一门独立的学科外，也必将随着人类社会的进步而更趋完善。

(一)现代商务谈判的发展趋势

根据当前经济发展的大趋势，可大致描绘出未来商务谈判的一些基本特点。

一是区域性、民族性差异将日益缩小。随着商品生产和商品交换愈来愈冲破地区之间、国家之间的局限，随着各民族之间、各人种之间的交流变得更加频繁，过去那种一国一地长期以来形成的独特风格和特点，将进一步为各地各国商务谈判人员共同接受的那些优点所替代。这些优点可以归纳为：

1. 谈判组织者的战略决策将显得更加重要，而不拘泥于具体的一时一事的得失；

2. 谈判者的风格将趋向真诚和坦率，处处防范、计算对方的作风将日益为人们所摒弃；

3. 人们将更加普遍地珍重谈判者之间建立起的良好的人际关系；

4. 由于谈判利益之争的本质特点不会改变，谈判者的策略和技巧将会显得更加隐蔽和巧妙。

二是谈判的时效观念将越来越强烈。由于现代生活节奏的加快，人们价值观的改变，未来的谈判将对时效问题更为重视。旷日持久的谈判将逐渐为速战速决式的谈判所代替。故意拖延等老办法在商品日益丰富的信息时代，在买方市场的情况下，将被淘汰。

三是谈判使用的工具将日趋现代化。人工智能型的计算机将作为谈判者的得力助手普遍进入谈判场地,传统的人工手写脑记,将不能适应快节奏的谈判需要。

四是谈判受时空因素的限制将越来越少。由于交通、通讯的发展,谈判者不必再受时间、空间等因素的限制,可能坐在办公室里,甚至家里就可以通过电视画面和远在千里之遥的客户进行谈判。

五是谈判者之间的经验交流将更为快捷。通过计算机终端输出,速度快、信息量大、数据准确,将帮助更多新的优秀的谈判者迅速成长。

(二)未来商务谈判对谈判者所提出的挑战

1. 要求谈判者具有更全面、更丰富、更系统的知识。除了本书第二章针对每个谈判者必须具备的基本要求以外,还应该熟练掌握计算机程序的设计和操作,会灵活运用价值工程、运筹学等知识到谈判实践中去,并能随时吸收消化当代科学的最新成就。

2. 要求谈判者不断更新自己的观念。观念的更新,是根本的更新。没有新的观念,即使掌握了新知识,也不可能适应时代的需要。

3. 要求谈判者有更高尚的职业道德。现代化的商业,现代化的谈判工具,最终还是要靠有良好道德品质的人去从事、去掌握。先进的手段如果掌握在品德不良分子的手中,对社会的危害将更为深重。

4. 要求谈判者有更强壮的体魄。未来的商务谈判虽然更趋智力化,但由于谈判节奏的加快,工作量的加大,对体力和脑力的消耗将会很大,如果没有强健的体魄是根本无法胜任的。

我们相信,现代中国商务谈判工作者队伍的形成,必将有力地促进我国跨世纪宏伟目标的实现。

重点复习思考题

1. 商务谈判终结的含义是什么?谈判的终结有哪些类型?

2. 商务合同有哪些特点？

3. 商务合同可有哪些标准来区分？在实际生活中有哪几种商务合同？

4. 商务合同如何构成？

5. 商务合同应包含哪些主要条款？拟订这些条款时应注意什么问题？

6. 为什么必须重视合同的审核？如何搞好合同审核？

7. 合同签订中出现的问题应如何处理？

8. 如何加强合同履行中的管理？

9. 合同争议有哪几种处理方式？各有什么特点？

10. 为什么对谈判工作要进行总结？总结的方式、方法有哪些？

11. 现代商务谈判的发展趋势如何？有哪些基本特点？

12. 形势的发展对未来商务谈判者提出哪些挑战？

《商务谈判》考试大纲

Ⅰ. 课程性质与设置目的、要求

《商务谈判》课程是市场营销、企业管理专业以及其它有关专业的必修课程。商务谈判是一切经济活动发生和发展的前提条件，是社会经济稳定增长的重要保证，企事业单位和经济领导部门学会有效地进行商务谈判，有着极其重要的意义。建立起一支具有良好的思想素质和职业道德、广博的专业知识和熟练的谈判技能的商务谈判人员队伍，大力提高谈判的水平和效果，已经成为关系经济发展和国家兴衰的大事。因此，在市场经济条件下，《商务谈判》是一门受到高度重视的新兴学科。

《商务谈判》课程十分强调其应用性，要求学生在理论学习过程中密切注视国内、国际谈判实践的发展，积极参加商务谈判案例的调查研究和分析讨论，以培养自己分析问题、解决问题和实际操作的能力。

Ⅱ. 考试内容

第一章 商务谈判概论

一、学习目的和要求

通过本章的学习，了解商务谈判这一经济活动的产生和发展，明确认识社会主义市场经济与商务谈判的关系，掌握商务谈判的基本理论与原则，为深入学习本课程奠定知识基础。

二、考试内容

第一节 商务谈判的产生和发展

(一)谈判与商务谈判

谈判的概念,商务谈判的概念,商务谈判与一般谈判的区别。

(二)商务谈判的产生和发展,商务谈判在社会经济发展中的作用。

第二节 社会主义市场经济与商务谈判

(一)集中计划经济体制扼制了商务谈判的充分展开

(二)发展社会主义市场经济需要商务谈判

探索公有制新的实现形式,促进多种所有制经济共同发展;建立和完善现代企业制度;统一、开放的市场体系的建立以及进一步扩大对外开放等,都为发展我国商务谈判的理论研究和实践探索开辟了全新的领域。

第三节 商务谈判的理论与原则

(一)商务谈判的理论

谈判的“需要”理论:原则谈判理论。

(二)商务谈判的原则

1. 尊重事实,实事求是;

2. 求同存异,达成协议;

3. 着眼于各方利益,而不是立场;

4. 把人与问题分开。

第二章 商务谈判人员和谈判队伍的组织

一、学习目的和要求

通过本章的学习,掌握对商务谈判人员素质的要求,懂得商务谈判队伍的正确组织,了解如何对商务谈判人员进行选拔和管理。

二、考试内容

第一节 商务谈判人员素质的要求

(一)政治素质

忠于职守,遵纪守法;百折不挠,意志坚定;谦虚谨慎,团结协作;诚实无欺,讲求信誉。

(二)业务能力

复合型的知识结构:分析判断能力,核算能力,商谈能力,协调能力。

(三)心理素质

自制能力,随机应变,创造力与灵活性。

第二节　商务谈判队伍的组织

(一)谈判组织的类型和规模

单一谈判者,谈判小组,谈判团。

(二)谈判班子的组成

主谈人,经济人员,专业技术人员,法律人员,翻译人员,记录人员,国际商务中的代理人。

第三节　商务谈判人员的选拔和管理

(一)选拔商务谈判人员的原则

坚持政治和业务统一的标准;要不拘一格选拔人才;发扬长远,不求全责备;在实践中发现人才,起用人才。

(二)谈判小组负责人的选择

选择时应考虑的条件。

(三)重视谈判组织群体结构的优化

(四)智囊团成员的选择

(五)商务谈判人员的管理

第三章　商务谈判信息

一、学习目的和要求

通过本章的学习,了解谈判信息的含义、特征、作用、类型和内容,掌握并能灵活运用信息搜集的各种方法和技巧。

二、考试内容

第一节　商务谈判信息的内涵和功效

(一)商务谈判信息的概念

谈判信息包含两个方面:人的信息和物的信息。

商务谈判信息的特征:目的性,复杂性,时效性和系统性。

(二)商务谈判信息的功效

是谈判能否取得成功的保证;有助于确定谈判目标;是制订谈判策略的依据。

第二节 商务谈判信息的类型和内容

(一)商务谈判信息的类型

按不同标准划分后信息的种类及含义。谈判前信息是信息搜集的主体。

(二)谈判信息的主要内容

政治法律信息,市场信息,科技信息和谈判对手信息。各种信息所包含的内容和范围。谈判对手性格的含义与类型。谈判作风的含义与表现方式。

第三节 商务谈判信息的收集和处理

(一)收集谈判信息的渠道

7 种谈判信息渠道。活字媒介、电波媒介和统计资料 3 种渠道的优势。

(二)收集谈判信息的方法

5 种常规信息收集方法的内容。从对方雇员中收集信息的具体方法及应用。从对方业务单位收集信息的途径。

(三)谈判信息的处理

谈判信息的识别,识别过程中应注意的问题。谈判信息的分析,信息分析的步骤。

第四章 商务谈判战略的制订

一、学习目的和要求

通过本章的学习,了解制订商务谈判战略的原则,掌握制订商务谈判战略的步骤和实现商务谈判战略决策科学化的途径。

二、考试内容

第一节 制订商务谈判战略的原则

(一)目标原则;

(二)系统原则;

(三)弹性原则;

(四)平衡原则;

(五)反馈原则;

第二节 商务谈判战略的制订

(一)环境分析

宏观环境分析,谈判对手状况的分析。

(二)商务谈判战略目标的确定

确定战略目标的原则,制订战略目标的程序。

第三节 商务谈判战略决策科学化的途径

(一)谈判者思维的科学化与现代化

思维结构的优化,思维方式的创新。

(二)认真搞好市场调查研究与预测

(三)重视依靠外脑,搞好专题咨询。

第五章 商务谈判的类型和过程

一、学习目的和要求

通过本章的学习,了解各种谈判类型的优缺点及适用场合,掌握谈判的完整程序和每一阶段中应注意的基本问题。

二、考试内容

第一节 商务谈判的类型

(一)按照谈判涉及的内容区分

一般贸易谈判,来料加工装配业务谈判,技术贸易谈判,工程承包谈判等。

(二)按照语言交往方式区分

口头谈判,书面谈判。两种谈判类型各自适用的场合。

(三)按照参加谈判的人数区分

单独谈判,团体谈判。

(四)按照谈判地点的不同区分

主场谈判,客场谈判,中立地谈判。

(五)按照谈判过程中各方表现态度区分

合作型谈判,竞争性谈判。

(六)按照谈判的发生状况区分

有准备的谈判,即兴式谈判。

(七)按照参与谈判各方的身份和对谈判的准备与关切程度区分

正式谈判,非正式谈判。

第二节 商务谈判的过程

(一)开局阶段

开局的含义,开局中的工作重点是建立气氛和察言观色,建立良好气氛的要点。

(二)报价阶段

报价的具体含义,报价理想时机的选择,报价的方法,报价的原则,报价的顺序,价格分割。

(三)交锋阶段

交锋是谈判中最充满对抗性的阶段,也是最关键的阶段。交锋阶段的特征。交锋阶段应注意的问题。

(四)妥协阶段

妥协阶段以各方或一方让步为最大标志,也称为让步阶段。妥协时应注意的问题。

(五)签约阶段

签约阶段意味着一场谈判已有结果,但还有许多技术性工作须加注意。

第六章 商务谈判前的整体筹划与准备

一、学习目的和要求

通过本章的学习,了解商务谈判方案和执行计划的具体内容,掌握3种不同模拟谈判法的优缺点。

二、考试内容

第一节 商务谈判方案的制订

（一）商务谈判方案的基本含义

商务谈判方案的含义，谈判方案的作用，制订谈判方案的原则。

（二）谈判方案的主要内容

明确谈判目标，选择谈判对象，明确谈判要点，选择谈判方式，规定谈判期限，替代方案的准备。

第二节 商务谈判执行计划的确定

谈判执行计划的含义，执行计划与谈判方案的关系。

（一）组织谈判班子

谈判班子的组织是执行计划的首要任务。组织谈判班子的基本原则。

（二）明确谈判人员的具体分工

主谈者、调和者、黑脸者、周旋者和协从者的分工；各种分工的角色互换；明确人员分工应考虑的因素。

（三）拟定谈判议程

谈判议程的含义、内容和作用，拟定议程的基本要求，拟定谈判议程的方式和注意事项。

（四）选择谈判时间

时间、信息和权力是影响谈判成果的三大要素；确定谈判时间应考虑的因素。

（五）选择谈判地点

选择地点的基本原则；布置谈判空间的一般要求；各种谈判桌的作用。布置谈判空间的“四吻合”原则。

第三节 模拟谈判

（一）模拟谈判的作用

模拟谈判的含义，模拟谈判的作用。

（二）模拟谈判的方法

全景模拟法的含义，操作时应注意的问题。讨论会模拟法的含义，操作的步骤。列表模拟法的含义及其缺陷。

（三）模拟谈判时应注意的问题

科学地作出假设；对参加模拟谈判的人员应有所选择；参与模拟谈判的人员应有较强的角色扮演能力；模拟谈判结束后要及时进行总结。

第七章　商务谈判策略的规划与变换

一、学习目的和要求

通过本章的学习，了解谈判策略规划的重要性和必要性，进行谈判策略规划的原则、主要内容和谈判变换的方式，使谈判进程向有利于自己方面转化。

二、考试内容

第一节　商务谈判策略的规划

（一）商务谈判策略规划的重要性和必要性

（二）如何进行商务谈判的策略规划

商务谈判策略规划的基本原则；策略规划的主要内容。

第二节　根据谈判对手特点制定相应对策

（一）商务谈判策略变换二十二式

1. 议事日程；2. 问题；3. 声明；4. 让步；5. 承诺；6. 授权有限；7. 威胁；8. 许诺；9. 休会；10. 期限；11. 不同意；12. 焦点问题；13. 标准；14. 反复斟酌；15. 让我们寻求妥协；16. 吹嘘；17. 倾听；18. 正式或非正式的备忘录；19. 放“试探气球”；20. 时间运用技术；21. 换谈判者；22. 一厘米一厘米地小步前进。

（二）正确运用谈判策略的障碍和原则

运用策略的心理和认识障碍；灵活运用策略的原则。要因人而异，因时而异，因地而异。

第八章　商务谈判的技巧

一、学习目的和要求

通过本章的学习，掌握商务谈判中有声语言和无声语言的谈判技巧，避免进入谈判技巧的误区。

二、考试内容。

第一节　有声语言的谈判技巧

(一)初次相识的讲话技巧；

(二)语调、语速运用技巧；

(三)有经验的谈判手运用语言的特殊技巧

1. 少用式避免使用易引起对方反感的话；

2. 慎用反建议；

3. 善用谈判语言；

4. 善于确认对方意思的理解，并作归纳、概括和复述；

5. 采取正确的提问方式，经常提问；

6. 采取较少的论据捍卫自己的观点；

7. 多使用对未来的、长期效益的评述语言；

8. 巧妙运用讲话的严肃性和诙谐幽默。

第二节　无声语言的谈判技巧

(一)衣着技巧；

(二)举止技巧；站的技巧；坐的技巧；动作和表情；一是通过手势，二是借助一些"道具"，配合表情，表演一些有确定含义的动作。

第三节　谈判技巧的误区

谈判中应避免陷入以下误区：

(一)透露太多情况；

(二)轻易接受"让我们寻求一个妥协办法"；

(三)愿意被人拥戴；

(四)避免不必要的冲突和对抗；

(五)过早地以撤出谈判相威胁；

(六)走进死胡同;

(七)不寻求共同利益及新的解决办法。

第九章 商务谈判中的礼仪与礼节

一、学习目的和要求

通过本章的学习,掌握商务谈判中应注意的礼仪和礼节,了解国外客商的习俗与禁忌,以便促进谈判,防止意外情况发生。

二、考试内容

第一节 商务谈判的礼仪

(一)迎送的礼仪;

(二)会谈的礼仪;

(三)宴请的礼仪;

(四)签字仪式;

(五)服饰、举止与谈吐;

(六)交换名片的礼仪;

(七)赠送礼品;

(八)费用支付。

第二节 谈判交往中的礼节

(一)日常交往中的礼节;

(二)见面时的礼节;

(三)进餐时的礼节;

(四)参加文体活动的礼节;

(五)进入外商的办公室和住所的礼节。

第三节 习俗与禁忌

必须懂得一些国家和民族的习俗和禁忌,这与重视商务谈判中的礼仪和礼节紧密相关。

第十章 商务谈判合同的签订

一、学习目的和要求

通过本章的学习,了解商务谈判终结的方式和原则以及商务合同的特点和种类，熟习商务合同的构成和条款，掌握合同的审核、签订程序以及发生争议的处理，搞好商务谈判工作的总结，明确对谈判工作者今后的要求。

二、考试内容

第一节　商务合同的特点和种类

（一）商务谈判终结的方式和原则

1．有效终结；

2．无效终结；

3．即时终结和延时终结。

商务谈判终结的原则。

（二）商务合同的特点

遵循法律依据；体现权利义务平衡；合同当事人应有合法行为能力；合同条文必须明确、规范。

（三）商务合同的种类

可从不同角度区分：

1．以参加谈判和签订合同主体来区分；

2．以涉及单位所属国家来区分；

3．以合同标的物来区分；

4．以合同形式来区分；

5．以合同当事人的直接和间接性来区分。

第二节　商务合同的构成和条款

（一）合同的构成

一般由“约首”、“本文”和“约尾”三部分构成。

（二）合同的条款

1．标的物数量条款；

2．质量条款；

3．包装条款；

4．价格条款；

5. 保险条款；

6. 验收条款；

7. 违约责任条款；

8. 产权条款；

9. 不可抗力条款；

10. 仲裁条款。

第三节　合同的审核及签订程序

（一）合同的审核

（二）合同的签订程序及对出现问题的处理

第四节　合同的履行及争议的处理

（一）合同的履行

合同履行的方式，合同履行的管理。

（二）争议的处理

协商，调解，仲裁，诉讼。

第五节　商务谈判工作的总结及前景的展望

（一）商务谈判工作的总结

总结的主要内容；总结的方式和方法；总结中应注意的事项。

（二）现代商务谈判工作前景的展望

现代商务谈判的发展趋势；未来商务谈判对谈判者提出的挑战。

附录 I

谈判能力的测验

1. 你通常是否先准备好,再进行谈判?

①每次

②时常

③有时

④不常

⑤都没有

2. 你面对直接的冲突有何感觉?

①非常不舒服

②相当不舒服

③虽然不喜欢,但还是面对着它

④有点喜欢这种挑战

⑤非常欢迎这种机会

3. 你是否相信谈判时对方告诉你的话?

①不,我非常怀疑

②普通程度的怀疑

③有时不相信

④大概相信

⑤几乎永远相信

4. 被人喜欢对你来说重不重要?

①非常重要

②相当重要

③普通

④不太重要

⑤一点都不在乎

5. 谈判时你是否常作乐观的打算？

①几乎每次都开心乐观地面对

②相当关心

③普通程度的关心

④不太关心

⑤根本不关心

6. 你对谈判的看法怎么样？

①高度的竞争

②大部分竞争，小部分互相合作

③大部分互相合作

④高度的合作

⑤一半竞争，一半合作

7. 你赞成哪一种交易呢？

①对双方都有利的交易

②对自己较有利的交易

③对对方较有利的交易

④对你非常有利，对对方不利的交易

⑤各人为自己打算

8. 你是否喜欢和商人交易（家具、汽车、家庭用具的商人）？

①非常喜欢

②喜欢

③不喜欢也不讨厌

④相当不喜欢

⑤憎恨它

9. 如果交易对对方很不利，你是否会让对方再和你商谈一个较好一点的交易？

①很愿意
②有时愿意
③不愿意
④几乎从没有过
⑤那是对方的问题

10．你是否有威胁别人的倾向？

①常常如此
②相当如此
③偶尔如此
④不常
⑤几乎没有

11．你是否能适当表达自己的观点？

①经常如此
②超过一般水准
③一般水准
④低于一般水准
⑤相当差

12．你是不是一个很好的倾听者？

①非常好
②比一般人好
③普通程度
④低于一般水准
⑤很差

13．面对语意含糊不清的辞句，其中还夹着许多赞成和反对的争论，你有何感觉？

①非常不舒服，希望事情不是这个样子的
②相当不舒服
③不喜欢，但是还可以接受

④一点也不会被骚扰,很容易就习惯了

⑤喜欢如此,事情本来就该如此

14. 有人在陈述与你不同的观念时,你能够倾听吗?

①把头掉转开

②听一点点,很难听进去

③听一点点,但不太在意

④合理的倾听

⑤很注意地听

15. 在谈判开始以前,你和公司里的人如何彻底讨论谈判的目标和事情的优先程序?

①适当的次数,讨论得很好

②常常很辛苦地讨论,讨论得很好

③时常且辛苦地讨论

④不常讨论,讨论得不太好

⑤没有什么讨论,只是在谈判时执行上级的要求

16. 假如一般公司都照着定价加5%,你的老板却要加10%。你的感觉如何呢?

①根本不喜欢,会设法避免这种情况发生

②不喜欢,但还是会不情愿地去做

③勉强去做

④尽力做好,而且不怕尝试

⑤喜欢这个考验,而且期待这种考验

17. 你喜欢不喜欢在谈判中使用专家?

①非常喜欢

②相当喜欢

③偶尔为之

④假如情况需要的话

⑤非常不喜欢

18. 你是不是一个很好的谈判小组领导者？

①非常好

②相当好

③公平的领导者

④不太好

⑤很糟糕的领导者

19. 置身在压力下，你的思路是否很清楚？

①是的，非常好

②比大部分人都好

③一般程度

④在一般程度之下

⑤根本不行

20. 你的商业判断能力如何？

①非常好

②很好

③和大部分主管一样好

④不太好

⑤我想我不行

21. 你对于自己的评价如何？

①高度的自我尊重

②适当的自我尊重

③很复杂的感觉，搞不清楚

④不太好

⑤没什么感觉

22. 你是否能获得别人的尊敬？

①很容易

②大部分如此

③偶尔

④不常

⑤很少

23．你认为自己是不是一个谨守策略的人？

①非常是

②相当是

③合理地运用

④时常会忘记运用的策略

⑤我似乎是先说再思考

24．你是否能广泛地听取各方面的意见？

①是的，非常能

②大部分如此

③普通程度

④相当不听取别人的意见

⑤观念相当固执

25．正直对你来说重不重要？

①非常重要

②相当重要

③重要

④不重要

⑤非常不重要

26．你认为别人的正直重不重要？

①非常重要

②相当重要

③重要

④有点不重要

⑤非常不重要

27．当你手中握有权力时，会如何使用呢？

①尽量运用一切手段发挥

②适当地运用,没有罪恶感

③我会为了正义而运用

④我不喜欢使用

⑤我很自然地接受对方作为我的对手

28. 你对于“身体语言”的敏感程度如何?

①高度敏感

②相当敏感

③大约普通程度

④比大部分人的敏感性低

⑤不敏感

29. 你对于别人的动机和愿望的敏感程度如何?

①高度敏感

②相当敏感

③大约普通程度

④比大部分的人敏感性低

⑤不敏感

30. 对以个人身份和对方结交,你有怎样的感觉?

①我会避免如此

②不太妥当

③不好也不坏

④我会被吸引而接近对方

⑤我喜欢超出自己的立场去接近他们

31. 你洞察谈判真正问题的能力如何?

①我通常会知道

②大部分时间我能够了解

③我能够猜得相当正确

④对方常常会令我惊奇

⑤我发现很难知道真正的问题所在

32. 在谈判中，你想要定下哪一种目标呢？

①很难达成的目标

②相当难的目标

③不太难，也不容易的目标

④相当适当的目标

⑤不太难，比较容易达成的目标

33. 你是不是一个有耐心的谈判者？

①几乎永远如此

②比一般人有耐心

③普通程度

④一般程度以下

⑤我会完成交易，为什么要浪费时间呢？

34. 谈判时你对于自己目标的执著程度如何？

①非常执著

②相当执著

③有点执著

④不太执著

⑤相当有弹性

35. 在谈判中，你是否很坚持？

①非常坚持

②相当坚持

③适度地坚持

④不太坚持

⑤根本不坚持

36. 你对对方于私人问题的敏感程度如何？

（非商业性的问题，例如：工作的保障，工作的负担，和老板相处的情形等）

①非常敏感

②相当敏感

③一般程度

④不太敏感

⑤根本不敏感

37. 对方的满足对你有什么影响?

①非常在乎,我尽量不使他受到损害

②有点在乎

③中立态度,但我希望他不会被伤害

④有点关心

⑤各人都要为自己打算

38. 你是否想强调你的权力限制?

①是的,非常想

②通常做得比我喜欢的还要多些

③适当地限制

④我不会详述

⑤大部分时间我会如此想

39. 你是否想了解对方的权力限制

①非常想

②相当想

③我会衡量一下

④这很难做,因为我不是他

⑤我让事情在谈判时顺其自然地进行

40. 当你买东西时,对于说出一个很低价格,感觉如何?

①太可怕了

②不太好,但是有时我会如此做

③偶尔才会做一次

④我常常如此尝试,而且不在乎如此做

⑤我使它成为正常的习惯而且感觉非常舒服

41. 通常你如何投降?

①非常地缓慢

②相当地缓慢

③和对方的速度相同

④我多让点步,试着使交易快点完成

⑤我不在乎付出更多,只要完成交易就行

42. 对于接受影响你事业的风险,感觉如何?

①比大部分人更能接受大风险

②比大部分人更能接受相当大的风险

③比大部分人接受较小的风险

④偶尔冒一点风险

⑤很少冒风险

43. 对于接受财务风险的态度如何?

①比大部分人更能接受风险

②比大部分人更能接受小的风险

③比大部分人接受较小的风险

④偶尔冒一点风险

⑤很少冒险

44. 面对那些地位比你高的人,感觉如何?

①非常舒服

②相当舒服

③复杂的感觉

④不舒服

⑤相当不舒服

45. 你要购买汽车或房屋的时候准备的情形如何?

①很彻底

②相当好

③普通程度

④不太好

⑤没有准备

46．对方告诉你的话，你调查到什么程度？

①调查得很彻底

②调查大部分的话

③调查某些话

④知道应该调查，但做得不够

⑤没有调查

47．你对于解决问题是否有创见？

①非常有

②相当有

③有时候会有

④不太多

⑤几乎没有

48．你是否有足够的魅力？人们是否尊敬你而且遵从你的领导？

①非常有

②相当有

③普通程度

④不太有

⑤一点也没有

49．和他人比较你是不是一个有经验的谈判者？

①很有经验

②比一般人有经验

③普通程度

④经验比一般人少

⑤没有丝毫经验

50．对于你所属小组里的领导人感觉如何？

①舒服而且自然

②相当舒服

③很复杂的感觉

④存有某种自我意识

⑤相当焦虑不安

51. 没有压力时,你的思考能力如何?(与同事相比)

①非常好

②比大部分人好

③普通程度

④比大部分人差

⑤不太行

52. 兴奋时,你是否会激动?

①很镇静

②原则上很镇静,但是会被对方激怒

③和大部分人相同

④性情有点急躁

⑤有时我会激动起来

53. 在社交场合中人们是否喜欢你?

①非常喜欢

②相当喜欢

③普通程度

④不太喜欢

⑤相当不喜欢

54. 你工作的安全性如何?

①非常安全

②相当安全

③一般程度

④不安全

⑤相当不安全

55. 假如听过对方 4 次很详细的解释。你还是必须说 4 次“我不了解”,你的感觉如何?

①太可怕了,我不会那么做

②相当困窘

③会觉得很不好意思

④感觉不会太坏,还是会去做

⑤不会有任何犹豫

56. 谈判时对于处理困难问题,你的成绩如何?

①非常好

②超过一般程度

③一般程度

④一般程度以下

⑤很糟糕

57. 你是否会问探索性的问题

①擅长此道

②相当不错

③一般程度

④不太好

⑤不擅此道

58. 生意上的秘密,你是不是守口如瓶呢?

①非常保密

②相当保密

③一般程度

④常常说得比应该说的还多

⑤说得实在太多了

59. 对于自己这一行的知识,你的信心如何(与同事比较)?

①比大部分人都有信心

②相当有信心

③一般程度

④有点缺乏信心

⑤坦白说,没有信心

60. 你是建筑大厦的买主,由于其他方面的原因而更改设计图,现在承包商为了这个原因要收取更高的价格,而你又因为他能把这项工程做好,而非常地需要他,对于这个新加价,你会有什么感觉呢?

①马上跳起来大叫

②非常不高兴

③准备好好地和他同量,并不急着做

④虽然不喜欢,但还是会照做的

⑤和他对抗

61. 你是否会将内心的感受流露出来呢?

①非常容易

②比大部分人多

③普通程度

④不太常

⑤几乎没有

在回答完以上题目后,请按照下面的分数表,把每一个问题的得分加起来。然后你就能得到一个介于－688到＋724之间的总分。

(举例来说:假如你选择第一个问题的答案②,你的分数是－15;选择第二个问题的答案①,分数是－10;选择第三个问题的答案④,分数将是－4,依此类推)。

算出你的总分数以后,你就可以知道你的得分属于哪一级。

第一级:＋376～＋724

第二级:＋28～＋357

第三级：－320～＋27

第四级：－668～－321

6个月以后再做一次，然后和现在的结果比较，看看有没有进步。假如你想要知道别人对你的观点，可以让你的老板替你打分数。然后再将他对你的看法和你自我衡量的结果比较就可以知道了。

题号	①	②	③	④	⑤	题号	①	②	③	④	⑤
1	+20	−15	+5	−10	−20	31	+10	+5	+5	−2	−10
2	−10	−5	+10	+10	−5	32	+10	+15	+5	0	−10
3	+10	+8	+4	−4	−10	33	+15	+10	+5	−5	−15
4	−14	−8	0	+14	+10	34	+12	+12	+3	−5	−15
5	−10	+10	+10	−5	−10	35	+10	+12	+4	−3	−10
6	−15	+15	+10	−15	+5	36	+16	+12	0	−3	−10
7	0	+10	−10	+5	−5	37	+12	+6	0	−2	−10
8	+3	+6	+6	−3	−5	38	−10	−8	+5	+8	+12
9	+6	+6	0	−5	+10	39	+15	+10	+5	−5	−10
10	−15	−10	0	+5	+10	40	−10	−5	+5	+15	+15
11	−15	−10	0	+5	+10	41	+15	+10	−3	−10	−15
12	+15	+10	0	−10	−15	42	+5	+10	0	−3	−10
13	−10	−5	+5	+10	+10	43	+5	+10	−5	+5	−8
14	−10	−5	+5	+10	+10	44	+10	+8	+3	−3	−10
15	+8	−10	+20	+15	−20	45	+15	+10	+3	−5	−15
16	−10	+5	+10	+13	+10	46	+10	+10	+3	−5	−12
17	+12	+10	+4	−4	−12	47	+12	+10	0	0	−15
18	+12	+10	+5	−5	−10	48	+10	+8	+3	0	−3
19	+10	+5	+3	0	−5	49	+5	+5	+5	−1	−3
20	+20	+15	+5	−10	−20	50	+8	+10	0	0	−12
21	+15	+10	0	−5	−15	51	+15	+6	+4	0	−5
22	+12	+8	+3	−5	−8	52	+10	+8	+5	−3	−10
23	+6	+4	0	−2	−4	53	+10	+10	+3	−2	−6
24	+10	+3	+5	−5	−10	54	+12	−3	+2	−5	−12
25	+15	+10	+5	0	−10	55	−8	+8	+3	+8	+12
26	+15	+10	+10	0	−10	56	+10	+8	+8	−3	−10
27	+5	+15	0	−5	0	57	+10	+10	+4	0	−5
28	+2	+1	+5	−1	−2	58	+10	+8	0	−8	−15
29	+15	+10	0	−10	−15	59	+12	+10	0	−5	−10
30	−15	−10	−2	+10	+15	60	−8	−3	0	+5	+8
						61	−8	−3	0	+5	+8

附录Ⅱ

联合国国际货物销售合同公约

（1980年4月）

本公约各缔约国。

铭记联合国大会第六届特别会议通过的关于建立新的国际经济秩序的各项决议的广泛目标。

考虑到在平等互利基础上发展国际贸易促进各国间友好关系的一个重要因素。

认为采用照顾到不同的社会、经济和法律制度的国际货物销售合同统一规则，将有助于减少国际贸易的法律障碍，促进国际贸易的发展。

兹协议如下：

第一部分　适用范围和总则

第一章　适用范围

第一条

（1）本公约适用于营业地在不同国家的当事人之间所订立的货物销售合同；(a)如果这些国家是缔约国；或(b)如果国际私法规则导致适用某一缔约国的法律。

（2）发事人营业地在不同国家的事实，如果从合同或从订立合同前任何时候或订立合同时，当事人之间的任何交易或当事人透露的情报均看不出，应不予考虑。

（3）在确定本公约的适用时，当事人的国籍和当事人或合同的民事或商业性质应不予考虑。

第二条

本公约不适用于以下的销售:(a)购供私人、家人或家庭使用的货物的销售,除非卖方在订立合前任何时候或订立合同时不知道而且没有理由知道这些货物是购供任何这种使用;(b)经由拍卖的销售;(c)根据法律执行令状或其他仿状的销售;(d)公债、股票、投资证券、流通票据或货币的销售;(e)船舶、船只、气垫船或飞机的销售;(f)电力的销售。

第三条

(1)供应尚待制造或生产的货物的合同应视为销售合同,除非订购货物的当事人保证供应这种制造或生产所需的大部分重要材料。

(2)本公约不适用于供应货物一方的绝大部分义务在于供应劳力或其他服务的合同。

第四条

本公约只适用于销售合同的订立和卖方和买方因此种合同而产生的权利和义务。特别是,本公约除非另有明文规定,与以下事项无关;(a)合同的效力,或其任何条款的效力。或任何惯例的效力;(b)合同对所售货物所有权可能产生的影响。

第五条

本公约不适用于卖方对于货物对任何人所造成的死亡或伤害的责任。

第六条

双方当事人可以适用本公约,或在第十二条的条件下,减损本公约的任何规定或改变其效力。

第二章　总　则

第七条

(1)在解释本公约时,应考虑到本公约的国际性质和促进其适用的统一以及要国际贸易上遵守诚信的需要。

(2)凡本公约未明确解决的属于本公约范围的问题,应按照本公约所依据的一般原则来解决,在没有一般原则的情况下,则应按照国际私法规定适用的法律来解决。

第八条

(1)为本公约的目的,一方当事人所作的声明和其他行为,应依照他的意旨解释,如果另一方当事人已知道或者不可能不知道此一意旨。

(2)如果上款的规定不适用,当事人所作的声明和其他行为。应按照一个与另一个当事人同等资格、通情达理的人处于相同情况中应有的理解来解释。

(3)在确定一方当事人的意旨或一个通情达理的人应有理解时,应适当地考虑到与事实有关的一切情况,包括谈判情形、当事人之间确立的任何习惯做法、惯例和当事人其后的任何行为。

第九条

(1)双方当事人业已同意的任何惯例和他们之间的任何习惯做法,对双方当事人均有约束力。

(2)除非另有协议,双方当事人应视为已默许地同意对他们的合同或合同的订立适用双方当事人已知道或理应知道的惯例,而这种惯例,在国际贸易上,已为有关特定贸易所涉及及同类合同的当事人所广泛知道并为他们所经常遵守。

第十条

为本公约的目的(a)如果当事人有一个以上的营业地,则以与合同及合同的履行关系是密切的营业地为其营业地,但要考虑到双方当事人在订立合同前任何时候或订立合同时所知道或所设想的情况;(b)如果当事人没有营业地,则以其惯常居住为准。

第十一条

销售合同无须以书面订立或书面证明，在形式方面也不受任何其他条件的限制。销售合同可以用包括人证在内的任何方法证明。

第十二条

本公约第十一条、第二十九条或第二部分准许销售合同或其更改或根据协议终止，或者任何发价、接受或其他意旨表示的以书面以外任何形式做出的任何规定不适用。如果任何一方当事人的营业地是在已按照本公约第九十六条做出了声明的一个缔约国内，各当事人不得减损本条或改变其效力。

第十三条

为本公约的目的："书面"包括电报和电传。

第二部分　合同的订立

第十四条

(1)向一个或一个以上特定的人提出的订立合同建议，如果十分确定并且表明发价人在得到接受约束的意旨，即构成发价。一个建议如果写明货物并且明示或暗示地规定数量和价格或规定如何确定数量和价格，即为十分确定。

(2)非向一个或一个以上特定的人提出的建议，仅应视为邀请做出发价，除非提出建议的人明确地表示相反的意见。

第十五条

(1)发价于送达被发价人时生效。

(2)一项发价，即使是不可撤消的，得予撤回。如果撤回通知于发价送达被发价人之前或同时，送达被发价人。

第十六条

(1)在未订立合同之前发价得予撤销，如果撤销通知于被发价人发出接受通知之前送达被发价人。

(2)但在下列情况下,发价不得撤销:(a)发价写明接受发价的期限或以其他方式表示发价是不可撤消的;(b)被发价人有理由信赖该项发价是不可撤销的,而且被发价人已本着对该项发价的信赖行事。

第十七条

一项发价,即使是不可撤销的,于拒绝通知送达发价人时终止。

第十八条

(1)被发价人声明或做出其他行为表示同意一项发价,即是接受,缄默或不行动本身不等于接受。

(2)接受发价于表示同意的通知送达发价人时生效。如果表示同意的通知在发价人所规定的时间内,如未规定时间,在一段合理的时间内,未曾送达发价人,接受就成为无效,但须适当地考虑到交易的情况,包括发价人所使用的通讯方法的迅速程度。对口头发价必须立即接受,但情况有别者不在此限。

(3)但是,如果根据该项发价或依照当事人之间确立的习惯作法或惯例,被发价人可以做出某种行为。例如与发运货物或支付价款有关的行为,来表示同意,而无须向发价人发出通知,则接受于该项行为做出时生效,但该项行为必须在上一款所规定的期间内做出。

第十九条

(1)对发价表示接受但载有添加、限制或其他更改的答复,即为拒绝该项发价并构成还价。

(2)但是,对发价表示接受但载有添加或不同条件的答复,如所载的添加或不同条件在实质上并不变更该项发价的条件,除发价人在不过分迟延的期间内以口头或书面通知反对期间内的差异外,仍构成接受。如果发价人不做出这种反对,合同的条件就以该项发价的条件以及接受通知内所载的更改为准。

(3)有关货物价格、付款、货物质量和数、交货地点和时间、一方当事人对另一方当事人的赔偿责任范围或解决争端等等的添加或不同条件,均视为在实质上变更发价的条件。

第二十条

(1)发价人在电报或信件内规定的接受期间,从电报交发时刻或信上载明的发信日期起算,如信上未载明发信日期,则从信封上所载日期起算。发价人以电话、电传或其他快速通讯方法规定的接受期间,从发价送达被发价人时起算。

(2)在计算接受期间时,接受期间内的正式假日或非营业日应计算在内。但是,如果接受通知在接受期间的最后一天未能送到发价人地址,因为那天在发价人营业地是正式假日或非营业日,则接受期间应顺延至下一个营业日。

第二十一条

(1)逾期接受仍有接受的效力,如果发价人毫不迟延地用口头或书面将此种意见通知被发价人。

(2)如果载有逾期接受的信件或其他书面文件表明,它是在传递正常、能及时送达发价人的情况下寄发的,则该期逾期接受具有接受的效力,除非发价人毫不迟延地用口头或书面通知被发价人:他认为他的发价已经失效。

第二十二条

接受得予撤回,如果撤回通知于接受原生效之前或同时送达发价人。

第二十三条

合同于按照本公约规定对发价的接受生效时订立。

第二十四条

为本公约本部分的目的、发价、接受声明或任何其他意旨表示“送达”对方,系指用口头通知对方或通知任何其他方法送交对方本人。或其营业地或通讯地址,如无营业地或通讯地址,则送交对方惯常居住地。

第三部分　货物销售

第一章　总　则

第二十五条

一方当事人违反合同的结果，如使另一方当事人遭受损害，以致于实际上剥夺了他根据合同规定有权期待得到的东西，即为根本违反合同，除非违反合同一方并不预知而且一个同等资格、通情达理的人处于相同的情况中也没有理由预知会发生这种结果。

第二十六条

宣告合同无效的声明，必须向另一方当事人发出通知，方始有效。

第二十七条

除非公约本部分另有明文规定，当事人按照本部分的规定，以适合情况的方法发出任何通知，要求或其它通知后，这种通知如在传递上发生耽搁或错误，或者未能到达，并不使该当事人丧失依靠该项通知的权利。

第二十八条

如果按照本公约的规定，一方当事人有权要求另一方当事人履行某一义务，法院没有义务做出判决，要求具体履行此一义务，除非法院依照本身的法律对不属于本公约范围的类似销售合同愿意这样做。

第二十九条

(1)合同只需双方当事人协议，就可更改或终止。

(2)规定任何更改或根据协议终止必须以书面做出的书面合

同,不得以任何其它方式更改或根据协议终止。但是,一方当事人的行为,如经另一方当事人寄以信赖,就不得坚持此项规定。

第二章　卖方的义务

第三十条

卖方必须按照合同和本公约的规定,交付货物,移交一切与货物有关的单据转移货物所有权。

第一节　交付货物和移交单据

第三十一条

如果买方没有义务要在任何其它特定地点交付货物。他的交货义务如下:

(a)如果销售合同涉及到货物的运输,卖方应把货物移交给第一承运人,以运交给买方;

(b)在不属于上一款规定的情况下,如果合同指的是特定货物或从特定存货中提取的或尚待制造或生产的未经特定化的货物,而双方当事人在订立合同时已知道这些货物是在某一特定地点,或将在某一特定的地点制造或生产,卖方应在该地点把货物交给买方处置;

(c)在其它情况下,卖方应在他于订立合同的营业地把货物交给买方位置。

第三十二条

(1)如果卖方按照合同或本公约的规定将货物交付给承运人,但货物没有以货物上加标记、或以装运单据或其它方式清楚地注明有关合同,卖方必须向买方发同列明货物的发货通知。

(2)如果卖方有义务安排货物的运输,他必须订立必要的合同,以按照通常运输条件,用适合情况的运输工具,把货物运到指定地点。

(3)如果卖方没有义务对货物的运输办理保险,他必须在买方提出要求时,向买方提供一切现有的必要资料,使他能够办理这种保险。

第三十三条

卖方必须按以下规定的日期交付货物:

(a)如果合同规定有日期,或从合同可以确定日期,应在该日期交货。

(b)如果合同规定有一段时间,或从合同可以确定一段时间。除非情况表明应由买方选定一个日期外,应在该段时间内任何时候交货。

(c)在其它情况下,应在订立合同后一段合理时间内交货。

第三十四条

如果卖方有义务移交与货物有关的单据,他必须按照合同所规定的时间、地点和方式移交这些单据。如果卖方在那个时间以前已移交这些单据,他可以在那个时间到达前纠正在单据中任何不符合同规定的情形。但是,此一权利的行使不得使买方遭受不合理的不便或承担不合理的开支。但是,买方保留本公约民规定的要求损害赔偿任何权利。

第二节　货物相符与第三方要求

第三十五条

(1)卖方交付的货物必须与合同所规定的数量、质量和规格相符,并须按照合同所规定的方式装箱或包装。

(2)除双方当事人业已另有协议外,货物除非符合以下规定,否则即为与合同不符。

(a)货物适用于同一规格货物通常使用的目的；

(b)货物适用于订立合同时曾明示或默示地通知卖方的任何特定目的，除非情况表明买方并不依赖卖方的技能和判断力，或者这种依赖对他是不合理的；

(c)货物的质量与卖方向买方提供的货物样品或样式相同；

(d)货物按照同类货物通用的方式装箱或包装，如果没有此种通用方式，则按照足以保全和保护货物的方式装箱或包装。

(3)如果买方在订立合同时知道或者不可能不知道货物不符合同，卖方就无须按上一款(a)项至(d)项负有此种不符合同的责任。

第三十六条

(1)卖方应按照合同和本公约的规定，对风险转移到买方时所存在的任何不符合同情形，负有责任，即使这种不符合情形在该时间后方始明显。

(2)卖方对在上一款所述时间后发生的任何不符合同情形，也应负有责任，如果这种不符合同情形是由于卖方违反他的某项义务所致，包括违反关于在一段时间内货物将继续适用于其通常使用的目的或某种特定目的，或将保持某种特定质量或性质的任何保证。

第三十七条

如果卖方在交货日期交付货物，他可以在那个日期到达前，交付任何缺漏部分或补足所交付货物的不足数量，或交付用以替换所交付不符合同规定的货物，或对所交付货物中任何不符合同规定情形做出补救，但是，此一权利的行使不得使买方遭受不合理的不便或承担不合理的开支。但是，买方保留本公约所规定的要求损害赔偿的任何权利。

第三十八条

(1)买方必须在按情况实际可行的最短时间内检验货物或由

他人检验货物。

(2)如果合同涉及到货物的运输,检验可推迟到货物到达目的地后进行。

(3)如果货物在运输途中改运或买方须再发运货物,没有合理机会加以检验,而卖方要订立合同时已知道或理应知道这种改运或再发运的可能性,检验可推迟到货物到达新目的地后进行。

第三十九条

(1)买方对货物不符合同,必须在发现或理应发现不符情形后一段合理时间内通知卖方,说明不符合同情形的性质,否则就丧失声称货物不符合同的权利。

(2)无论如何,如果买方不在实际收到货物之日起两年内将货物不符合同情形通知卖方,他就丧失声称货物不符合同的权利,除非这一时限与合同规定的保证期不符。

第四十条

如货物不符合同规定指的是卖方已知道或不可能不知道而又没有告知买方的一些事实,则卖方无权援引第三十八条和第三十九条的规定。

第四十一条

卖方所交付的货物,必须是第三方不能提出任何权利或要求的货物,除非买方同意在这种权利或要求的条件下,收取货物。但是,如果这种权利或要求是以工业产权或其它知道产权为基础,卖方的义务依照第四十二条的规定。

第四十二条

(1)卖方所交付的货物,必须是第三方不能根据工业产权或其它知识产权主张任何权利或要求的货物,但以卖方在订立合同时已知道或不可能不知道的权利或要求为限,而且这种权利或要求根据以下国家的法律规定是以工业产权或其它知识产权为基础的:

(a)如果双方当事人在订立合同时预期货物将在某一国境办转售或做其它使用，则根据货物将在其境内转售或做其它使用的国家的法律；或者

(b)在任何其它情况下，根据买方营业地所在国家的法律。

(2)卖方在上款中的义务不适用于以下情况：

(a)买方在订立合同时已知道或不可能不知道此项权利或要求；或者

(b)此项权利或要求的发生，是由于卖方要遵照买方所提供的技术图样、图案、程式或其它规格。

第四十三条

(1)买方如果不在已知道或理应知道第三方的权利或要求后一段合理时间内，将此一权利或要求的性质通知卖方，就丧失援引和四十一条或第四十二条规定的权利。

(2)卖方如果知道第三方的权利或要求以及此一权利或要求的性质，就无权援引上一款的规定。

第四十四条

尽管有第三十九条第(1)款或第四十三条第(1)款的规定，买方如果对他未发出所需的通知具备合理的理由，仍可按照第五十条规定减低价格，或要求利益损失以外的损害赔偿。

第三节　卖方违反合同的补救办法

第四十五条

(1)如果卖方不履行他在合同和本公约中的任何义务，买方可以：

(a)行使第四十六条至第五十二条所规定的权利；

(b)按照第七十四条至第七十七条的规定，要求损害赔偿。

(2)买方可能享有的要求损害赔偿的任何权利，不因他行使采

取其它补救办法的权利而丧失。

(3)如果买方对违反合同采取某种补救方法,法院或仲裁不得给予卖方宽限期。

第四十六条

(1)买方可以要求卖方履行义务,除非买方已采取与此要求相抵触的某种补救方法。

(2)如果货物不符合同,买方只有在此种不符合同情形构成根本违反合同时,才可以要求交付替代货物,而且关于替代货物的要求,必须与依照第三十九条发出的通知同时提出,或者在该项通知后一段合理时间内提出。

(3)如果货物不符合同,买方可以要求卖方通过修理对不符合同之处做出补救,除非他考虑了所有情况之后,认为这样做是不合理的。修理的要求必须与依照第三十九条发出的通知同时提出,或者在该项通知发出后一段合理时间内提出。

第四十七条

(1)买方可以规定一段合理时限的额外时间,让卖方履行其义务。

(2)除非买方收到卖方的通知,声称他将不在所规定的时间内履行其义务,买方在这段时间内不得对违反合同采取任何补救办法。但是,买方并不因此丧失他对迟延履行义务可能享有的要求损害赔偿的任何权利。

第四十八条

(1)在第四十九条的条件下,卖方即使在交货日期之后,仍可自付费用,对任何不履行义务做出补救。但这种补救不得造成不合理的迟延,也不得使买方遭受不合理的不便,或无法确定卖方是否将偿付买方预付的费用。但是,买方保留本公约所规定的要求损害赔偿的任何权利。

(2)如果卖方要求买方表明他是否接受卖方履行义务,而买方不在一段合理时间内对此一要求做出答复，则卖方可以按其要求中所指明的时间履行义务。买方不得在该段时间内采取与卖方履行义务相抵触的任何补救方法。

(3)卖方表明他将在某一特定时间内履行义务的通知，应视为包括根据上一款规定要买方表明决定的要求在内。

(4)卖方按照本条第(2)、(3)款做出的要求或通知，必须在买方收到后，始生效力。

第四十九条

(1)买方在以下情况下可以宣告合同无效。

(a)卖方不履行其在合同或本公约中的任何义务，等于根本违反合同；或：

(b)如果发生不交货的情况，卖方不在买方按照第四十七条第(1)款规定的额外时间内交付货物，或卖方声明他将不在所规定的时间内交付货物。

(2)但是，如果卖方已交付货物，买方就丧失宣告合同无效的权利，除非：

(a)对于迟延交货，他在知道交货后一段合理时间内这样做；

(b)对于迟延交货以外的任何违反合同事情：

①他在已知道或理应知道这种违反合同后一段合理时间内这样做；或

②他在买方按照第四十七条第(2)款规定的任何额外时间满期后，或在卖方声明他将不在这一额外时间履行义务后一段合理时间内这样做；或

③他在卖方按照第四十八条第(2)款指明的任何额外时间满期后，或在买方声明他将不接受卖方履行义务后一段合理时间内这样做。

第五十条

如果货物不符合同，不论价款是否已付，买方都可以减低价

格，减价按实际交付的货物在交货时间时的价值与符合合同的货物在当时的价值两者之间的比例。但是，如果卖方按照第三十七条或第四十八条的规定对任何不履行义务做出补救，或者买方拒绝接受卖方按照该两条规定履行义务，则买方不行减低价格。

第五十一条

(1)如果卖方只交付一部分货物，或者交付的货物中只有一部分符合合同规定，第四十六条至第五十条规定适用于缺漏部分及不符合合同规定部分的货物。

(2)买方只有在完全不交付货物或不按照合同规定交付货物等于根本违反合同时，才可以宣告整个合同无效。

第五十二条

(1)如果卖方在规定的日期前交付货物或不按照合同规定交付货物等于根本违反合同时，才可以宣告整个合同无效。

(2)如果卖方交付的货物数量大于合同规定的数量，买方可以收取也可以拒绝收取多交部分的货物。如果买方收取多交部分货物的全部或一部分，他必须按合同价格付款。

第三章　买方的义务

第五十三条

买方必须按照合同和本公约规定支付货物价款和收取货物。

第一节　支付价款

第五十四条

买方支付价款的义务包括根据合同或任何有关法律和规章规定的步骤和手续，以便支付价款。

第五十五条

如果合同已有效地订立，但没有明示或暗示地规定价格或规定如何确定价格，在没有任何相反表示的情况下，双方当事人应视为默示地引用订立合同时此种货物在有关贸易的类似情况下销售的通常价格。

第五十六条

如果价格是按货物的重量规定的，如有疑问，应按净重确定。

第五十七条

(1)如果买方没有义务在任何其他特定地点支付价款，他必须在以下地点向卖方支付价款：

(a)卖方的营业地；或者

(b)如移交货物或单据支付价款，则为移交货物或单据的地点。

(2)卖方必须承担因其营业地在订立合同后发生变动而增加的支付方面的有关费用。

第五十八条

(1)如果买方没有义务在任何其它特定时间内支付价款，他必须于卖方按照合同和本公约规定将货物或控制货物处置权的单据交给买方处置时支付价款。卖方可以支付价款作为移交货物或单据的条件。

(2)如果合同涉及到货物的运输，卖方可以在支付价款后方可把货物或控制货物处置权的单据移交给买方作为发运货物的条件。

(3)买方在未有机会检验货物前，无义务支付价款，除非这种机会与双方当事人议定的交货或支付程序相抵触。

第五十九条

买方必须按合同和本公约规定的日期或从合同和本公约可以确定的日期支付价款，而无需卖方提出任何要求或办理任何手续。

第二节 收取货物

第六十条

买方收取货物的义务如下：

(a)采取一切理应采取的行动，以期卖方能交付货物；

(b)接收货物。

第三节 买方违反合同的补救办法

第六十一条

(1)如果买方不履行他在合同和本公约中的任何义务，卖方可以：

(a)行使第六十二条至第六十五条所规定的权利；

(b)按照第七十四条至第七十七条的规定，要求损害赔偿。

(2)卖方可能享有的要求损害赔偿的任何权利，不因他行使采取其它补救办法的权利而丧失。

(3)如果卖方对违反合同采取某种补救方法，法院或仲裁庭不得给予买方宽限期。

第六十二条

卖方可以要求买方支付价款、收取货物或履行他的其它义务，除非卖方已采取与此一要求相抵触的某种补救办法。

第六十三条

(1)卖方可以规定一段合理时限的额外时间，让买方履行义务。

(2)除非卖方收到买方的通知，声称他将不在所规定的时间内履行义务，卖方不得在这段时间内对违反合同采取任何补救办法。但是，卖方并不因此损失他对迟延履行义务可能享有的要求损害赔偿的任何权利。

第六十四条

(1)卖方在以下情况下可以宣告合同无效;

(a)买方不履行其在合同或本公约中的任何义务,等于根本违反合同;或

(b)买方不在卖方按照第六十三条第(1)款规定的额外时间内履行支付价款的义务或收取货物,或买方声明他将不在所规定的时间内这样做。

(2)但是,如果买方已支付价款,卖方就丧失宣告合同无效的权利,除非:

(a)对于买方迟延履行义务,他在知道买方履行义务前这样做;或者

(b)对于买方迟延履行义务以外的任何违反合同事情:

①他在已知道或理应知道这种违反合同后一段合理时间内这样做;或

②他在卖方按照第六十三条第(1)款规定的任何额外时间满期后或在买方声明他将不在这一额外时间内履行义务后一段合理时间内这样做。

第六十五条

(1)如果买方应根据合同规定订明货物的形状、大小和其它特征,而他在议定的日期或在收到卖方的要求后一段合理时间内没有订明这些规格,则卖方不在损害其可能享有的任何其它权利的情况下,可以依照他所知的买方的要求,自己订明规格。

(2)如果卖方自己订明规格,他必须把订明规格的细节通知买方,而且必须规定一段合理时间,让买方可以在该段时间内订出不同的规格。如果买方在收到这种通知后没有在该段时间内这样做,卖方所订的规格就具有约束力。

第四章　风险转移

第六十六条

货物在风险转移到买方承担后遗失或损坏，买方支付价款的义务并不因此解除，除非这种遗失或损坏是由于卖方的行为或非行为所造成。

第六十七条

(1)如果销售合同涉及到货物的运输，但卖方没有义务在某一特定地点交付货物，自货物按照销售合同交付给第一承运人以转交给买方时起，风险就移到买方承担。如果卖方有义务在某一特定地点把货物交付给承运人，在货物于该地点交付给承运人以前，风险不移转到买方承担，卖方受权保留控制货物处置权的单据，并不影响风险的转移。

(2)但是，在货物以货物上加标记，或以装运单据，或向买方发出通知或其它方式清楚地注明有关合同以前，风险不移到买方承担。

第六十八条

对于在运输途中销售的货物，从订立合同时起，风险就移转到买方承担。但是，如果情况表明有此需要，从货物交付给签发载有运输合同单据的承运人起，风险就由买方承担。尽管如此，如果卖方在订合同时已知道或理应知道货物已经遗失或损坏，而他又不将这一事实告知买方，则这种遗失或损坏应由卖方负责。

第六十九条

(1)不在属于第六十七条和第六十八条规定的情况下，从买方接收货物时起，或如果买方不在适当时间内这样做，则从货物交给他处置但他不收取货物从而违反合同时起，风险转移到买方承担。

(2)但是，如果买方有义务在卖方营业地以外的某一地点接收货物，当交货时间已到而买方知道货物已在该地点交给他处置时，风险方始移转。

(3)如果合同指的是当时未加识别货物，则这些货物在未清楚注明有关合同以前，不得视为已交给买方处置。

第七十条

如果卖方根本违反合同，第六十七条、第六十八条和第六十九条的规定，不损害买方因此种违反合同而可以采取的各种补救方法。

第五章　卖方和买方义务的一般规定

第一节　预期违反合同和分批交货合同

第七十一条

(1)如果订立合同后，另一方当事人由于下列原因显然将不履行其大部分重要义务，一方当事人可以中止履行义务：

(a)他履行义务能力或他的信用有严重缺陷；或

(b)他在准备履行合同或履行合同中的行为。

(2)如果卖方在上一款所述的理由明显化以前已将货物发运，他可以阻止将货物交付给买方，即使买方持有其有权获得货物的单据。本款规定只与买方和卖方间对货物的权利有关。

(3)中止履行义务的一方当事人不论是在货物发运前还是在发运后，都必须立即通知另一方当事人，如经另一方当事人对履行义务提供充分保证，则他必须继续履行义务。

第七十二条

(1)如果在履行合同日期之前，明显看出一方当事人将根本违反合同，另一方当事人可以宣告合同无效。

(2)如果时间许可,打算宣告合同无效的一方当事人必须向另一方当事人发出合理的通知,使他可以对履行义务提供充分保证。

(3)如果另一方当事人已声明他将不履行其义务,则上一款的规定不适用。

第七十三条

(1)对于分批交付货物的合同,如果一方当事人不履行对任何一批货物的义务,便对该批货物构成根本违反合同,则另一方当事人可以宣告合同对该批货物无效。

(2)如果一方当事人不履行任何一批货物的义务,使另一方当事人有充分理由断定对今后各批货物将会发生根本违反合同,该另一方当事人可以在一段合理时间内宣告合同今后无效。

(3)卖方宣告合同对任何一批货物的交付为无效时,可以同时宣告合同对已交付的或今后交付的各批货物均为无效,如果各批货物是互相依存的,不能单独用于双方当事人在订立合同时所设想的目的。

第二节　损害赔偿

第七十四条

一方当事人违反合同应负的损害赔偿额,应与另一方当事人因他违反合同而遭受的包括利润在内的损失额相等。这种损害赔偿不得超过违反合同一方在订立合同时,依照他当时已知道或理应知道的事实和情况,对违反合同预料到或理应预料到的可能损失。

第七十五条

如果合同被宣告无效,而在宣告无效后一段合理时间内,买方已以合理方式购买替代货物,或者卖方已以合理方式把货物转卖,则要求损害赔偿的一方可以取得合同价格和替代货物交易价格之间的差额以及按照第七十四条规定可以取得的任何其它损害赔偿。

第七十六条

（1）如果合同被宣告无效，而货物又有时价，要求损害赔偿的一方，如果没有根据第七十五条规定进行购买或转卖，则可以取得合同规定的价格和宣告合同无效时的时价之间的差额以及按照第七十四条规定可以取得的任何其他损害赔偿。但是，如果要求损害赔偿的一方在接收货物之后宣告合同无效，则应适用接收货物时的时价，而不适用宣告合同无效的时价。

（2）为上一款的目的，时价指原应交付货物地点的现行价格，如果该地点没有时价，则指另一合理替代地点的价格，但应当适当地考虑货物运费的差额。

第七十七条

声称另一方违反合同的一方，必须按情况采取合理措施，减轻由于该另一方违反合同而引起的损失，包括利润方面的损失。如果他不采取这种措施，违反合同一方可以要求从损害赔偿中扣除原可以减轻的损失数额。

第三节　利息

第七十八条

如果一方当事人没有支付价款或任何其他拖欠金额，另一方当事人有权对这些款额收取利息。但不妨碍要求按照第七十四条规定可以取得的损害赔偿。

第四节　免　责

第七十九条

(1)当事人对不履行义务,不负责任,如果他能证明此种不履行义务,是由于某种非他所能控制的障碍,而且对于这种障碍,没有理由预期他在订立合同时能考虑到或能避免或克服它或它的后果。

(2)如果当事人不履行义务由于他所雇佣履行合同的合部或一部分规定的第三方不履行义务所致,该当事人只有在以下情况下才能免除责任:

(a)他按照上一款的规定应免除责任,和

(b)假如该款的规定也适用于他所雇佣的人,这个人也同样会免除责任。

(3)本条所规定的免责对障碍存在的期间有效。

(4)不履行义务的一方必须将障碍及其对他履行义务能力的影响通知另一方。如果该项通知不履行义务的一方已知道或理应知道此一障碍后一段合理时间内仍未为另一方收到,则他对由于另一方未收到通知而造成的损害负赔偿责任。

(5)本条规定不妨碍任一方行使本公约规定的要求损害赔偿以外的任何权利。

第八十条

一方当事人因其行为或不行为而使得另一方当事人不履行义务时,不得声称该另一方当事人不履行义务。

第五节 宣告合同无效的效果

第八十一条

(1)宣告合同无效解除了双方在合同中的义务,但对应负责的任何损害赔偿仍应负责。宣告合同无效不影响合同中关于解决争端的任何规定,也不影响合同中关于双方在宣告合同无效后权利和义务的任何其它规定。

(2)已全部或局部履行合同的一方,可以要求另一方归还按照合同供应的货物或支付的价款。如果双方都须归还,他们必须同时这样做。

第八十二条

(1)买方如果不可能按实际收到货物的原状归还货物,他就丧失了宣告合同无效或要求卖方交付替代货物的权利。

(2)上一款的规定不适用于以下情况:

(a)如果不可能归还货物或不可能按实际收到货物的原状归还货物,并非由于买方的行为或不行为所造成;或者:

(b)如果货物或其中一部分的毁灭或变坏,是由于按照第三十八条规定进行检验所致;或者

(c)如果货物或其中一部分,在买方发现或理应发现与合同不符以前,已为买方在正常营业过程中售出,或在正常使用过程中消费或改变。

第八十三条

买方虽然依第八十二条规定丧失宣告合同无效或要求卖方交付替供货物的权利,但是根据合同的本公约规定,他有保持采取一切其它补救办法的权利。

第八十四条

(1)如果卖方有义务归还价款,他必须同时从支付价款之日起支付价款利息。

(2)在以下情况下,买方必须向卖方说明他从货物或其中一部分得到的一切利益:

(a)如果他必须归还货物或其中一部分;或者

(b)如果他不可能归还全部或一部分货物,或不可能按实际收到货物的原状归还全部或一部分货物,但他已宣告合同无效或已要求卖方交付替代货物。

第六节　保全货物

第八十五条

如果买方推迟收取货物，或在支付价款和交付货物应同时履行时，买方没有支付价款，而卖方仍佣有这些货物或仍能控制这些货物的处置权，卖方必须按情况采取合理措施，以保全货物。他有权保留这些货物，直至卖方把他所付的合理费用偿还给他为止。

第八十六条

(1)如果买方已收到货物，但打算行使合同或本公约规定的任何权利，把货物退回，他必须按情况采取合理措施，以保全货物。他有权保留这些货物，直至卖方把他所付的合理费用偿还给他为止。

(2)如果发运给买方的货物已到达目的地，并交给买方处置，而买方行使退货权利，则买方必须代表卖方收取货物，除非他这样做需要支付价款而且会使他遭受不合理的不便或需承担不合理的费用。如果卖方或受权代表他掌管货物的人也在目的地，则此一规定不适用。如果买方根据本款规定收取货物，则他的权利和义务与上一款所规定的相同。

第八十七条

有义务采取措施以保全货物的一方当事人，可以把货物寄放在第三方的仓库，由另一方当事人担负费用，但该项费用必须合理。

第八十八条

(1)如果另一方当事人在收取货物或收回货物或支付价款或保全货物费用方面有不合理的迟延，按照第八十五条或第八十六条规定有义务保全货物的一方当事人，可以采取任何适当办法，把货物出售，但必须事前向另一方当事人发出合理的意向通知。

(2)如果货物易于迅速变坏，或者货物的保全牵涉到不合理的费用,则按照第八十五条或第八十六条规定有义务保全货物的一方当事人,必须采取合理措施,把货物出售。在可能的范围内,他必须把出售的打算通知另一方当事人。

(3)出售货物的一方当事人,有权从销售所得收入中扣回为保全货物和销售货物而付的合理费用。他必须向另一方当事人说明所余款项。

第四部分　最后条款

第八十九条

兹指定联合国秘书长为本公约保管人。

第九十条

本公约不优于业已缔结或可能缔结并载有与属于本公约范围内事项有关的条款的任何国际协定,但以双方当事人的营业地均在这种协定的缔约国内为限。

第九十一条

(1)本公约在联合国国际货物销售合同会议闭幕会议上开放签字,并在纽约合国总部继续开放签字,直至 1981 年 9 月 30 日为止。

(2)本公约须经签字国批准、接受和核准。

(3)本公约从开放签字之日起给所有非签字国加入。

(4)批准书、接受书、核准书和加入书应送交联合国秘书长存放。

第九十二条

(1)缔约国可在签字、批准、接受、核准或加入时声明它不受本公约第二部分的约束或不受本公约第三部分的约束。

(2)按照上一款规定就本公约第二部分或第三部分做出声明的缔约国,在该声明适用的部分所规定事项上,不得视为本公约第一条(1)款范围的缔约国。

第九十三条

(1)如果缔约国具有两个或两个以上的领土单位,而依照该国宪法规定、各领土单位对本公约所规定的事项适用不同的法律制度,则该国得在签字、批准、接受、核准或加入声明本公约适用于该国全部领土单位或仅适用于其中的一个或数个领土单位,并且可以随时提出另一声明来修改所做的声明。

(2)此种声明应通知保管人,并且明确地说明适用本公约的领土单位。

(3)如果根据按本条做出的声明,本公构适用于缔约国的一个或数个但不是全部领土单位,而且一方当事人的营业地位于该缔约国内,则为本公约的目的,该营业地除非位于本公约适用的领土单位内,否则视为不在缔约国内。

(4)如果缔约国没有按照本条第(1)款做出声明,则本公约适用于该国所有领土单位。

第九十四条

(1)对属于本公约范围的事项具有相同或非常近似的法律规则的两个或两个以上的缔约国,可随时声明本公约不适用于营业地在这些缔约国内的当事人之间的销售合同,也不适用于这些合同的订立。此种声明可联合做出,也可以相互单方声明的方式做出。

(2)对属于本公约范围的事项具有与一个或一个以上非缔约国相同或非常近似的法律规则的缔约国,可随时声明本公约不适用于营业地在这些非缔结国内的当事人之间的销售合同,也不适用于这些合同的订立。

(3)作为根据上一款所做声明对象的国家如果后来成为缔约国,这项声明从本公约对该新缔约国生效之日起具有根据第(1)款所作声明的效力,但以该新缔约国加入这项声明,或做出相互单方面声明为限。

第九十五条

任何国家在交存期批准书、接受书、核准书或加入书时，可声明它不受本公约第一条(1)款(b)项的约束。

第九十六条

本国法律规定销售合同必须以书面订立或书面证明的缔约国，可以随时按第十二条的规定，声明本公约第十一条、第二十九条或第二部分准许销售合同或其更改或根据协议停止，或者任何发价、接受或其它意旨表示得以书面以外任何形式做出的任何规定不适用，如果任何一方当事人的营业地是在该缔约国内。

第九十七条

(1)根据本公约规定在签字时做出的声明，须在批准、接受或核准时加以确认。

(2)声明和声明的确认，应以书面提出，并应正式通知保管人。

(3)声明在本公约对有关国家开始和生效同时生效。但是，保管人于此种生效后收到正式通知的声明，应于保管人收到声明之日起6个月后的第一个月第一天生效。根据第九十四条规定做出的相互单方面声明，应于保管人收到最后一份声明之日起6个月后的第一个月第一天生效。

(4)根据本公约规定做出声明的任何国家可以随时用书面正式通知保管人撤回该项声明，此种撤回于保管人收到通知之日起6个月后的第一个月第一天生效。

(5)撤回根据第九十四条做出的声明，自撤回生效之日起，就会使另一个国家根据该条所做的任何相互声明失效。

第九十八条

除本公约明文许可的保留外，不得作任何保留。

第九十九条

(1)在本条第(6)款规定的条件下，本公约在第十件批准书、接受书、核准书或加入书、包括载有根据第九十二条规定做出的声明的文书交存之日起 12 个月后的第一个月第一天生效。

(2)在本书第(6)款规定的条件下，对于在第十件批准书、接受书、核准书或加入书交存后才批准、接受、核准或加入本公约的国家。本公约在该国交存其批准书、接受书、核准书或加入书之日起 12 个月后的第一个月第一天对该国生效，但不适用的部分除外。

(3)批准、接受、核准或加入本公约的国家，如果是 1964 年 7 月 1 日在海牙签订的《关于国际货物销售合同的订立统一法公约》(《1964 年海牙订立合同公允》)和 1964 年 7 月 1 日在海牙签订的《关于国际货物销售统一法公约》、《1964 年海牙货物销售公约》)中一项或两项公项的缔约国，应按情况同时通知荷兰政府声明退出《1964 年海牙货物销售公约》或《1964 年海牙订立合同公约》或退出该两公约。

(4)凡为《1964 年海牙货物销售公约》缔约国并批准、接受、核准或加入本公约和根据第九十二条规定声明或业已声明不受本公约第二部分约束的国家，应于批准、接受、核准或加入时通知荷兰政府声明退出《1964 年海牙货物销售公约》。

(5)凡为《1964 年海牙订立合同公约》缔约国并批准、接受、核准或加入本公约和根据第九十二条规定声明或业已声明不受本公约第三部分约束的国家，应批准、接受、核准或加入时通知荷兰政府声明退出《1964 年海牙订立合同公约》。

(6)为本条的目的，《1964 年海牙订立合同公约》或《1964 年海牙货物销售公约》的缔约国的批准、接受、核准或加入本公约，应在这些国家按照规定退出该两公约生效后方始生效。本公约保管人应与 1964 年公约的保管人荷兰政府进行协商，以确保在这方面进行必要的协调。

第一OO条

(1)本公约适用于合同的订立，只要订立该合同的建议是本公约对第一条第(1)款(a)项所指缔约国或第一条条(1)款(b)项所指缔约国生效之日或其后作出的。

(2)本公约只适用于在它对第一条(1)款(a)项所指缔约国或第一条第(1)款(b)项所指缔约国生效之日或其后订立的合同。

第一〇一条

(1)缔约国可以用书面正式通知保管人声明退出本公约,或本公约第二部分或第三部分。

(2)退出于保管人收到通知12个月后的第一个月第一天起生效。凡通知内订明一段退出生效的更长时间,则退出于保管人收到通知后该段更长时间期满时起生效。

1980年4月11日订于维也纳,正本一份,其阿拉伯文本、中文本、英文本、法文本、俄文本和西班牙文本都具有同等效力。

下列全权代表,经各自政府正式授权,在本公约上签字,以资证明。

附录Ⅲ

中华人民共和国涉外经济合同法

(1985年3月21日第六届全国人民代表大会常务委员会第十次会议通过)

第一章　总　则

第一条　为了保障涉外经济合同当事人的合法权益,促进我国对外经济的发展,特制定本法。

第二条　本法的适用范围是中华人民共和国的企业或者其他经济组织同外国的企业和其他经济或者个人之间订立的经济合同(以下简称合同)。但是,国际运输合同除外。

第三条　订立合同,应当依据平等互利、协商一致的原则。

第四条　订立合同,必须遵守中华人民共和国法律,并不得损害中华人民共和国的社会公共利益。

第五条　合同当事人可以选择处理合同争议所适用的法律。当事人没有选择的,适用与合同有最密切联系的国家法律。

在中华人民共和国境内履行的中外合资经营企业合同、中外合作经营企业合同、中外合作勘探开发自然资源合同,适用中华人民共和国法律。

中华人民共和国法律未作规定的,可以适用国际惯例。

第六条　中华人民共和国缔结或者参加的与合同有关的国际条约同中华人民共和国法律规定不同的,适用于该国际条约的规定,但是,中华人民共和国声明保留的条款除外。

第二节　合同的订立

第七条　当事人就合同条款以书面形式达成协议并签字，即为合同成立。通过信件、电报、电传达成协议，一方当事人要求签订确认书的，签订确认书时，方为合同成立。

中华人民共和国法律、行政法规规定应当由国家批准的合同，获得批准时，方为合同成立。

第八条　合同订明的附件是合同的组成部分。

第九条　违反中华人民共和国法律或者社会公共利益的合同无效。

合同中的条款违反中华人民共和国法律或者社会公共利益的，经当事人协商同意予以取消或者改正后，不影响合同的效力。

第十条　采取欺诈或者胁迫手段订立的合同无效。

第十一条　当事人一方对合同无效负有责任的，应当对另一方因合同无效而遭受的损失负赔偿责任。

第十二条　合同一般应当具备以下条款：

一、合同当事人的名称或者姓名、国籍、主营业所或者住所；

二、合同签订的日期、地点；

三、合同的类型和合同标的种类、范围；

四、合同标的技术条件、质量、标准、规格、数量；

五、履行的期限、地点和方式；

六、价格条件、支付金额、支付方式和各种附带的费用；

七、合同能否转让或者合同转让的条件；

八、违反合同的赔偿与其他责任；

九、合同发生争议时的解决方法；

十、合同使用的文字及其效力。

第十三条　合同应当视需要的约定当事人对履行标的承担风

险的界限;必要时应当约定对标的保险范围。

第十四条 对于需要较长期间连续履行的合同,当事人应当约定合同的有效期限,并可以约定延长合同期限和提前终止合同的条件。

第十五条 当事人可以在合同中约定担保。担保人在约定的担保范围内承担责任。

第三章 合同的履行和违反合同的责任

第十六条 合同依法成立,即具有法律约束力。当事人应当履行合同约定的义务,任何一方不得擅自变更或解除合同。

第十七条 当事人一方有另一方不能履行合同的确切证据时,可以暂时中止履行合同,但是应当立即通知另一方;当另一方对履行合同提供了充分的保证时,应当履行合同。当事人一方没有另一方不能履行合同的确切证据,中止履行合同的,应当负违反合同的责任。

第十八条 当事人一方不履行合同或者履行合同义务不符合约定条件,即违反合同的,另一方有权要求赔偿损失或者采取其他合理的补救措施。采取其他补救措施后,尚不能完全弥补另一方受到的损失的,另一方有权要求赔偿损失。

第十九条 当事人一方违反合同的赔偿责任,应当相当于另一方因此所受的损失,但是不得超过违反合同一方订立合同时应当预见到的因违反合同可能造成的损失。

第二十条 当事人可以在合同约定,一方违反合同时,另一方支付一定数额的违约金,也可以约定对于违反合同而产生的损失赔偿的计算方法。

合同中约定的违约金,视为违反合同的损失赔偿。但是,约定的违约金过分高于或者低于违反合同所造成的损失的,当事人可以请求仲裁机构或者法院予以适当减少或者增加。

第二十一条 当事人双方都违反合同的,应当各自承担相应的责任。

第二十二条 当事人一方因另一方违反合同而受到损失的,应当及时采取适当措施防止损失的扩大;没有及时采取适当措施致使损失扩大的,无权就扩大的损失要求赔偿。

第二十三条 当事人一方未按期支付合同规定的应付金额或者与合同有关的其他应付金额的,另一方有权收取迟延支付的金额的利息。计算利息的方法可以在合同中约定。

第二十四条 当事人因不可抗力事件不能履行合同的全部或者部分义务的,免除其全部或者部分责任。

当事人一方因不可抗力事件不能按合同约定的期限履行的,在事件的后果影响持续期间内,免除其迟延履行的责任。

不可抗力事件的范围,可以在合同中规定。

第二十五条 当事人一方因不可抗力事件不能履行合同的全部或者部分义务的,应当及时通知另一方,以减轻可能给另一方造成的损失,并应在合理期间内提供有关机构出具的证明。

第四章 合同的转让

第二十六条 当事人一方将合同权利和义务的全部或者部分转让给第三者的,应当取得另一方的同意。

第二十七条 中华人民共和国法律、行政法规规定应当由国家批准成立的合同,其权利和义务的转让,应当经原批准机关批准。但是,已批准的合同中另有约定的除外。

第五章　合同的变更、解除和终止

第二十八条　经当事人协商同意后，合同可以变更。

第二十九条　下列情形之一的，当事人一方有权通知另一方解除合同：

一、另一方违反合同，以致严重影响订立合同所期望的经济利益；

二、另一方在合同约定的期限内没有履行合同，在被允许推迟履行的合理期限内仍未履行；

三、发生不可抗力事件，致使合同的全部义务不能履行；

四、合同约定的解除合同的条件已经出现。

第三十条　对于包含几个相互独立部分合同的，可以依据前条的规定，解除其中的一部分而保留其余部分的效力。

第三十一条　有下列情形之一的，合同即告终止：

一、合同已按约定条件得到履行；

二、仲裁机构裁决或者法院判决终止合同；

三、双方机构裁决或者法院判决终止合同。

第三十二条　变更或者解除合同的通知或者协议，应当采用书面形式。

第三十三条　中华人民共和国法律、行政法规规定应当由国家批准成立的合同，其重大变更应当经原批准机关批准，其解除应当报原批准机关备案。

第三十四条　合同的变更、解除或者终止，不影响当事人的要求赔偿损失的权利。

第三十五条　合同约定的解决争议的条款，不因合同的解除或者终止而失去效力。

第三十六条　合同约定的结算和清理条款，不因合同的解除或者终止而失去效力。

第六章 争议的解决

第三十七条 发生合同争议时，当事人应当尽可能通过协商或者通过第三者调解解决。

当事人不愿协商、调解的，或者协商、调解不成的，可以依据合同中的仲裁条款或者事后达成的书面仲裁协议，提交中国仲裁机构或者其他仲裁机构仲裁。

第三十八条 当事人没有合同中订立仲裁条款，事后又没有达成书面仲裁协议的，可以向人民法院起诉。

第七章 附 则

第三十九条 货物买卖合同争议提起诉讼或者仲裁的期限为4年，自当事人知道或者应当知道其权利受到侵犯之日起计算。其他合同争议提起诉讼或者仲裁的期限由法律另行规定。

第四十条 在中华人民共和国境内履行、经国家批准成立的中外合资经营企业合同、中外合作经营企业合同、中外合作勘探开发自然资源合同，在法律有新的规定时，可以仍然按照合同的规定执行。

第四十一条 本法施行之日前成立的合同，经当事人协商同意，可以适用本法。

第四十二条 国务院依据本法制定实施细则。

第四十三条 本法自1985年7月1日起施行。